# NORDICS
## in Global Crisis
### Vulnerability and resilience

# 全球危机中的
# 北欧国家

## 脆弱性与恢复力

〔冰岛〕索瓦多·吉尔法松 (Thorvaldur Gylfason)
〔 美 〕本特·霍尔姆斯特朗 (Bengt Holmström )
〔芬兰〕塞克斯顿·科尔克曼 (Sixten Korkman)　　　　/ 著
〔瑞典〕汉斯·佐·瑟特斯特伦 (Hans Tson Söderström)
〔芬兰〕威萨·维哈拉 (Vesa Vihriälä)

刘影翔　李斌　王鹏 等 / 译

社会科学文献出版社
SOCIAL SCIENCES ACADEMIC PRESS (CHINA)

# 目　　录

# 前　言

当今世界正经历着 20 世纪 30 年代"大萧条"以来最严重的经济衰退。除了挪威，北欧诸国经受的打击比世界上大多数国家更为沉重。鉴于这场危机的尖锐性和深远度，引发了或者说重启了对一系列重要相关政策的广泛讨论。本书提出一些问题，并讨论了为解决关键经济问题而实施的经济政策。

本书可以被看作两年前出版的一本关于"北欧模式"的书的续篇和补充。本书有三位作者同样参与过上本书的写作。较早的那本书聚焦在结构问题上，而现在这本则主要分析了宏观经济和金融问题。

本书的写作团队由著名经济学家以及相关领域权威专家组成。本书是一个合作的成果，反映了写作过程中大家的广泛讨论和相互评论。

感谢本书编辑基莫·阿尔托宁和莱拉·列基宁无与伦比的效率和速度。

本书的完成还要感谢 TT 基金会的资金支持。

塞克斯顿·科尔克曼

2010 年 1 月 19 日于赫尔辛基

# 作者介绍

**索瓦多·吉尔法松**　冰岛大学经济学教授，同时任《欧洲经济评论》杂志编辑。他获得普林斯顿大学博士学位，曾任职于国际货币基金组织，在普林斯顿大学任教，曾长期任斯德哥尔摩大学国际经济研究所通讯研究员。他发表过一百多篇学术论文，以及十五部学术著作，其中包括七部冰岛文文集，以及已有17种文字版本的《理解市场经济》（与伊萨克森和汉密尔顿合著，1992）和《经济增长原理》（1999）。他在世界很多地方做过讲座。他还每周为冰岛最大的日报——《冰岛日报》撰写专栏文章。目前他研究的主要领域是经济改革与增长。他最新发表的文章是为混声合唱团而做的《七首爱国歌曲》，发表在北欧最古老的文学杂志 *Skirnir*（创刊于 1823 年）。

**本特·霍尔姆斯特朗**　麻省理工学院经济系的"保罗·萨缪尔森经济学教授"。他同时也在麻省理工学院斯隆商学院任职。他一直致力于公司理论的研究，特别是合同和激励机制。他最近的研究主要集中于金融市场流动性的需求和供给以及金融危机。霍尔姆斯特朗是美国艺术与科学院院士，计量经济学会第一副主席，欧洲经济联合会和欧洲公司治理研究所成员（ECGI）。他是美国国家经济研究局（NBER）的通讯研究员，还是英国经济政策研究中心（CEPR）执行委员会成员。他从 1999 年起担任诺基亚公司董事。

**塞克斯顿·科尔克曼**　政治学博士，从 2005 年起任芬兰经济研究所（ETLA）的行政所长，芬兰商业和政策论坛（EVA）执行主任。在此之前，他分别任芬兰银行办公室主任（1983～1988年）、芬兰财政部任司长（1989～2005年）、欧盟部长委员会秘书处任主任（1995～2005年）。他撰写了多篇有关宏观经济和其他政策性事务的文章，著有一部关于欧盟经济政策的专著。

**汉斯·佐·瑟德斯特伦**  1970～1984年在斯德哥尔摩大学国际经济研究所工作，历任研究员、高级研究员以及副所长。1985～2002年任瑞典商业与政策研究中心（SNS）首席执行官。1985～1995年任该中心经济政策组主席，每年就瑞典经济政策发表年度报告。从1992年起，瑟德斯特伦在斯德哥尔摩经济学院（SSE）经济学系兼任宏观经济分析和政策教授。2004～2006年他担任该学院行政教育分院院长和首席执行官，后任执行总裁。瑟德斯特伦教授主要的研究领域是小型开放经济体的宏观经济政策。他发表和出版了许多这个领域的学术论文和教科书，并为政府做政策顾问。

**威萨·维哈拉**  自2004年2月起任芬兰首相办公室副国务秘书和经济委员会秘书长。他是赫尔辛基大学活动社会科学（经济学）博士，并曾在那里做研究工作。他还曾在麻省理工学院学习。维哈拉博士长期在芬兰银行任职，在20世纪80年代做货币政策与金融市场监管有关的工作，在20世纪90年代的金融危机过程中，成为芬兰中央银行危机管理的核心成员。他曾任经合组织经济学家（1989～1991年），佩莱尔沃经济研究所（Pellervo Economic Research Institute）常务董事（1997～2004年）。目前，维哈拉博士主要关注芬兰的全球化战略、劳动力市场问题以及老龄化政策。

# 第一章

# 引言与概要：透视全球危机

过去两年，世界经历了 20 世纪 30 年代经济大萧条以来最严重的衰退。很多经济危机都是这样，尽管根源可能在别处，但在危机显现过程中金融行业扮演了关键的角色。

● 全球危机引发了一系列有关政策问题的广泛讨论

由于当前这场危机的尖锐性和深刻程度（图 1－1），引发了广泛的讨论，有关市场经济是否可以自我修正，金融市场是否需要更有效的规则和监管，宏观经济稳定政策的作用等等。经典学说认为，（从狭义的角度讲）货币政策应该只应用于调节价格稳定，而不是用于减少资产价格泡沫和金融脆弱性。危机引起了人们对经典学说的重新审视。有人重新提

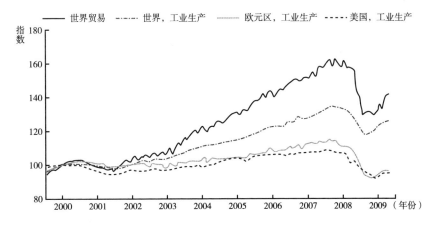

图 1－1　2000～2009 年世界经济走势图

资料来源：CPB，芬兰经济研究所（ETLA）。

出，偶尔需要积极和谨慎的金融政策作为对自动稳定机制的补充。危机使人们重新思考福利国家的成本收益及其危机分担机制。危机还提出了不受限制的全球化的效用问题，强调了全球机制和合作需要与经济一体化互相依存同步发展。简而言之，这场危机引发了广泛的讨论，并对重要政策问题进行了重新考量。

● 本报告的内容有关全球金融、经济危机和北欧诸国

本报告从小型开放经济体的角度，特别以北欧诸国[1] 为参考，对这场全球金融和经济危机进行了分析。从贸易自由化和全球化的程度上来看，北欧诸国可以称得上世界冠军级别，但现在受到全球衰退的巨大冲击（挪威例外）。这些国家已站在一个很高的平台上，一个稳定的全球框架和自身经济适应世界市场变化的能力非常关键。

● 为什么北欧诸国受这场危机打击如此严重？政策制定者应该从中得出什么结论？接下来应该怎么做？

为什么北欧诸国在这场危机中深受重创？而且原因显然不是北欧国家自身金融系统的稳定问题以及其在全球市场中的竞争力问题（至少不是主要原因）。北欧诸国为减轻这场危机对国内的影响已经做了什么？曾经采取过什么措施？从货币政策的角度和北欧地区金融制度的不同选择的角度，这场危机带来了什么教训？当小型开放经济体的财政乘数已经很小且巨额预算赤字可能威胁公共债务的可持续性时，是否还有实施扩张性财政政策的需要和空间？如何最好地协调财政稳定和促进经济增长的关系？当全球经济更加动荡的时候，北欧诸国是否应该重新考量其外向型的经济增长模式？从这场危机的角度看，北欧社会经济模式到底是财富还是负担？

● 必须做出对未来带来深远影响的决策

本报告提出了以上问题及很多其他问题。尽管也许并不能得出明确的答案，但我们觉得对这些问题进行透彻的分析并讨论对其的经济研究能提供什么解决方案是有意义的。那些影响我们未来很多年的经济和社会的重要政策决定其实也只能是日常必须做出的分析与讨论（包括那些决定不行动的政策）。理想的状况是除了其他必要的程序外，决策应该基于对经济学各种观点的分析和充分讨论。

本章提出的主要观点，在接下来的章节里将予以更充分的讨论。这些

观点既有国际层面的分析也有小型开放经济体面临的问题的分析，重点在后者。本报告主要从广泛的历史事实出发，分析宏观经济的稳定发展，并回顾瑞典和芬兰在 20 世纪 90 年代的经济危机及其教训。本报告检验了保证金融仲裁的方式和手段，以及更强有力的金融体系所要达到的条件。本报告对北欧国家中一个极端的例子给予特别的关注：冰岛的崛起和衰落。本报告分析了这场危机中所实施的金融和货币政策的长处与短处，以及北欧国家采取的不同的汇率政策的优缺点。最后，我们就小型开放经济体在面对类似当前全球危机中减轻脆弱性和提高灵活性的方式提出了一些想法。

## 第一节　恐慌袭来："大缓和"是不是一个"大幻觉"？

● 恐慌如同晴天霹雳

从历史角度讲，"大缓和"是一个繁荣增长并且相对稳定的时期。这个概念通常用于指过去的二三十年，但其实也适用于整个战后时期。尽管人们承认在这个时期也发生过一些危机和动荡，但基本上都是局部的、地区性的（例如：亚洲或北欧的金融危机）和与一些特定的问题相联系的危机（例如石油价格危机或者互联网泡沫危机）。大体上，这段时间的全球经济增长还是令人满意的。与大萧条时期相比，这段时间全球经济没有遭受重要的系统性破坏。但 2008 年这场危机的爆发有如晴天霹雳，带来世界经济状况戏剧性的急转直下[2]。在此之前，发达国家似乎还笃定地认为全球金融危机只存在于过去。

● 金融过剩形成了危险的泡沫

事后反省，一切洞如观火，危机爆发之前的很多年间，金融发展的特征就是全球不平衡、信贷过度扩张以及财务杠杆不健康的增长。这些特征既促进消费又增加投资，资产价格泡沫逐渐形成：房主、公司以及金融机构的资产负债表上净资产太少；国家对复杂的金融工具、"影子银行"所起的作用以及各个市场间的相互联系缺乏正确理解。这些都是泡沫形成时及泡沫破裂后产生的连锁反应。

金融管理不适应时代，监管不到位，评级机构犯了严重的错误，它们实施激励机制的结果是鼓励金融机构的经营者们过度冒险。由于资产证券化以及在不断涌现的金融创新的作用下（现在看来）显然造成了金融过剩，因此银行与其他金融机构一直广受诟病就不足为奇了。虽然这类批评大多在理，而且金融领域确有很多改进空间，但是对银行家的鞭挞不应阻碍对金融危机背后系统性问题的全面分析。

## 第二节　只鞭挞银行家是不够的：关于不平衡全球化的宏观经济

金融上的因素当然是导致问题的重要的直接原因，但是引起危机的根本原因并不那么显而易见，还需要未来很多年的分析和讨论。我们对危机比较倾向的解读是，这场危机是全球宏观经济不平衡以及金融市场作用下的共同产物。

● 全球化可以导致持续的金融不平衡

过去几十年的全球化过程非常迅速同时又很不平衡。主要来自亚洲的数以亿计的工人参与到面向国际市场的生产中。先不说别的，这个过程改善了中国和印度很多贫穷工人的生活，同时有助于降低制造业的商品价格以及缓和全球通货膨胀。然而全球化的生产增加了全球市场货物和服务的供给，却没有同等程度地增加全球对货物和服务的需求。

亚洲国家特别是中国的储蓄率极高（几乎达到国内生产总值的一半），而这些亚洲国家的金融市场却并不能为财务上有结余的家庭和公司提供有吸引力的金融资产。虽然它们的投资率持续提高，却还是远远低于储蓄率。这导致"存款过剩"，需要在那些缺乏国内储蓄而又有发达的金融市场的国家（如美国）寻找安全又富于流动性的投资机会。

● 追逐高回报的大笔资金鼓励了过度财务杠杆以及冒险行为

大规模的资金流寻找投资出口，使世界范围内实际利率保持低位。流动性充足以及较低的利率鼓励金融机构及资产所有者努力通过增加财务杠杆提高他们资产组合的回报率，但其代价是带来更大（而且被低估）的风险。美国和其他发达国家经常出现账户巨额赤字不仅反映了这些国家家庭储蓄率低而且缺乏财政责任感，并且也反映了亚洲（以及中东）的大量金融存款供给。这就是为什么美国巨额预算和经常性的账户赤字既没有推高利率也没有引起美元贬值的原因。

金融市场在主要国家的运转方式导致资产市场泡沫、金融结构脆弱以致最终崩盘。金融创新发明了高度复杂的金融工具给金融中介（"影子银行"）带来收入，使借贷变得更容易，使向那些似乎低风险的资产投资也变得很有吸引力。这些都催生和鼓励了更高的财务杠杆，而在一个有更恰当管理和监督的金融市场是不可能发生这种情况的。

● 不能永远持续就会迎来终结

只要美国消费者和联邦政府愿意继续扩大支出和借贷，从不平衡的全球化过程中继承过来的压力就会或多或少的被掩盖。而且这样的借贷可以持续很长时间而不致引起问题，确切的说是因为中国（以及中东国家）愿意以很低的利率购买美国政府债券和其他债务工具。只有当借贷累积和资产价格上涨终结已经太明显的时候，问题才显现出来。2006～2007 年就是这种情况，当时利率与石油和其他原材料价格都偏高而且还在不断增长[3]。

无可否认金融机构在经营上犯了错误，同时对银行和其他金融机构的管理和监督存在缺陷，但这些都不是问题的根源。全球危机发源于广泛传播的金融脆弱性以及全球化过程的不平衡，在严重的金融不平衡的情况下迅速发展[4]。

## 第三节　"大缓和"防止"大萧条"的重演

● 当美国消费者停止购买时，世界经济开始下滑

一旦资产价格开始逆转，金融体系很快就发现自己陷入了严重的困难：账目价值下降，资产销售困难，以及流动性资金缺乏。而一旦美国和其他地方的家庭和公司都一心希望调低财务杠杆，世界市场上的全球需求就开始萎缩。在金融领域和实体经济领域引发的双重作用强化了连锁反应的发生。2008 年秋天发生的恐慌对全球金融中介带来巨大的破坏，甚至基本情况良好的公司都因为缺乏短期贷款而被迫削减支出。突然之间所有的因素都把世界经济拖拽向同一个方向：向下。

● 下滑后经济又开始回升，但速度缓慢

然而，过去几年是充满了意外的一段时期。2008 年年底至 2009 年初世界经济出现迅速且同步的下滑是个意外，2009 年年中世界经济就开始回稳也令人意外。很多国家宣布经济衰退已经结束。虽然当时经济回稳势头较弱且不太确定，但经济似乎正在恢复（图1-1）。如果经济复苏得到确认并且加强，那么显然这场危机不会导致第二次大萧条。此次金融危机的迅速逆转使其有别于历史经验。历史上严重的金融危机之后通常都会有相当长一段时间的经济衰退。

● 幸运的是，全球应对这场危机的政策与 20 世纪 30 年代的应对政策有天壤之别

对经济迅速回稳的原因似乎也毋庸置疑：政策使然。20 世纪 30 年代应对危机本来应该实施扩张政策，但事实上采取了收缩性政策。相比之下，这次应对危机的政策有很大差别。从 2008 年秋天开始，各国政府的政策就显示了前所未有的积极态度。第一，以美国联邦储备局为首的各国中央银行大幅降低利率，并且在短期利率接近零时，通过"量化宽松"如非常规地购买债券来扩张其收支表。第二，各国政府采取了一系列措施救助和提振各个金融机构，以保证金融体制的正常运转。第三，美国、大多数欧洲国家和中国自主决定实施的大规模财政刺激政策，对自动稳定机制形成补充。图 1-2 显示美国和欧元区最近采取的货币与财政扩张政策的走势，以短期利率以及公有部门金融剩余作为政策指标（下行或向左说明采取扩张政策）。

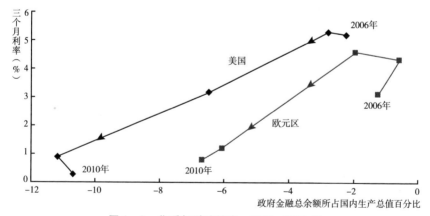

图 1-2 货币与财政扩张，2006～2010 年

资料来源：经济合作与发展组织《经济展望》第 86 期，2009 年 11 月。

现在宣布危险已经过去、经济已经回稳还为时过早。最近发生在迪拜和其他一些地方的问题提醒大家，很多金融机构还是有过度杠杆化的情况，未来还可能出现更多新问题。不过，最近的情况发展还是让人们感到安心和充满信心。这些进展验证了决策者在危机条件下迅速而果断地采取正确行动的能力。

## 第四节　监管与稳定：我们是否需要更多？

● 波动减少反映了金融监管与宏观经济稳定的同步性

毋庸置疑，战后经济危机的频繁性和严重性都大大低于两次世界大战时期或者 19 世纪。对战后的宏观经济政策和金融监管框架的长期比较研究显示，宏观经济稳定可以被看作是金融监管和宏观经济稳定相融合的结果。以 20 世纪 30 年代的大萧条为分水岭，从那时开始实施严格的金融监管以及积极的宏观经济稳定政策。尽管对这些政策有争论，但这正是"二战"以来世界经济波动减少的主要原因。

● 金融监管放松而且与时代脱节

金融监管近些年有所放松，最明显的是美国，同时金融创新增加了金融工具、金融机构以及金融市场的复杂程度。结果对金融体制的监管和监督越来越与时代脱节，越来越不足以辨别和应对金融体制日益增长的风险。

宏观经济政策的本质也发生了变化。部分原因是过去的政策失败，同时也是宏观经济理论以及实证研究的发展。广为接受的观点是，早期凯恩斯主义政策调控的雄心带来的问题比能解决的问题多得多。这些观点总结而成的学说是，独立中央银行的主导目标或者说唯一目标应该是维持价格稳定，而财政政策应该摒弃激进主义，满足于自动稳定机制的调节作用。甚至，之后的很多年人们对国际政策协调的相关问题几乎没有什么兴趣。

● 市场原教旨主义过时了，全面的政府干预同样也不是与时俱进

这场危机说明，总以为可以依靠市场自身修正错误只是个幻觉。在这场危机中，政府不得不出面支撑金融体系，凯恩斯主义的财政政策对中央

银行的货币扩张是一个有力补充。然而，这些只是紧急状态下采取的例外行动，并不表示在正常环境中政府应该在管理经济上具有更突出的作用或者进行更多地干预。

- 愿望清单：更好的监管、稳定以及国际协调

现在世界真正需要的是更有效的管理和监督，来降低金融的不稳定性，以及在危机发生时能够更好地运用宏观经济稳定手段。但是，这并不是主张回到大萧条之后采取的那些政策和管理结构。新情况需要新途径和新的解决方法。问题的关键是，在开展任何工作时，都必须考虑搭建一个更好的金融体制管理监督框架，并且认识到需要更多的国际协调。严格金融监管可能会以金融中介以及金融创新丧失经济效益为代价，尽管如此，能赢得一个更稳定的金融体系显然也是值得的。

还有一点非常重要，就是商讨中央银行的作用范围，保证使其不仅在价格稳定方面，还要在防止价格泡沫方面，以及减少系统性金融风险方面发挥重要作用。还有，这场危机带来新动力，促使人们重新寻找新的方法，使财政政策能够最有效地对抗国内需求的崩溃。最后，从当前危机的全球性特征来看，显然需要对国际宏观经济政策进行协调（并且需要运转良好的协调机构）。

## 第五节　个别经济体受到更大的冲击

尽管这场危机的震中在美国，但其他很多国家受到的重创甚至比美国还严重。很多这样的国家是小型开放经济体，自然对全球经济发展状况更敏感。但是也不能完全免除这些国家政府的责任。所有的危机从根源上说都不只是外部的，国内机制和政策与危机的结果都与其休戚相关。

- 一些国家允许泡沫堆积，然后坐等其破灭

一些极端的例子如爱尔兰和芬兰，危机主要在其自身，全球发展情况只是导火索。这些国家多年以来一直实施宽松或者扩张性的政策，而对其金融体系缺少必要的监督和管理。再回过头来看，很显然（而且很多分析人士都这么认为）这些国家以一种不可持续的方式任由信贷扩张发展以及房地产泡沫累积。决定危机崩盘的推动力可能的确来自海外，但国内

的这些泡沫早已形成只等破裂的局面。从财政方面讲，宽松政策不仅不幸
地任由泡沫积累，而且错误地实施该政策，当危机爆发之后没有余地再来
进行政策调节或者实施扩张政策用以减轻危机后果。

## 第六节　北欧诸国的经验教训

本报告分析了北欧诸国从危机中得到的经验和教训。报告特别分成两
个部分。一部分是关于瑞典和芬兰 20 世纪 90 年代的金融危机，另一部分
是关于冰岛的传奇。

●冰岛的故事很极端，传递了很多信息

在过去十年里，冰岛经济经历了冰火两重天，曾一飞冲天又跌到谷
底，其崩溃程度在近代欧洲历史上是最糟糕的情况之一。而且，的确存在
很多经济政策错误，但冰岛过去十年的故事不仅仅是经济政策上的错误，
而且还与糟糕的治理和缺乏政治可靠性有关。冰岛的故事虽不能广泛地
代表北欧地区的情况，但是冰岛发生的一系列事件的结果不仅与它的自
身利益相关，而且因为其带来的极端教训，也与那些远离冰岛海岸的国
家相关。芬兰和瑞典在本次危机中受到重创，主要因为它们高度的经济
开放性以及对进口投资产品的依赖。

●对其他北欧国家来说，危机并不罕见，但这场危机不是出自国内

全球对投资商品需求下降的影响特别突出。但是由于危机对它们来
说不是什么新鲜事（反而有种似曾相识的感觉），这场危机给瑞典和芬
兰带来的精神冲击其实比其他国家小。原因是 20 世纪 90 年代瑞典和芬
兰都经历了一次同样严重的危机，不过那次危机是国产的，而这次危机
则不是。

●瑞典和芬兰已经学到很多如何应对危机的方法

就算瑞典和芬兰的感受略有不同，但 20 世纪 90 年代早期的那次危机
都是惨痛经历，带来了很多教训。

第一个教训是，通过那次危机瑞典和芬兰都开始认识到保障金融中介
（运转）过程的艰难程度与重要性，它们还学到了很多如何处理银行危机
的方法。其中之一是应该严肃对待显示金融脆弱性的一些早期信号，而且

政策规划应该建立在对最坏的可能情况的设想之上。需要把流动性与清偿能力的问题放在有力的危机管理框架下解决。全面的政府担保是恢复信心的最直接的方法，但又会成为很多道德危害问题的根源。需要给资金紧缺的金融机构注入新的资金，而且在恰当的条件下进行预防性注资是有效的。但是在需要大量资金来弥补预期的损失时，政府同样不能回避对金融机构的接管。虽然把那些坏账转入"坏银行"会带来估值困难，但不失为处理坏账呆账的一个有效手段。其中很多经验教训对世界各国最近做出或者正在考虑做出的各种决策有借鉴意义。

● 芬兰与瑞典在货币政策领域总结出不同的教训

第二个重要的教训是，在一个资本自由流动的世界，实施固定但可以调节的汇率是对付灾难的良方。这就是为什么两国当时都选择实行浮动汇率制度，同样也是后来芬兰选择接受欧元的原因。

第三个教训是维持一个可信、可持续的公共财政的重要性，以保证在遇到严重的经济下滑时不至于被迫紧缩财政，而是留有采取扩张性财政政策的余地。过去的教训使这两个国家对这次危机相对有所准备，它们应对金融危机的经验对其他国家同样有帮助。下面在接下来的章节还将就这些内容进行陈述以及广泛的讨论。

## 第七节　世界需要一个更强健的金融体制

● 建立一个强健的金融体制需要采取多方面的行动

导致所有主要危机的一个重要因素是金融机构和非金融机构过度冒险以及过度举债经营。应该在监管的领域采取行动，减少金融脆弱性和不稳定性的风险，而且这些行动应当服从国际金融风险管理。

需要进行许多改革。除了其他手段外，还应当通过提高总体水平、扩大覆盖面、调节资金的顺周期性来加强对银行所持有资金的要求。需要对现有的评级安排进行改革，以消除激励因素的问题。给银行经理的薪酬应该与业绩挂钩，并应从长期角度来衡量。需要寻找解决"规模越大越不能倒"的问题，以避免打击大型金融机构采取谨慎行动的积极性。然而，不应该幻想能找到完美的监管解决方案。

● 对跨境金融活动负有明确监督责任的国际协调非常必要

监督应该除了关注个别机构外，还应关注系统性问题。这既需要足够的权力，又需要国内各级政府之间以及各国政府之间行动协调一致。各国和国际社会（包括欧盟在内）正在酝酿的金融管理改革涉及很多这类问题。然而，还有一些紧迫的问题没有解决，比如当遭遇严重的清偿问题的危机时，这种权力应该掌握在什么程度是恰当的，应该如何分配，特别是在金融机构跨境活动很多的情况下。对当前可预见有可能实施的各项改革措施也不能满足，或者以为能够避免发生新的金融稳定的问题。

## 第八节　灵活的汇率制度不是万能药

● 北欧诸国选择了不同的货币政策

一个国家做出的最重要的宏观经济政策就是选择什么样的货币政策与汇率政策。在这方面，欧盟内部与欧盟外的国家面临着不同的选择。而北欧诸国尽管在很多方面很相似（历史、公共机构、文化）而且独立，但它们在与欧盟的关系上的选择不尽相同，对货币政策的选择也不同。将芬兰和瑞典对比特别有意思，如同在实验室条件下做的一次实验。瑞典选择实行浮动汇率政策，与之相联系的是独立的中央银行负责维持价格稳定。芬兰则选择加入了欧盟的货币同盟。谁的选择更好呢？

● 瑞典克朗在经济危机中汇率下跌，提升了瑞典商品的竞争力，至少相对芬兰商品而言

瑞典克朗大多数时候都保持对欧元汇率的稳定，芬兰和瑞典在引入欧元的第一个十年的发展也惊人相似，但那只是在全球经济形势良好的时期。过去两年才是测试两种选择的效果的时间。金融危机一爆发，瑞典克朗对欧元的汇率急剧下跌。后来虽有所回升，但还是维持在了相对低的水平。这无疑加强了瑞典相对于芬兰和其他欧元区国家的价格竞争力。尽管较低的汇率降低了实际收入进而削弱国内需求，但是提高了价格竞争力应该能够增加净出口。如果是这样，有人会说瑞典是以邻为壑，抢掉了它周边其他竞争国家特别是芬兰的份额。

● 实行浮动汇率制的克朗并没有保护瑞典不受危机冲击，也许汇率制度的作用没有人们想象得那么大

2009 年瑞典国内生产以及出口的下跌幅度的确比芬兰小，而且根据预测生产的恢复速度也比芬兰快，但是差别并不大。特别是，价格竞争力的变化对制造业的生产几乎没有影响。瑞典国内生产总值的确比芬兰下降得少一些（但比欧元区下降得多），但是失业率的上升幅度与芬兰一样。究其原因，或者因为竞争力改善幅度相对较小，或其效果需要很长的时间才能显现。也许可以得出这样一个结论，在实行浮动汇率的条件下进行货币贬值没有在实行钉住汇率的条件下对出口以及生产总量的影响大，因为公司不愿意为不确定和可能只是暂时的汇率变化做出反应。如果是这样，货币贬值将只会反映在更高利润空间中，从长远来看对公司有好处。无论从什么程度上讲，浮动汇率制度似乎都不能保护经济不受外来冲击。两种汇率制度的经济差别似乎没有那些关于经济和货币联盟（EMU）的争论中提到的那么大。

## 第九节　经济和货币联盟（EMU）面临越来越大的压力

● 南北分化是欧元区内部一个日益严重的问题

与芬兰相比，瑞典不加入欧元区并没有什么巨大优势，但这并不意味着欧元区内就形势大好。有一个突出并且在危机中尤其明显的问题，那就是欧元区北部与南部一直存在的差距（只有爱尔兰是例外）：很多年以来南欧国家的竞争力一直在下降，公共财政与经常项目账户长期保持巨大而且持久的赤字。过去十年的问题积重难返，部分原因是，这些国家尽管公共债务不断膨胀，但因为处于欧元区，内部保护了它们不再受到汇率压力或者利率上升的负面金融压力，从而也减轻了促使它们实施修正性政策措施的政治压力。这些国家加入欧元区后，政府债券利率大幅下跌，但资金并没有被用来加强公共财政，而是用在加大公共支出上。《稳定与增长法案》的本意是防止这样的情况出现，但由于缺乏强制约束力这一法案没有被有效实施。

● 金融市场开始要求公共财政脆弱的国家在贷款时支付风险溢价

随着危机发展，全球都意识到存在更大的风险，因而那些经济前景与公共财政状况不乐观的国家政府债券的利率不断上升。金融市场现在发挥

着《稳定与增长法案》所没能起到的作用。尽管这也许对维护财政纪律有所帮助，但也会给实施政策造成痛苦的经济后果与压力，包括欧洲中央银行现行的货币政策。无论如何，当前希腊与其他南欧国家（还有爱尔兰）债券的高风险溢价提醒人们，市场高度怀疑这些国家是否能改善公共财政状况、实现经济增长。除了大幅度削减工资水平，这些国家并没有更快提高竞争力的方式。

## 第十节　财政政策尽管不那么强有力，但仍然是必要的

　　● 财政政策对需求的作用广受质疑，特别是在高度开放的经济体中

　　大家都不怀疑，金融危机管理对防止金融崩溃以及保护金融体系的正常运转非常关键。而且，大家都认可中央银行大幅降低政策利率的重要作用，及其确保银行系统和其他机构流动性的重要作用。而财政政策的作用则具有更多的争议，尤其是很多人担心随意使用财政刺激是否有意义。一些人相信财政扩张对支持需求与生产的增长具有重要意义，而另外一些人则认为扩张性财政政策的效果微不足道，甚至认为不仅无用而且有害。两种理论考虑以及现实分析带来大相径庭的评估，但都有不同的依据。特别对小型开放经济体来说，人们可能会怀疑财政扩张作为需求管理的工具的效力。

　　● 但是财政扩张可以减少问题，并且保证对社会契约的尊重

　　然而，赞成在危机时进行财政调节或扩张的主张还是很多。第一，在零利率制约或信贷体系不能正常运转的情况下，扩张性货币政策的作用被削弱，扩张性财政政策是一个有用且有效的补充。第二，目标明确的财政动作尤其对避免或减轻危机带来的某些后果有帮助，例如长期失业或者青年失业问题。第三，允许自动财政稳定机制运转，不仅对宏观经济稳定有直接作用，而且因为能够防止政府在时间压力下匆忙做出一些潜在有害的决定，而起到间接的稳定作用。在经济形势急转直下时，努力防止预算赤字进一步膨胀，可能意味着大规模削减支出或增加税收，这些都会影响国民的信心。财政政策赢得了时间，政府可以计划和采取减轻危机的调整措施，使经济有序地重新恢复增长。

## 第十一节　我们既需要增长也需要财政稳定

● 必须恢复可持续的公共财政秩序

这次危机带来了大规模的预算赤字因而削弱了公共财政。由于人口老龄化，这样的公共财政是不可持续的。保证公共财政的可持续发展非常重要，以防止出现倾斜的收入分配情况。大家都不希望出现这样的局面，即公共财政只有利于当今这代人，而损害未来几代人的利益。而且，如果未来再出现经济衰退，良好的公共财政是政府采取可信且有效的财政政策的前提条件。因此今后几年的确需要财政稳定。然而，同样重要的还有财政稳定不能影响经济恢复增长的速度。必须寻找到适合的方式和措施，使经济增长与财政稳定结合起来。

财政政策经常被认为是一个管理国内需求的工具，短期来看影响经济活动。然而，对小型开放经济体来说，竞争力与供给面对经济增长与创造就业岗位的作用大于财政政策的总需求效应。因此，确保税收制度以及支出结构有利于经济增长，就可以把经济增长与财政稳定调和起来。这两者的目标并不一定相冲突。

● 需要更有效率地提供政府服务或者削减支出，通过更高的就业率扩大税基

恢复公共财政有几个途径。第一，可以削减公共消费与转移支付，或者把支出构成转移至更有利于增长的方向上去。可能促进增长的支出包括：提供恰当的通信基础设施，培育良好和完整的教育体系，以及开展科研资助。第二，可以通过采取提高就业率的方法来扩大税基，特别是延长劳动者职业生涯的时间。老龄化人口公共财政的一个关键问题是寿命不断延长，而解决这个问题的自然选择是提高有效退休年龄。人们的寿命持续稳步延长，生活更好，身体更健康，因此平均来说人们应该能工作更久。

● 以及更多的增长友好型的税收体系，包括降低对生产性活动的税收

此外有可能在改变税收结构的同时促进经济增长。在实际操作中，这意味着降低直接施加于生产性经济活动以及施加于公司或者劳动力的税收比例，而增加对消费、自然资源以及房地产的税收比例。在跨境流动性不

断增加的情况下，降低公司税率对促进投资以及吸引新公司的加入都有作用。

尽管有观点认为应该加强国际税收协调，但这些观点并不具约束性而且这样的合作似乎还不能成为一个真实的愿景。在这种情况下，如北欧诸国这样的小国家应该在它们国民经济以及政策目标的基础上决定税收政策。

## 第十二节　北欧模式脆弱但有恢复力

● 北欧诸国面对全球经济冲击是脆弱的

平均说来，这次危机北欧国家比经济合作组织国家受到的打击更严重，只有挪威例外（见图1－3）。这并不是偶然的，而是这些国家的经济战略造成的，即利用全球化作为提高生产力与增加收入的手段。尽管能从中受益，但是当前的危机清楚地显示全球化其实也充满风险与问题。设想由于金融复杂性与相互依存度不断增加，与以往相比未来世界可能更不稳定，那么这会给强调开放性的北欧国家带来什么呢？

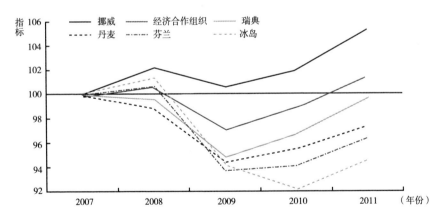

**图1－3　北欧地区国内生产总值，2007～2011年，2007年＝100**

资料来源：经济合作组织《经济展望》第86期，2009年11月。

● 全球化以及复杂的金融市场就在这里，不可能完全避免危机

尽管经历着当前的困难，人们还是有理由相信经济一体化会继续下去。正如历史经验显示的，保护主义很容易导致经济螺旋式下降，对双方

都有害无益。同样，世界的确需要有一个发育良好的金融体系提供服务，无法设想现代经济缺失这样的服务。全球化以及复杂的金融市场现实存在，因而严重的金融危机或多或少将会继续给世界经济带来冲击。问题并不是隔绝这些冲击，而是减轻它们给国内经济带来的后果，并且尽可能实行平稳调整来应对变化，以改善前景。

● 不是所有的打击都来自外部，因此降低国内金融脆弱性也是个办法

国内经济对外部情况发展的脆弱性由一系列国内因素决定。正如前文已指出的，显然多年以来很多国家都允许住房泡沫积累，而泡沫最终必然破灭。尽管不容易，总还是存在一些政策实施的空间，来降低金融脆弱性，并降低由这种脆弱性引发严重破坏的风险。资产负债表的构成很重要。除了管制和监督，很多其他因素也影响公司及家庭有关资产负债的决定，包括资本收入和税收制度。强有力的资产负债表有助于减轻对现金流突然减少的反应。

● 无论由私有还是公共部门提供，金融缓冲器都是第一道防线

更重要的金融缓冲器来自财政政策。强大的政府财政允许自动稳定机制在衰退中运转，因而减缓了衰退对家庭、企业以及整个经济的冲击。在经济活动下滑的情况下，强大的政府财政依然能够允许政府采取任意的财政行动来刺激总需求，在需要时能够采取特定行动解决特定问题。此外，强大的公共财政使"社会契约"在困难时期也能得到遵守，从而有助于维持公众的信心。

● 衰退中失去的就业岗位通常一去不回——调整不可避免

哪怕是短暂的危机也有长期的后果。很多失业者再也找不到永久性的就业岗位，在衰退中很多就业岗位一旦失去就再也找不回来。为了实现经济的复苏、增长并且保持其恢复力，非常关键的是调节相对价格和成本，以加强竞争力，并将劳动力和资本重新分配到更有利润的用途上。第二道防线是靠劳动力市场及工资构成的作用，依靠汇率体系、税率的激励效果，依靠转移制度、市场管理以及竞争政策的作用。

● 如果实施合理，北欧模式是强健且有恢复力的

实际工资总和的灵活性显然很关键，特别是对不能依靠汇率来提升竞争力的国家更是如此。由于北欧国家工会组织作用强大，没有正式或非正

式的工资协商，很难实现应对危机所要求的工资削减。提高分散决定工作时间长短的灵活性也可以是促进调整的选择之一。

对人力资源的高水平投入以及受过良好教育的劳动力大军是北欧模式的一个重要特征，使劳动力更容易通过接受额外培训提升技能，也能促进对情况变化做出调整。全面的保障网络也非常有价值，特别是在发生危机的时候。北欧模式其实很强健，因为享受保障的权利不是直接与个别公司或者特定市场及资本市场情况变化的命运联系在一起，而是通过集体风险分担安排，风险由整个社会广泛分担。如果政府做出的决策，能够保证竞争力和公共财政的可持续性，北欧模式可以既强健又有恢复力。北欧福利国家、劳动力市场制度以及教育体系不是当前问题的根源。甚至相反，如果能得到正确的实施，北欧模式是解决问题的方案之一。

我们的观点是，小型经济体有很多可以采取的措施，以减少脆弱性并提高他们的应变能力。但是归根结底，由于全球经济与各国政治之间还有差距，根本矛盾依然存在。长时间以来世界一直在变小，国家间的相互依赖前所未有的紧密。然而，大多数政策还是由国家政府做出的，全球合作的框架仍然很脆弱。因而在很多领域需要更多的国际合作，例如贸易政策、金融管理与监督、宏观经济政策与防止气候变化的行动。

● 全球经济需要超越国家政治

这次危机唤醒了人们对金融监管以及在宏观经济政策领域进行国际协调的兴趣。在被充分诠释的全球治理体系下的更强有力的多边机制符合所有国家的利益，因为没有任何一个国家能够强大到完全摆脱世界经济的压力与危机的冲击。对北欧国家这样的小型开放经济体来说，一个运转良好的全球多边机制的体系尤其重要。

**本章注释**

1. 尽管本报告中的分析与所有的北欧国家相关，但是我们对丹麦的分析还是较少，对挪威的更少（主要由于出产石油，挪威的情况比较特别）。

2. 虽然金融压力在 2007 年夏天已经显现，但金融危机爆发的起点是 2008 年 9 月 15 日，雷曼兄弟公司破产的日子。正如第二、第三章将讨论的，这个事件迅速引发国际金融市场的强烈反应。

3. 那时候有关于美国双重赤字的讨论，指的是经常账户与联邦预算的双重赤字，认为这给美元带来很大的下跌压力。这种分析后来被证明是不恰当或令人误解的，因为造成赤字的原因主要在于外国金融资本流入美国，而不是美国对商品与服务的过度需求。而且，当危机刚爆发时，由于"避风港"作用，美元汇率最初还上升了。

4. 典型的情况是，发展与工业化过程和资本流入相联系，资本流入使国内投资超过国内储蓄。在这种情况下，工业化与经常账户赤字或者说国内进口大于出口相关。这意味着外国储蓄被用来给那些正在进行工业化的国家填补经常账户赤字。在此过程中，外国也有可能因出口不断扩大而受益。而中国的情况正好相反，工业化是在出口引导型增长的基础上进行的，导致经常账户的巨额盈余。

# 第二章
# 危机和全球应对政策

世界正在经历一场前所未有的全球金融经济危机。作为小型开放经济体，北欧国家高度依赖国际发展，包括全球层面上的政策行动，因为它们在很大程度上无法发挥自身影响。针对本书主要关注的小型开放经济体，尤其是北欧国家，本章仅对全球设置以及美国和欧洲的政策制定者如何应对危机做一个简短的描述。积极和国际协调的政策行动最终有效地阻止了危机全面升级。本章结尾将阐述一些对退出时机的观察，即：对货币和财政的刺激应何时以及如何被撤回？

## 第一节　急剧并同步的衰退

金融危机是宏观经济失衡以及金融体系不稳定运作综合影响的结果，其原因我们将在第三章做深入探讨。美国和其他一些发达国家大量持续的经常账户赤字不仅源于国内因素，也反映了盈余国的需求，比如中国，这些国家需要为其金融储蓄找到安全出口。美国的金融体系，尤其是影子银行这种形式，利用其能力寻找创新的方式将盈余转成看似安全的金融资产，但代价是巨大的，它的风险被严重低估了。新兴市场的储蓄过剩，以及有着复杂金融系统的国家对现代金融的经营共同导致了突然和广泛的金融中介倒闭。

● 这场危机的日期：2008 年 9 月 15 日，雷曼兄弟宣布破产的日子

虽然 2007 年夏天已经出现了金融震荡[1]，然而，2008 年 9 月 15 日，美国政府允许雷曼兄弟宣布破产，给这场危机附加了一个特定的日期。金

融市场的反应是迅速和剧烈的：它使得银行间同业拆借急剧增加，世界上许多金融市场在短短数周内爆发恐慌。这种剧烈并高度的同步是在广泛的金融脆弱性和大型跨国集团控股金融资产和银行流动的背景下产生的[2]。

● 世界贸易比经济大萧条的早期阶段下降得多

同样，实体经济的急剧低迷也是同步的。不管是以贸易、工业生产还是国内生产总值（GDP）衡量，经济活动都在急剧下滑。世界贸易总量下降甚至超过了20世纪30年代经济大萧条时期的头几年，部分原因是金融动荡在贸易融资的可用性和条件上的负面影响。工业生产普遍下跌（图2-1），在危机第一年的下跌量同20世纪30年代的经济大萧条一样严重（图2-2）。

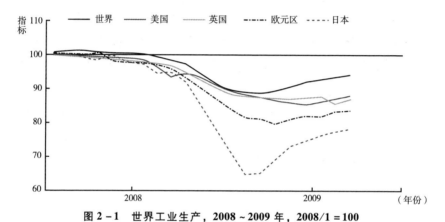

图 2-1　世界工业生产，2008~2009 年，2008/1 = 100

资料来源：CPB，经济合作与发展组织（OECD），芬兰经济研究所（ETLA）。

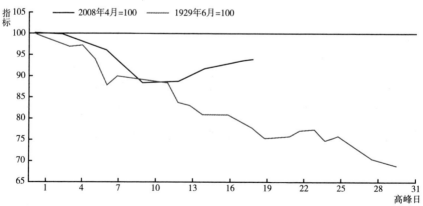

图 2-2　20 世纪 30 年代大萧条时期和当前大衰退时期的世界工业生产

资料来源：国际联盟（League of Nations），CPB。

● 金融压力通过银行和证券市场传播

对这场危机经验最好的理解或许是，危机源于主要的货币和金融传输渠道。[3] 首先，金融系统压力推高了融资成本，提高了必要回报率，减少了投资。2008 年，尽管政策利率下跌，私人信贷的成本（如果可用）却在增加，而股票价格的下跌提高了从股票市场获得资金的成本。其次，危机减少了通过贷款渠道和证券化渠道获得的可用信用，银行明显收紧了其贷款标准，投资者的风险厌恶情绪也大幅上升。

● 许多因素都将经济推向一个方向：下降

股票和房地产价格下跌减少了净资产，因此，公司和家庭的抵押贷款数量也在减少。家庭财富的减少也增加了家庭储蓄，包括退休储蓄（以弥补个人在固定缴款养老金计划上的资产价值减少）。进一步的影响通过汇率改变，尤其是通过对整个私营部门的信心的负面影响造成的结果表现出来。2008 年秋季以来，所有这些渠道都将世界经济推向一个方向：下降。

随后，金融市场朝着正常的状态回归。此外，最近的工业生产和总产值数据表明，世界经济已经停止萎缩，并且正在进行某种程度的复苏（图 2 - 1）。然而，失业率仍在上升，预计在美国和欧洲会持续增长一段时间，大多数国家失业率达到或超过了 10%（图 2 - 3）。毫无疑问，在过去两年间，如果不是消极应对，通货膨胀已经被很好地抑制了。

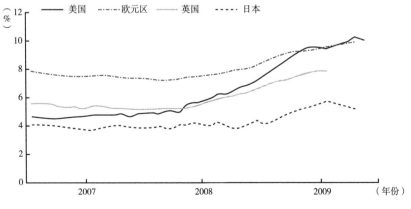

图 2 - 3 在选定国家的失业率，2007 ~ 2009 年

资料来源：经济合作与发展组织（OECD），芬兰经济研究所（ETLA）。

## 第二节 前所未有的应对政策

此次危机，不论是速度和规模，还是全球治理者采取政策的范围和协作都是前所未有的。特别是货币政策，一定程度上也为针对金融危机管理的财政措施和行动提供了一个案例。

● 中央银行削减利率

总的说来，货币政策迅速做出反应，并且对提高流动性，缓解金融状况表现出了巨大的决心。美联储在 2007 年 9 月 18 日至 2008 年 12 月 16 日逐步降低中央银行利率，从超过 5 个百分点降到几乎为零。欧洲央行的反应稍慢，但在 2008 年 10 月 8 日至 2009 年 5 月 18 日，降低其基准利率超过 3 个百分点（图 2 - 4）。由于干预技术的差异，美国和欧元区短期利率差异事实上小于政策利率差异。特别是，欧洲央行屡次为银行提供为期一年的主要政策利率为 1% 的无限资金。因此，充足的流动性使得欧元区短期利率通常趋向于 0.25% 的存款利率，而不是 1% 的贷款利率。看来，大多数发达工业国家的货币政策是尽可能多地降低利率，但并不试图超越零下限[4]。

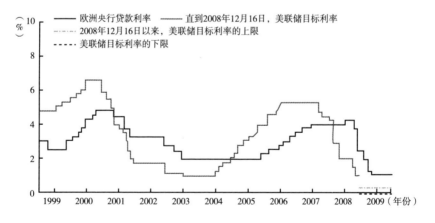

**图 2 - 4 中央银行利率，1999 ~ 2009 年**

资料来源：欧洲央行（ECB），美联储（Federal Reserve），芬兰经济研究所（ETLA）。

汇率，是货币政策的一个重要的传输渠道，一直受到利率差异、经济发展以及对待风险的普遍态度的影响。最初，危机反映在美元和瑞士法郎上，相对于欧元和其他国家货币而言，尤其是英镑和瑞典克朗，美元和瑞士法郎被认为是"避险货币"。随后，随着风险厌恶情绪下降到更为正常的水平，美元随之下跌。

● 通过购买资产，明显地扩大其资产负债表

通过采取"量化宽松"政策，美联储明显地扩大了其资产负债表（图2－5），这反映了其购买各种金融产品，是为了提高证券市场的流动性，这些市场通常不受央行直接影响。从历史的角度来看，各国央行在此次危机中所采取的行动从规模和范围上来讲都是前所未有的，这也反映了各国央行意识到信用体系机能失调的危险性。之所以采取这些非常规措施，是因为美联储通过评估认为，传统的货币宽松政策对于金融形势的影响是非常有限的。欧洲央行也以同样的方式购买了规模非常有限的资产担保债券。此外，欧洲央行从危机开始就接受范围广泛的借贷银行的抵押品。

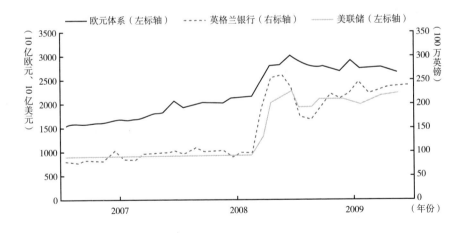

图2－5 央行所持有的本币资产，2007～2009年

资料来源：英格兰银行，欧洲央行，美联储。

● 当局采取了许多行动，包括大型金融承诺

金融危机管理已经采取的形式不仅有央行提供的流动性措施，也包括前所未有的措施，以确保银行和其他金融机构的偿付能力。直到2008年

10 月，政府才对自身陷入困境的机构进行干预，比如德国的 IKH，英国的北岩银行和美国的贝尔斯登公司。雷曼兄弟破产所引发的恐慌，导致 2008 年 9 月政府采取了进一步的救援行动：包括提高保险巨头美国国际集团的信贷额度，和对欧洲富通银行及德克夏银行的资本重组等。

这些零碎的行动没能安抚市场，也不是采取的第一个更为系统的措施。在美国，2008 年 10 月初采取了一个称为"不良资产救助计划"（TARP）的方案，从金融机构购买高达 7000 亿美元的不良资产。2008 年 10 月 8 日，英国宣布了一项资本重组与担保计划。然而，恐慌仍在继续。

2008 年 10 月 10 日星期五，G7 国家宣称，"政府将动用一切可以利用的手段来支持具有系统重要性的金融机构，以防止其倒闭。"两天后，欧洲国家采取的具体行动验证了这份共同声明。一个特别的欧元集团峰会在巴黎召开，从国家或政府首脑层面上同意了向银行系统注资的欧洲共同计划，从而为银行的中期资金提供了政府担保。紧随欧盟，美国政府同意向 9 家主要银行注资 1250 亿美元。虽然 2009 年风险溢价居高不下，流动性很弱，到 2009 年秋天，状况仍然异常，但是这些措施最终消除了全球金融市场的恐慌。

● 确保流动性和金融机构的偿付能力

政府承诺的整体支持力度非常大。欧盟承诺的数额相当于 GDP 的 30%，美国承诺的数额超过了 GDP 的 20%。这些承诺大多数只是一种承诺担保资金，只有一小部分兑现，欧盟用了相当于 GDP 的 8% 的资金，美国用了不到 3%。欧盟和美国平均分别将少于 GDP 的 1.5% 和 2% 的资金用于直接注资。然而，在一些国家，具有法律约束力的政府风险承担占了 GDP 的很大份额：爱尔兰超过 200%（主要是债务担保），英国、荷兰和比利时都超过了 25%。在冰岛，仅中央银行的资本重组就花费了相当于 GDP 的 18% 的纳税人资金，商业银行的资本重组又花费了相当于 GDP 的 18% 的纳税人资金。综上所述，由于银行倒闭，冰岛的公共债务总额预计增长约 100%。

● 美国、欧洲和中国采取了特殊的财政刺激措施

财政扩张一直是一个很明显的对抗危机的一部分。布什和奥巴马政府采用了一定规模的财政刺激方案，大多数欧洲国家也采取了相当规模的财政扩张计划（见第九章）。较之整体经济规模，欧洲的公共部门相对较

大，因此自动稳定器在欧洲比在美国发挥的作用更大。此外，欧洲在中国有相当大的基础设施项目投资。总之，近期政府采取了大规模的适度宽松的财政政策和实施自动稳定器机制，这样的政策立场导致了迅速增长的预算赤字和不断上升的公共债务水平。

## 第三节　美国与欧盟的政策是不同的，但二者是否有所趋同？

正如前文提及，美国与欧洲有着显著的结构性差异。相比其他金融机构和证券市场而言，银行体系在欧洲的金融中介中发挥着更为重要的作用。欧洲的社会保障和税收水平比美国高，公共部门的规模也比美国大。除此之外，二者还有其他差异，特别是在货币和财政政策的反应模式上；最近，这个差异似乎不是那么明显。大西洋两岸政策的不同存在已久，不太可能消失，但是可能出现某种程度上的趋同。

● 欧洲的财政政策一直呈现被动、正统和顺周期性特征

一直以来，欧元区的财政政策明显被动，往往呈现顺周期性的特点。图2-6反映了财政态势和产出缺口之间呈轻微的负相关关系：在"好年

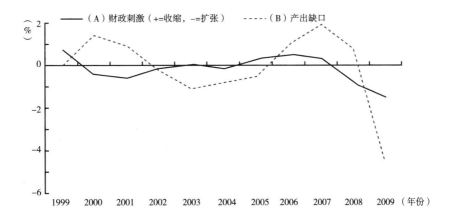

**图 2 - 6　欧元区的财政政策，1999 ~ 2009 年**

注：A = 周期性调整的预算平衡的变化，潜在的国内生产总值的百分比。
B = 潜在的国内生产总值的实际偏差。
资料来源：经济合作与发展组织（OECD），《经济展望》第 86 期，2009 年 11 月。

景"（相对于小型或正产出缺口趋势）里，通常采取酌情放宽政策；在"坏年景"（巨大的产出缺口）里，采取的是酌情缩紧政策。特别是在2000~2001年，当产出高于趋势增长时，欧元区的财政政策是扩张性的；在2003~2005年，财政政策是中性或扩张性的。然而，在2006~2008年，当产出高于趋势增长时，财政政策有所紧缩，一旦经济衰退开始，政策随之明显放宽。

● 然而美国一直以来采取的是活跃的、凯恩斯主义和反周期的财政政策

相比之下，美国一直实施积极的和反周期的财政政策，这反映在财政态势和产出缺口之间呈显著的正相关关系：在经济活跃时，采取紧缩的财政政策；在经济疲软或者经济衰退时，采取宽松的财政政策（图2-7）。有人解释说，美国的"凯恩斯主义"和欧洲的"正统"（被动或顺周期性财政政策）之间的差异并不明显（不用说，如果账户采取了自动稳定器，美国和欧洲之间的差别就会有所减少）。欧盟《稳定与增长公约》起了一些作用，它为成员国设定了一个预算赤字的上限。正如自动稳定器使财政赤字增加一样，该公约在衰退时期传授了一个财政紧缩的倾向。更普遍而言，欧洲的决策者在短期内似乎比美国当局更加关心预算赤字。

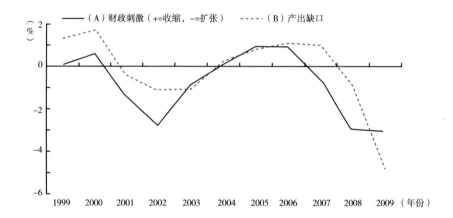

图 2-7 美国的财政政策，1999~2009 年

注：A = 周期性调整的预算平衡的变化，潜在的国内生产总值的百分比。

B = 实际国内生产总值与潜在国内生产总值的偏差。

资料来源：经济合作与发展组织（OECD），《经济展望》第 86 期，2009 年 11 月。

● 在欧盟 15 国当中，只有北欧一直采取财政整顿和反周期性财政政策

值得注意的是，欧盟倾向遵循一种顺周期性的财政政策，然而这种政策在欧元区成员国之间有所不同。特别是，顺周期性倾向看似同财政整顿意愿不强密切相关。图 2 - 8 证明了这一点，该图显示了 1999 ~ 2008 年一般政府的财政盈余（水平轴）和那个时期斟酌使用的财政政策的反周期程度（此程度是通过产出缺口和周期性调整预算平衡的变化之间的比值计算出来的）。不仅在美国，许多北欧国家也一直采取反周期的财政政策。1998 ~ 2008 年，除了美国以外，这些北欧国家政府运行普遍出现财政盈余。相比之下，那些采取顺周期性财政政策的国家，通常出现政府财政赤字（例如：德国、法国、意大利、葡萄牙和希腊），在某些情况下，赤字规模较大。

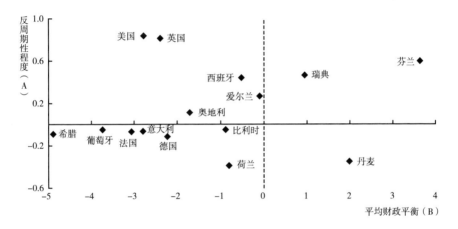

**图 2 - 8 财政政策与整顿，1999 ~ 2008 年**

注：A = 产出缺口和财政刺激的相关系数，由周期性调整的预算平衡的变化，占国内生产总值的百分比来衡量。

B = 在此期间，一般政府的平均财政平衡，占国内生产总值的百分比。

资料来源：经济合作与发展组织（OECD），《经济展望》第 86 期，2009 年 11 月。

在这场危机中政策反应的差异已经变小了：在 2009 年，几乎所有欧盟国家加大到前所未有的财政扩张幅度。因此，仅 2009 年一年，采取反周期政策的国家数量不断增加。（图 2 - 9）

展望未来，对公共财政可持续发展的关注很可能成为大西洋两岸关注的焦点。在美国，鉴于其整体税率较低和现任政府的意愿，可能导致税率

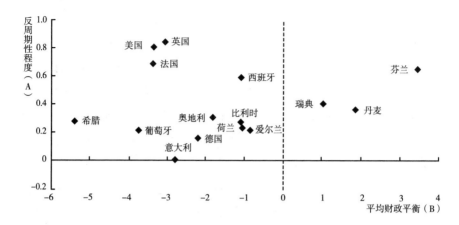

**图 2 - 9 财政政策与整顿，1999 ~ 2009 年**

注：A = 产出缺口和财政刺激的相关系数，由周期性调整的预算平衡的变化，占国内生产总值的百分比来衡量。

B = 在此期间，一般政府的平均财政平衡，占国内生产总值的百分比。

资料来源：经济合作与发展组织（OECD），《经济展望》第 86 期，2009 年 11 月。

上升和公共部门规模扩大。然而，在欧洲，必须考虑限制进一步增税的范围，以及在恢复公共财政方面更多的压力，可能会减少支出。

● 一直以来，美国联邦储备银行在货币政策上的反应或好或坏都比欧洲中央银行更快更强

美国和欧洲之间在货币政策上的差异似乎比财政政策上的差异小：在这两种情况下（图 2 - 10 和图 2 - 11），央行在实践中往往采取反周期政策。他们之间主要的差异在于，同欧洲中央银行相比，美联储反应更为迅速，并已承诺更大的利率变动，而欧洲中央银行反应平缓一些，步子也小一些。在目前的危机中，虽然美联储以其行动迅速已经获得了一致好评，但是，舆论对其往年的行动也存在一些保留意见。事实上，人们普遍认为，在 21 世纪初期，美国大部分时间内采取了过分宽松的货币政策，从而导致了随后产生的泡沫经济。

当对金融市场的短期利率进行评估时，对当前危机的政策反应一直都是类似的。全球危机已经凸显了同中央银行进行密切合作的需要，以及关注价格稳定和金融稳定的更广泛问题的重要性。美联储和欧洲央行今后可能对资本市场发展给予更多关注，并且在宏观审慎监管中发挥更突出的作用。

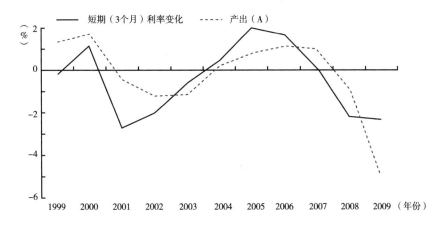

**图 2 - 10  1999～2009 年，美国的货币政策**

注：A = 实际国内生产总值与潜在国内生产总值的偏差。

资料来源：经济合作与发展组织（OECD），《经济展望》第 86 期，2009 年 11 月。

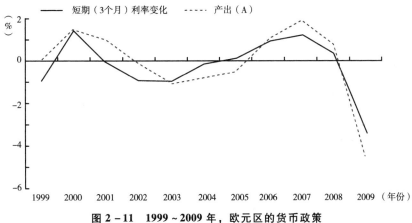

**图 2 - 11  1999～2009 年，欧元区的货币政策**

注：A = 实际国内生产总值与潜在国内生产总值的偏差。

资料来源：经济合作与发展组织（OECD），《经济展望》第 86 期，2009 年 11 月。

## 第四节  全球政策反应奏效吗？

● 这是没有转变成"大萧条"的危机

正如前文所述，实体经济的不景气同 20 世纪 30 年代的"大萧条"一样严重。然而，有越来越多的迹象表明，世界经济正趋于稳定，并已经从 2009 年下半年开始复苏。如果是这样，那么这场危机将作为没有转变成"大萧条"的严重危机载入史册。毫无疑问，前所未有的、同步的或国际协调的政策行动在防范金融崩溃和减轻金融与实体部门负面反馈环节上发挥了关键作用。

● 多亏了扩张性货币政策

货币政策已经达到了临界点[6]，这意味着利率不能降低到零以下。然而，目前中央银行利率，无论按名义还是实际价值，都比"大萧条"最初的几年低得多（图 2 - 12 和图 2 - 13）。虽然信贷市场的冻结阻碍了货币政策的有效性，当局已经能够通过采取非常规措施（购买金融资产）来增强信贷和证券市场的功能。这个货币政策在遏制危机方面的作用至关重要。

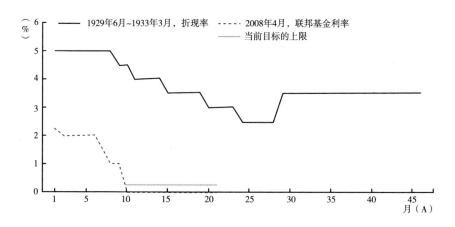

**图 2 - 12 美联储的政策利率**

注：A = 分别代表 1929 年 6 月和 2008 年 4 月的运行。
资料来源：美联储。

● 维护金融体系运作的行动

更加困难的是评估金融危机管理的作用。有些措施可能对恢复银行体系的信心至关重要，因为政府已经明确表示，他们会不惜一切代价维护关键的金融机构。然而，信贷市场的功能在一定程度上仍然受损，许多私人借贷的风险溢价仍然很高。继续需要银行去杠杆化以限制银行信贷的供应。识别或处理受损资产的损失工作做得还不够。正如国际货币基金组织所强调的，这是欧洲的特别案例。

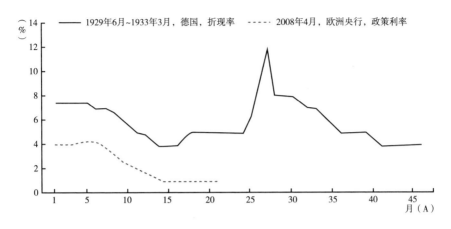

**图 2 - 13　政策利率，欧洲**

注：A = 分别代表 1929 年 6 月和 2008 年 4 月的运行。
资料来源：欧洲央行，NBER（美国国民经济研究局）。

● 斟酌使用的财政扩张政策，在极端情况下是货币政策的一个有益补充

财政政策行动是否有效是一个有争议的问题。一些经济学家（包括保罗·克鲁格曼）认为，财政扩张在避免危机升级为经济萧条方面已经发挥了重大作用。其他经济学家（包括罗伯特·巴罗）认为，财政扩张无关紧要甚或有害（有些观点上产生差异的原因将在后面第九章讨论）。一种中立观点是，当货币政策的有效性一直受到功能失调的信贷机制以及零利率约束时，财政扩张是货币政策的有益补充。

## 第五节　是时候退出吗？

● 退出问题的政策困境

全球经济增长的前景仍然模糊、充满不确定性，但是人们普遍认为，世界经济已趋于稳定并正在复苏。这种观点导致了对优先政策的重新评估以及对长期存在的问题的重新强调。这个问题日益凸显：对于扩张性政策，我们应该撤销、减少干预还是采取更加中立的立场呢？要回答这个问题困难重重，政策困境不可避免。

在金融危机管理方面，明显需要恢复常态条件。在这次危机中，以特殊措施来支持银行和其他金融机构是必不可少的，但是，也存在重大的道德风险问题（它们在公民和选民中是非常不受欢迎的）。事实上，从危机管理中已经产生了一些自发出口，如银行已经能够在私人市场筹集资金，并用它来偿还由政府注入的资金。

● 财政政策退出是为了遏制预算赤字

关于财政政策，随着结构性预算赤字以及政府政策信誉蒸发的风险增大，持扩张立场的范围正在迅速缩小。在未来几十年，人口老龄化对所有国家的公共财政都将造成巨大负担。许多欧洲国家实行的预算赤字被认为是不可持续的，到了一定程度，它们将无法进行财政扩张（见第九章）。这就带来一种风险，即政府债务将无法找到自愿买家，除非长期债券利率大幅上升，这将会增加预算赤字并破坏经济长期增长的前景。

● 为了遏制流动性过剩的风险，货币政策的退出是必要的

对于货币政策我们要关注的是，大量的流动性已经注入金融系统。如果复苏来得更迅速，比目前预期的更强的话，流动性可能再次刺激基于持续低利率预期（不合理的）的投资，它也可以产生新的资产泡沫和通胀压力。自 2009 年初以来，大部分的股票市场复苏可能与流动性充裕和低利率相关。虽然在当前形势下，用货币去支持资产市场是适当的，但当条件改变时，中央银行政策立场的最终后果亦需要我们予以关注。

● 如果财政政策首先退出，那么采取政策组合更为理想

由于不同的国家情况不同，在国际社会体系中存在一定程度的国际协调机制，其中包括协调货币和各国财政政策，这是一个非常引人关注的现象。"大萧条"的经历以及 20 世纪 90 年代日本的经验强烈提醒我们，不要过早收紧政策，尤其是货币政策。紧缩政策可能带来复苏风险，并可能锁定在相对紧缩的货币政策和持续宽松的财政政策这样一个不幸的宏观经济政策组合中，从而导致经济增长疲软和不断上升的政府债务水平。为了防止债务旋涡扩大，至少在一些欧元区国家（见第九章），财政政策的早期退出是必要的。而且，随着需求增长，货币政策的立场可以在技术上相当迅速地被逆转。退出的时机和顺序是相关的，有一种情况是，财政政策在采取重大的货币紧缩政策之前退出。

● 重点是并且越来越多的应该是，系统性和长期性问题

虽然应该避免需求配套政策过早退出，但是，毫无疑问，这项政策的重点应该是越来越多地转向长期的问题。国际商定的改革是必须建立一个新的金融架构，对银行与其他金融机构有适当的规范和监管，包括系统性风险的宏观审慎监管。为防止保护主义破坏开放市场和自由贸易，需要有所警惕。除非我们采取的宏观经济政策结构更合理且符合稳定增长需求，否则，我们需要对宏观经济政策进行更有效的协调，这样才有助于重新平衡全球需求增长，以避免巨大和持续的账户失衡。我们可能很难评估经常账户失衡的性质和影响，但它们不应该被忽略。经验表明：严重和持续的失衡可能在适当的时候给全球宏观经济稳定带来巨大危害。

## 本章注释

1. 2007 年 8 月，银行间同业拆借市场经历了由次贷工具估值困难带来的压力。美联储和欧洲中央银行向银行系统注入了大量的流动性。越来越多的大型金融机构在当年秋季和次年春季面临融资困难。然而，仍然有很大一部分的人相信，有健全的金融体系和合理平衡的宏观经济条件，这些问题不会对经济造成巨大困难。

2. 许多研究指出，国际银行间同业拆借市场是危机蔓延和全球传播的根源。例如戴维斯（2008）、罗斯和明镜周刊（2009）对国际关联性而做的许多文献回顾。然而，在对贸易和金融传输渠道的实证分析中，他们并没有找到有力的证据来证明金融危机是从此次危机的震中美国蔓延到其他国家的。

3. 参见 Cecchetti，Kohler 和 Upper（2009）。

4. Buiter（2009a，2009b）认为（相当有说服力），临界不需要受约束，货币当局可以把短期名义政策利率设置为负值。问题是技术可行性不大，因为决策者对此缺乏兴趣，他们显然认为如此认真考虑过于极端。可以指出的是，瑞典央行支付银行存款微负利率（ - 0.25%）。

5. 不同支持类型的分类不同。这里给出的数字是基于欧盟委员会"DG 竞争的担保审查和注资计划"（2009 年 8 月），和 BIS 第 48 号论文"金融部门救助计划评估"（2009 年 7 月）。

6. 通常认为央行不能设置名义利率低于零，现金回报率也是如此。正如前文所提到的，低于临界利率是可以克服的，但在实践中并没有尝试过。尽管瑞典央行最近将存款利率下调到 - 0.25%，但银行流动性中只有很小一部分真正体现这个利率。

# 第三章

# 2007～2008 年的恐慌：一个现代银行运行

● 联邦存款保险效果显著

在当前的金融危机爆发之前，美国被公认为拥有世界上最发达和最安全的金融体系。美国的一部分金融体系曾在短暂的时期内面临压力，甚至失败，但在大萧条之后的 75 年里，一直没有发生体系内的恐慌。[1]

银行业这 75 年的"静默期"，同大萧条之前的若干年形成了鲜明对比（见第四章）。[2]我们认为，成立于 1933 年的美国联邦存款保险公司，保护了小投资者的存款，避免了银行挤兑，直到 2007～2008 年爆发的恐慌。

● "静默期"为什么结束？我们需要把眼光放远，透过华尔街的贪婪和不良刺激来寻找答案

是什么使得"静默期"如此意外地到来并突然的结束，从而导致了不可思议的威胁：全球整个金融体系的巨大崩溃。要找到对危机根源的合理可靠的解释，我们需要很长一段时间来筛选所有的证据。不仅仅是指责贪婪的华尔街银行家，我们还要提供一个更深层的诠释，可是为时已晚。毫无疑问，华尔街对危机爆发的严重性及其带来的威胁负有部分责任，但是，导致金融体系处于崩溃边缘的不仅仅是华尔街的贪婪和无能。[3]

当前危机一方面是庞大而持续的全球金融失衡相互作用的结果；另一方面是美国的影子银行体系导致的。虽然影子银行是一种创新，但最终这种以市场为基础的体系还是过于脆弱并缺乏管制。本章将描述和解释一些现代金融体系的复杂性，我们认为，该体系的逻辑及其弱点是导致危机发生的最重要的原因。

## 第一节 影子银行的出现

● 在不到 25 年的时间里，影子银行作为最有影响的信贷中介取代了传统的银行

关于金融危机，有一个简短的解释是现代银行运行的结果，即所谓的影子银行体系，而不是传统的银行。影子银行——包括投资银行、对冲基金、货币市场基金和其他基于市场的金融机构——是从根本上转变的信贷中介（见图 3-1），在过去的 30 年里成倍增长。1980 年，影子银行的资产价值比传统银行的资产价值少 10%。到 2007 年，影子银行取代了传统银行成为信贷资金的来源（见图 3-2）。

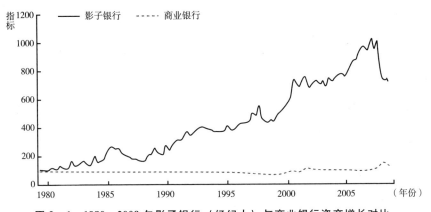

**图 3-1 1980～2009 年影子银行（经纪人）与商业银行资产增长对比，1980/I=100，家庭资产的百分比**

资料来源：美联储，联邦基金统计。

● 贷款证券化使得影子银行呈爆炸性增长

银行业的这一深刻的变革是证券化和结构性融资上升的结果。从历史上看，商业银行已经发行其账簿并保持抵押贷款，直到它们被偿清。在 20 世纪 80 年代，银行开始转型为发起和分销式业务模式。它们像以前一样发起抵押贷款，随后在市场上出售，正如担保债务凭证（CDO）是由一揽子抵押贷款在证券化的过程中创造出来的，结构化产品也是从一揽子其他贷款，主要包括汽车贷款、信用卡贷款、房屋净值贷款和学生贷款中

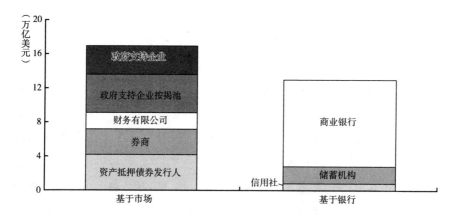

**图 3 - 2　2007 年 11 月，美国财政中介总资产**

资料来源：Adrian-Shin（2008）。

产生的。已发行的结构性产品数量增长迅速，特别是自 2000 年以来，仅次于影子银行的爆炸性增长。

那么，是什么驱使结构性产品的增长呢？这是我们关注的关键问题。那些把华尔街视为危机原因的人，往往看到的是不择手段的银行家汇集和分类各类资产的诡计，他们从交易费和对买家提高价格中获利，谁都无法评估其购买的不透明的结构性产品的真实风险。

● 主要是给影子银行的上升和跌落提供一个合理的解释

我们正在寻找一个理由，以解释影子银行和结构性融资是经济力量的合理应对，但随着该系统不断地暴露其自身的缺陷，最终造成灾难性后果。我们对事件的解释主要有四个：一是全球经济失衡，我们寻找新的、相对安全的储蓄工具；二是作为一种独创的方法，证券化吸引了结构性投资产品；三是回购市场作为一个代理存款机构；四是影子银行体系的脆弱性，它允许银行体系中相对小的一部分（次级抵押贷款部门）受到冲击，最终演变成一个大恐慌。

## 第二节　需求和资产供应的全球失衡

对美国结构性融资快速增长的一个合理解释是，无风险资产的全球需求强劲，其中大部分需求来自新兴市场。与美国相比，世界上其他地区很难满足这种需求。

● 一个关键因素：全球失衡和储蓄过剩

在新千年的第一个十年，全球经常账户失衡是巨大而持久的。从图 3 - 3 中可以看出，欧盟和日本收支平衡，但是，美国、澳大利亚和英国从整体上来说产生了巨额赤字，主要需要中东和亚洲国家的财政支持来弥补。

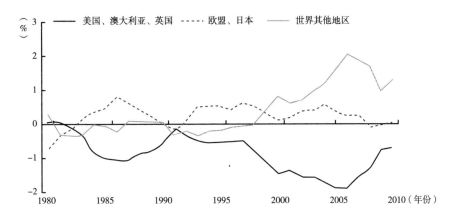

图 3 - 3  1980～2010 年，经常账户的平衡，占世界各国
国内生产总值（GDP）的百分比

资料来源：国际货币基金组织、世界经济展望数据库（2009 年 10 月）。

在过去的几十年中，全球化进程一直非常迅速，但是并不平衡。数以百万计的工人，主要在亚洲，已经进入了面向国际市场的生产。这个过程改善了中国和印度许多贫穷工人的生活，同时，降低了制成品价格，减缓了全球通胀。虽然这个全球化进程和生产率增长增加了世界市场的商品供应和服务供给，但是新兴市场的需求还没有跟上步伐。

亚洲国家的储蓄率非常高（约占 GDP 的一半），尤其中国，但这些国家的金融市场仍不发达，无法给有财政盈余的家庭和公司提供足够吸引力的投资工具。虽然投资率已经很高了，但是仍然远远低于储蓄率。这就导致"储蓄过剩"，于是他们在一个国内储蓄不足但拥有发达的金融市场的国家寻找安全的、流动性好的投资机会。这么看来，这场危机看似自相矛盾，实则有理可循，美国获得了很多这样的投资，因为这些市场的感知最强烈、最深刻、最可靠、最具创新性。

• 外国资金在美国寻找一个安全的投放点

在图3-3中，我们怎么知道美国庞大的经常平衡赤字是由于外国资金在美国寻找安放点，而不是美国消费者寻求外国资金以满足其对产品和服务的巨大需求呢？一个令人信服的答案是利率行为（图3-4）。如果对资金的流入是需求驱使的，我们应该能够看到利率上升，但事实恰恰相反，这就和我们的判断是一致的，即资金是从外部主动流入美国的。[4]

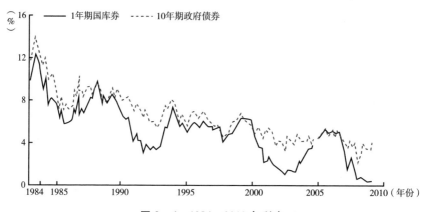

图3-4　1984～2010年利率

资料来源：美联储。

• 美国政府不是一个无辜的旁观者

美国政府和国会也发挥了重要作用，它们主要通过房利美（Fannie Mae）和房地美（Freddie Mae）这两大为住房抵押贷款市场提供支持的政府支持企业，为低收入家庭补贴抵押贷款。在外国人想在美国进行安全投资和美国政府想履行其长久以来扩大低收入家庭拥有住所的梦想之间，华尔街看到了机会，它以常人难以预期的速度迅速增长，推动了影子银行的急剧增长。

为什么其他一些发达经济体（除了英国）会加入这场游戏，为新兴市场储蓄提供出路？有人认为，由于高房价，尽管作为财富一部分的家庭债务并未以正常速度增长，但是美国消费者愿意负债。而主要的答案是，华尔街提供了最具流动性的市场，并领先于其他国家发展创新的结构化产品，允许影子银行体系吸纳巨大的资金流。下面我们来谈谈这个创新的故事。

## 第三节 神奇的证券化和结构性融资[5]

● 证券化的两个阶段：资产池和债务分层

如图 3－5 所示，证券化发生在两个阶段。在第一个阶段，大量类似的资产，如抵押贷款，被集中起来，形成特殊目的载体（SPV）或统合信托。第二个阶段被称为分层，针对特殊目的载体发行各种各样的金融债券。分层是由特殊目的载体产生的现金流。如果所有的分层都是相同的，这个结构被称为过手资产支持证券（ABS）。针对特殊目的载体发行不同系列的证券，这就称为担保债务凭证（CDOs）。[6]

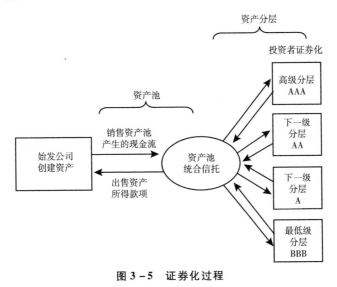

**图 3－5 证券化过程**

资料来源：Gary Gorton，Andrew Metrick（2009）。

如图 3－5 所示，不同系列的担保债务凭证依据其在特殊目的载体的"资本结构"中的资历给予不同的信用评级。最资深的一笔首先还清，并给予最高信用评级（图片中的 AAA）；最初级的最后付清，并给予最低信用评级（BBB）。原则上，创建不同系列证券的规则是任意复杂的。而且，几乎任何一种资产都可以作为一种投入。由于这两个原因，证券化是非常灵活的，并且产品用途广泛。

资产抵押债券的发行人通常会增加现金或者约等于现金的证券作为特

殊目的载体的信用增级。超额抵押创建了一个保护层，以防止一些债务违约或逾期付款。信用增强也用于提高分层的评级，特别是增加担保债务凭证的比例，以得到一个 AAA 评级。

● 定制结构化产品，特别是 AAA 级债券，使它们只是满足评级要求，这是有误导性的，而且十分危险

超额抵押使其更容易定制评估分层，而且使其符合所需信用评级的最低标准。因为一般说来，定制一个 AAA 级资产支持证券的风险高于一个具有代表性的 AAA 企业债券的风险。把企业债券和其他债券作为对结构化产品使用相同的债务评级系统的根据，一直受到质疑和审查。

● 证券化通过风险再分配来增加经济价值

证券化有几个有益于社会的用途。最明显的一个是，有着不同风险偏好的投资者可以提供不同信用等级的证券。这样风险的分布更有效率，也降低了整体的资金成本。在竞争激烈的资本市场发行住房抵押贷款支持证券（Mortgage-Backed Security，MBS），使购房者通过降低抵押贷款利率受益。

证券化最重要的好处是，通过资产池和债务分层可以创建 AAA 证券置出资产，不会收到一个 AAA 评级作为独立证券。我们需要理解这个炼金术，因为它既是极大的备受怀疑的来源，也是夸大索赔的来源。不幸的是，理解需要有点精神历练。那些想被说服的人，须剖析 3 - 1 栏的例子。

### 专栏 3 - 1  证券化的炼金术

请看下面的例子，有两张相同的债券，如果它违约的话，每张收益为 0 美元；没有违约的话，每张收益为 1 美元（面值为 1 美元）。无论另一张债券如何执行，每张债券的违约概率都是 1/10。把两张债券汇集到一个特殊目的载体中，然后，从特殊目的载体产生的现金流的违约概率就是 1%（当两张债券都违约时），收益 2 美元的概率是 81%（当两张债券都没有违约时）；收益 1 美元的概率是 18%（当只有一张债券违约时）。发行面值为 1 美元的一张高级债券和一张初级债券（担保债务凭证），由特殊目的载体所得来支付，高级担保债务凭证将在低级担保债务凭证之前兑现。这就意味着高级担保债务凭证兑现 1 美元的概率是 99%（当只有一张债券违约或者两张债券都没有违约时），兑现 0 美元的概率是 1%（当

两张债券都违约时）。低级担保债务凭证的所有者兑现 1 美元的概率是
81%（当只有一张债券违约时），兑现 0 美元的概率是 19%。

为了说明这个问题，让我们假设一下，一个 AAA 级债券违约概率不
能超过 1%。那么，高级担保债务凭证将收到一个 AAA 评级，但低级担
保债务凭证不会。特别需要注意的是，两张投入到特殊目的载体的相关债
券与 AAA 级债券相距甚远，每张债券违约概率是 10%。我们刚刚从两个
低于面值的债券中创建了一个 AAA 级债券，事实上，特殊目的载体总额
获得 AAA 评级的（担保债务凭证的价值总和）概率将是 55%，因为高级
部分价值是 99 美分，而初级部分价值是 81 美分［99/（99＋81）＝55］。

- 从垃圾债券中生产 AAA 级债券的魔力

由于大量法律的涌现，资产池独立的风险非常大。为了进一步说明，
考虑一个拥有如 3 - 1 栏所述的千元债券的特殊目的载体，都有独立风险。
如果对这个投资组合再次发行一个高级和一个初级证券，那么，超过
90% 的发行价值（高级担保债务凭证的价值）将是 AAA 级的。同一个现
在违约时间低于 1% 的高级担保债务凭证相比，优先债券都是垃圾债券。
但是，把一千元垃圾债券放到口袋里并进行分层，那么，转眼间，几乎整
袋垃圾债券都是 AAA 级，这听起来确实神奇，不是吗？

- 办错事的成本很高

这里有一个陷阱，而且，是非常关键的，否则，我们现在就不会处于
金融混乱当中了。在现实世界中，风险并不是独立的，**能够发行 AAA 级
证券的数量同个人证券进入特殊目的、载体密切相关。证券化并没有消除
系统性风险**，即冲击同时影响着所有的个人证券。例如，假设所有债券都
违约或者都不违约，如果他们只在金融危机中违约，那么，没有资产池和
债务分层能够提高优先债券的风险。在这个我们先前例子的变体中，没有
AAA 级证券可以被创建。

此外，人们可以证明高级分券对增加系统性风险是最敏感的：随着相
关性的资产的增加，高级分券的价值（信用评级）侵蚀的速度比初级分
券快得多。事实上，如果只有两个分券，随着相关性的资产的增加，低级
分券将变得更有价值。

● 没有经验数据的评估系统性风险问题

信用评级机构对应对风险相关问题了如指掌，并尽量考虑这些问题。然而，对于罕见的系统性事件，如金融危机，处理这样的风险是很难的，特别是如果 75 年来都没有出现过这样的危机。那么，从哪里获取对这类事件的估计，且在此类事件中，债券如何使用呢？再多的统计技巧也不能替代经验数据。同理，重要的是认识到创建过量的 AAA 级担保债务凭证的潜力及其效果，即使错，最好也错在谨慎上面。[7] 然而在危机之前，我们不可能知道什么是合理的。回想起来，事实上，发行的超过 70% 价值的资产支持证券是 AAA 级，这表明评级机构不够谨慎。[8,9]

从经验上看，投资者似乎也没有意识到问题：AAA 级结构证券暴露出系统性风险更大，因此其价格本应低一些，但是他们的价格大致与 AAA 级单名证券的一致。当所有其他债券违约时，一个精确违约的债券应该比因为特殊原因违约的债券打更大的折扣。

● 资产支持证券市场的成长和崩溃

证券化的业务，尤其是房屋净值贷款（对已经拥有的住房的贷款）支持的担保债务凭证迅速增长，直到危机爆发。雷曼破产时，有大约 11 万亿美元资产支持证券的债券未偿还。然后，基本上所有发行活动都停止了（图 3－6）。结构化产品在汽车贷款、学生贷款、抵押贷款和信用卡贷

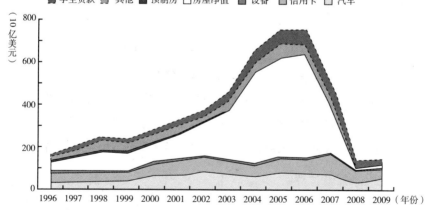

图 3－6　美国资产支持证券（ABS）市场的崩溃，
按资产类型重新发行，1996～2009

资料来源：Sifma。

款的融资中扮演如此重要的角色，这些市场的崩溃给经济造成了很大程度的拖累。美联储一直积极支持证券化市场，但可能需要很长一段时间才能使投资者恢复对结构性产品的信心。

## 第四节　影子银行系统——复杂的中介链

● 中介市场信用包括长期的、复杂的和潜在的脆弱链条

投资者没有直接投资结构性产品。资金通过中介链流入这些产品中，错综复杂的机构网络组成了影子银行系统。举个例子来说，一个家庭可能会投资于一个货币市场基金，货币市场基金可能会用这笔钱购买由结构性投资工具（SIV）发行的资产支持商业票据（ABCP）——银行的资产负债表外实体；结构性投资工具将通过与经纪交易商（如雷曼）的回购协议（REPO），用这笔钱为资产支持商业票据购买资产支持证券；经济交易商可能通过逆回购从银行（如花旗集团和摩根大通）获得资产支持证券，利用这些来源于抵押贷款的资金支撑那些资产支持证券。最后，以来自一个家庭的钱资助其他家庭的抵押贷款为终结。

很难说为什么中介链如此之长。一个传统银行能完成相同的两种交易：一个是与储户，另一个是与抵押贷款接受者。一方面中介链的长度能够反映经济的专业化，这将允许运行一个更有效的风险分配。另一方面，基于市场的中介的复杂性造成了其本身的风险。市场风险（以利率变化为例），与每个贸易对手的风险和无法贸易的流动性风险，都出现在中介链的许多步骤中。

● 清算所将使系统更加透明，且不那么脆弱

也有可能的是，当前的复杂性水平是相对不成熟的影子银行系统的后果，中介链本不必如此复杂，它须为升级负部分责任，甚至可能是引发危机的原因。作为补救措施，清算所提出了简化影子银行系统的场外交易网络。通过清算所呈现已暴露的总风险，可能远远小于中介链中每个独立的参与者能够想到的，因为她只能看到当地的行动。这是其中一项最重要的改革，以使影子银行系统更加透明。我们注意到，影子银行交易链的不透明不同于证券交易的不透明。我们最后会回到这个问题上。

## 第五节　作为替代银行的回购市场

● 回购是影子银行系统的心脏

回购协议，或回购，在影子银行系统中起着特别重要的作用。回购市场交易量证明了这一点。我们无法获得回购量的准确信息，因为它们是场外交易，没有正式监控。这就是说，在市场崩溃之前，回购交易量估计达到10万亿~12万亿美元（含重复计算）。[10]市场崩溃之后，回购交易量已经下降了1/3，表明影子银行系统严重受到危机影响。

### 专栏3－2　回购的工作方式

乍看起来，回购协议是一个奇特的交易。其工作原理如下：甲方从乙方购买了一个低于市场价格的证券，同时乙方同意日后可以用一个预先确定的、更高的价格买回。综合起来，这两项交易看上去更像是一个甲方给乙方的担保贷款。但有一个显著的不同，因为甲方从乙方购买了证券，而没有要求乙方的资产抵押，甲方在一个更安全的位置，以防乙方违约（即不能偿还贷款）。如果担保贷款违约，甲方将不得不等待破产法庭来决定他与其他索赔人能收回多少。这是很麻烦的，而且需要很长的时间——市场上有一个非常昂贵的前景是对流动性的高定价。有了回购协议，甲方拥有证券并可以在乙方无法买回的时候立即卖出。这就使得甲方暴露在交易对手面前的风险要少得多，这是回购的一个非常有价值的特性。

● 隔夜回购就像活期存款——流动性市场提供"存款保险"

许多回购合约一天到期（约占2006年和2007年回购合约总数的25%）。大部分这些"隔夜回购"每天都在滚动。这使得隔夜回购的功能很像活期存款。当然，它没有存款保险，但是，买断式回购所提供的安全性，以及如果交易对手违约就可以出售的权利都能够吸引大量买家（如无特殊情况，我们将会看到）。而且，银行存款保险最多只能到25万美元。这是一个小量的回购，交易量往往是数百万美元。对于大额存款，回购市场的独特之处在于把安全性和需要时收回资金的权利结合起来。

● 回购市场只针对大储户

这就是回购市场将影子银行看作银行的一种形式——影子银行系统如此重要的原因。证券公司（经销商经纪）是中介机构：他们采取如前描述的"存款"，并通过购买适当种类的资产支持证券，用这些资金为住房、汽车等提供融资。然而，不同于很大程度上依靠小额、稳定储户作为资金来源的商业银行，经销商经纪（如投资银行）依赖的是消息灵通的大投资者的批发融资。这在危机时刻产生了巨大的差别，正如我们将看到的，证券公司将面临另一种形式的银行挤兑。

● 三种风险

实际上，回购交易有三种风险。

第一种风险是交易对手或信用风险，这点我们已经讨论过了。但是，请注意，回购的法律条款主要是保护存款方（证券购买方，甲方），借款方（乙方）没有类似的保护以防止违约。如果当乙方想买回的时候（这是可能的，因为甲方经常会把证券作为另一个交易的抵押品），甲方无法提供证券，那么乙方唯一的选择就是在破产法庭寻求赔偿。当雷曼兄弟破产的时候，这对许多对冲基金都是一个问题。

第二种风险是市场风险，这将导致与银行利率风险类似的风险管理问题。

● 防止流动性枯竭和折减交易对手风险

第三种风险是流动性风险。如果乙方不能支付，甲方可能想清算证券以弥补大部分损失。在正常情况下，这不会是一个问题，提供的证券具有流动性，能够依合同轻易地出售或提供。例如，国库券就具有较高流动性。但如果有一些机会，借款方（乙方）可能不会买回证券，这样甲方就难以以公允价值抛售证券，甲方为了保护自己，可以要求一个更高的折减。

## 第六节　折减和杠杆

给甲方 2% 的折减意味着甲方支付 98 美元购买一张价值 100 美元的证券。这个折减使甲方在乙方违约的时候，不受价格下跌影响。

- 风险1：影子银行系统有着高杠杆比率——平均40：1

给甲方2%的折减也意味着乙方能够用于额外借款的抵押品价值少。或者，通常情况下，当他去购买一个价值100美元的证券时，他不得不用自己的钱填补2%的差价，因为甲方将只需用98%的价格来购买。折减决定了乙方的最大杠杆率。例如，给甲方2%的折减，这就允许乙方的杠杆比率为50，回购市场的证券交易商的杠杆比率比传统银行的更高。传统银行的杠杆比率通常会在10，而证券交易商的杠杆比率可能会高达40。如此高的杠杆比率是可能的，因为没有规则规定影子银行与受制于新巴塞尔协议资本要求的商业银行之间的杠杆比率。相反，市场决定什么是审慎的。从经验上看，审慎的做法导致了投资银行（经纪交易商的主要类别）的高度顺周期的杠杆比率。以百分比计算，杠杆比率增长与资产增长的比例大致是1：1。[11]

对于强烈顺周期杠杆比率的部分解释是折减的作用。在好年景，AAA级债券的折减一般在2%。假设资产价格开始下跌，市场感到紧张不安，为了保护甲方，应对这种不确定性，折减会提高到4%作为回应，这意味着最高杠杆比率从50下降到25。资产价格的下降被杠杆比率下降放大了，这对借款人的影响是巨大的。突然间，乙方只有其曾经拥有的一半的资金能力。要么他必须按比例缩小其投资组合，出售资产以去杠杆化，或者他必须筹集更多的股权。这就好比在银行，提高折减相当于提取存款。

- 风险2：保持增长的期限错配

在危机之前，隔夜回购上升到经纪交易商资金的25%，这对影子银行系统构成了重大风险。他们为储户提供了极大的保障，但也暴露了中介银行资金的迅速撤离。这是影子银行系统的致命弱点。

# 第七节　恐慌

- AAA级债券成为回购市场的货币，日益依赖于资产支持证券

最初，回购主要用于国债（如美联储使用回购市场开展公共市场业务），因为国债为储户提供了最好的保障。然而，随着寻找一个安全空间的

资金流日益壮大，国债的供应最终会耗尽（或者使用它们的成本变得过高）。对信托产品替代品的需求自然导致了结构性产品的产生，因为 AAA 级债券可能在大量使用各种不同的资产作为投入的证券化过程中随时产生。因为形势好的时候，无论何种类型的 AAA 级债券，后来在回购市场中都被接受为有效的货币。没有人会真的询问 AAA 级债券背后是什么样的资产。

现在我们知道，所有的 AAA 级证券创建之初并不是平等的。最后证明，通过资产支持证券提供担保是脆弱的。"二战"以来，当美国的名义房价首次大幅下降的时候，最终从 2006 年中期的峰值下降了 30% 以上，次级抵押贷款的抵押品价值的不确定性逐渐开始上升（图 3 - 7）。这是结构化产品特别敏感的一个系统性事件。

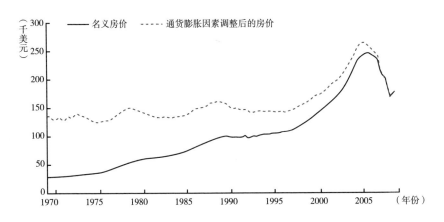

图 3 - 7　美国房屋价格的中位数，1970～2009 年

资料来源：http：//housingbubble. jparsons. net。

● 随着房屋价格持续下跌，盔甲出现了裂缝

早在 2007 年，问题的最初迹象表明，在合成住房抵押贷款支持证券的 ABX（次级房屋贷款债券价格综合指数）市场，[12] 所有低于 AAA 级债券的 ABX 指数从其开始交易时的接近于零的水平不断上升（ABX 指数市场于 2006 年初开放）。有趣的是，在这个时间点，泰德利差并没有反应过来，欧元同业拆借利率和欧元回购参考利率[13] 也一样，这表明在 2007 年年初，次贷问题只是作为一个独立的关注，并未预计其对整个金融体系影响（见图 3 - 8）。然而，在 2007 年 8 月，当法国巴黎银行暂停交易三个

由他们投资于美国住房抵押贷款支持证券的次级抵押贷款时,泰德利差大幅跃升,几乎与市场不确定性的所有指标一样。

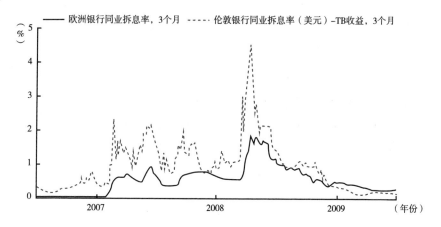

图 3-8　美国和欧元区货币市场风险,2007~2009 年,百分点

资料来源:芬兰银行,美联储,美国财政部,芬兰经济研究所。

● "存款保险"在回购市场分解了。第一家现代银行运行了 75 年是一个现实

2008 年 3 月,贝尔斯登的倒闭造成了进一步紧张的局面,直到政府迅速策划由摩根大通公司收购贝尔斯登。政府不会接受让任何大的投资银行倒闭的救援建议,以使得市场得到稳定。2008 年 9 月,雷曼兄弟的倒闭造成了一个不小的冲击。在这一点上,总的恐慌爆发蔓延到美国和欧洲(见图 3-8)。在短时间内,市场应该提供流动性,以防抵押品不得不被出售,抵押品要么冻结要么严重受损,这取决于高百分比的折减。对于次级结构化产品,折减达到 100%,且中止了所有的贸易。回购市场的代理存款保险失败了,第一家现代银行运行了近 75 年而倒闭成现实。[14]

● 恶性循环火上浇油,使危机蔓延

一场剧烈的杠杆化风潮开始出现,推动其发生的是资产负利润和杠杆螺旋的综合作用,及其导致的资产价格暴跌引发的抛售[15]。影子银行系统的严重崩溃,最直接的是通过结构性投资工具,对传统银行业产生直接和严重的影响。这些都是银行用来规避巴塞尔协议 Ⅱ 的资本约束的账外工具——一个不幸而非常昂贵的监管套利的发生率[16]。当然,对传统银行的

间接影响也很大。

雷曼倒闭后，恐慌蔓延的速度和范围是惊人的。这表明，影子银行系统的复杂结构以及资产支持证券的复杂性和多样性，其新奇性创造了交易对手方信贷的可靠性并造成了证券流动性的巨大的不确定性。

● 系统的复杂性比资产支持证券的复杂结构更成问题

从图 3-9 中可以看出，对结构化产品和整个系统的担忧是有区别的。该图显示了次级房屋贷款债券价格综合指数和利差如何随着时间的变化而表现得非常不同。[17]次级房屋贷款债券价格综合指数反映了住房抵押贷款支持证券违约风险的稳步上升，而利差反映了流动性问题，这可以被看作是国家整体银行系统的代表。最后的垂直上升趋势表明了恐慌的到来，并且提供的证据表明，恐慌使所有人出乎意料。

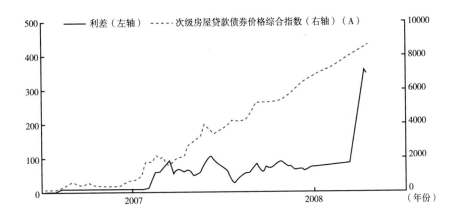

图 3-9 ABX 与 Libor-OIS 利差，2007～2008 年

注：A = ABX 代表 2006/I BBB 部分。
资料来源：Gary Gorton，Andrew Metrick（2009）。

从影子银行可以看出恐慌的端倪，它们对于结构性产品的使用和对回购市场的依赖是中介链的关键环节。金融危机不是由金融机构的行为、监管或监督任何一个单一的机构造成的。该系统已过于复杂和精密，特别是在经济压力时面对系统风险，对于任何人来说都难以理解。同样重要的是，影子银行是一个新的系统，其早期的成功和快速增长表明了其效率和稳定性，并不能称为是一个最严格的系统。

## 第八节 缺乏透明度是问题吗？[18]

作为危机的后果，强调更加透明的金融市场。结构性产品是高度不透明的。我们现在处理的有毒资产，如果其更容易理解和定价，那么，其危害就会小一些。

大多数人发现，如果没有充分的透明度，金融系统的功能是很难理解的。为什么会有人买不透明的证券？华尔街购买了大量不透明的证券，企图掩饰次贷资产的真正价值，这是几乎没有结果的。各方处理这些资产的是追逐利润、铁石心肠的华尔街交易商。他们可能承担风险，但他们不喜欢不确定性。所以我们可以认定，他们并不会因为产品的不透明而认定产品是有问题的。

- 提供市场流动性的是较低的信息市场，很大程度上依赖于信任

要知道原因，就需要了解提供市场流动性的特殊性，比如回购协议。它们是大容量、高速发展的市场，一个单一的交易可能有数亿美元的信贷。在这样的市场里，由于没有时间进行背景调查，因此交易必须基于双方的互相信任。如果需要背景调查，市场将陷于停顿（这正是恐慌爆发时所发生的）。

- 对流动性而言，对称信息是必不可少的

只要证券回报的信息对称，高波动性市场就具有流动性。信托和市场流动性源于一个共同的理念，即证券交换的价值。他们遭受别人所知道的极多的不对称信息和极大的不确定性，可能与之相关。

由于这个原因，提供流动性的市场交易是对信息不敏感的证券，即信息收集需求最小化的金融工具。深位价内的债务符合要求：人们只需要知道资产支持的债务足够抵押欠款——人们不需要知道确切的资产价值。这就解释了为什么结构性产品是建立在债务上，而不是建立在股权上（即使在技术上没有什么可以阻止后者）。[19]

- 恰恰相反，透明度不保证信息对称

人们往往把信息对称与充分的透明度相提并论，因此，坚持最大可能的透明度。但在现实中，透明度往往可能导致更多的，而不是更少的信息

不对称。考虑一下这种情况，有两个人，一个是机械师，另一个是门外汉，给他们一分钟的时间看一辆他们都没见过的车，然后请他们揣摩这辆车的价值，这种情况下，机械师并不比门外汉有优势。但是，如果给他们更长的时间检查这辆车，机械师无疑能够获取更多的信息，而门外汉可能和先前一样对这辆车一无所知。在这个层面上，更多的透明度使得当事人有机会仔细观察，从而产生信息不对称，而不是减少信息不对称。[20]

● 集体无知也是一种福气

矛盾的是，保持每个人的信息无知比给他们大量的信息去消化，更容易实现信息对称。出于这个原因，透明度对流动性而言是非常糟糕的。

在讨论结构性产品透明度的时候，戴比尔斯批发钻石的方式是一个特别的相关示例。[21]他们成袋批发钻石，不允许买家开袋检查，只告诉买家袋里钻石的特性，譬如重量和一般质量。其原因有两方面：一方面，检查将减缓交易速度；但更重要的是，另一方面，它会提出怀疑，被留下的袋子肯定是低质量的钻石。这种恐惧会导致更低的价格，甚至导致这些袋装钻石无法出售——这是流动性不足的一种形式。

● 结构性产品的不透明增强了流动性

这个袋子的比喻好比影子银行。形象地说，就是把结构性产品标的资产放到一个难以检查的袋子里，抵押贷款合约的特点可能不可用，但即使可用，要弄清楚这些信息，也将是非常昂贵的。相反，人们依靠的是对这些产品进行粗评级，类似于钻石买家依靠戴比尔斯提供的关于钻石总特性的信息。一个 AAA 级证券能够给予买家足够的信心，认为回报风险是最小的。没有人会去收集信息，因为非常昂贵，这样物品的流动性就高。

● 直到违约的可能性成为现实

不幸的是，债务违约时有发生，当这种情况发生时，不透明的好处变成一种责任。违约时，债务变成股本，并且成为高度敏感信息。现在，索赔者想知道证券袋里包含的确切内容。最终在交易商中创造信息不对称以激励他们投资信息。逆向选择的恐惧使得结构性产品产生毒性——不是因为它们的价值下跌，而是一些人比其他人知道更多关于下跌的程度。作为房价下跌的结果，从信息不敏感到信息过度敏感导致了这场危机。

这个讨论给透明度投射出一种相当不同的光芒。它解释了在当前形势下人们对透明度需求的原因，人们需要摆脱堵塞系统的有毒的袋子。同时，它解释了为什么透明度不是从一开始就有，依靠粗糙的信息评级使得产品具有更多的流动性。在影子银行系统中，任何人都没有理由超越评级看待，直到可能违约的担忧出现。

●透明度的私人和公共利益是不吻合的。那么政府应该要求或产生更多的信息吗？

监管机构应该要求更多的透明度吗？影子银行系统的个人利益并不需要成为社会最优。结构性产品的设计影响了违约的可能性，并最终影响爆发系统性危机的可能性，但是设计者并没有考虑社会其他方面的危机成本，只考虑他自己。所以有一个外部性。结构化产品有效地阻止了信息收集，这一事实使得外部性变得更加严重。因此，有关系统性风险的信息将很难或无法从债券价格中提取。为了减少系统性风险的透明度，需要衡量市场流动性的好处，但当决策纯粹掌握在私企手中时，倾斜支持是不透明的。到底如何纠正这种情况，仍然是一个开放且重要的问题。

## 第九节 影子银行的未来如何？

2008 年金融危机是银行挤兑在当代背景下的再现，一场基于影子银行系统上的挤兑。影子银行系统，基于以市场为中介的信用而不是以银行为中介的信用，已呈爆炸性地增长。在不到 25 年的时间里，它已超越了传统银行的资产规模。

当新兴市场进入世界经济力量，全球需要一个安全的储蓄工具，影子银行系统是对这个巨大的全球需求的回应。美国的金融系统，以其能力创造了结构性金融产品，专门用以满足这一巨大的需求。

在过去的 75 年间，存款保险有效地防止了在传统银行体系下银行挤兑行为的发生。影子银行体系由于流动性市场的存在而拥有了自由的存款保险方式。但是金融危机的发生仍然说明了这样一个现实：在一个高度依赖短期大规模融资的体系内，不存在真正有效的保险手段。

影子银行系统停留在这里，这是通向更高效的信贷中介的重要的一步。但是这个系统需要更安全一些。这就需要监管改革。至关重要的是，这些改革都是基于对影子银行及其优缺点的清晰的认识上。

只关注复杂的结构性金融产品以及他们缺乏透明度的问题是不够的。现在，有毒资产是个大问题，但是，其复杂的结构是以市场为基础的系统的重要的组成部分，仍然能够大大增加流动性，这对经济增长是必不可少的。

最大的挑战是处理系统性风险。不像股票市场，系统性风险是资产价格上涨的主要驱动力，结构性产品没有公开交易。即使合成 ABX（次级房屋贷款债券价格综合指数）市场开放贸易，他们似乎并没有担起系统性风险。这表明，我们必须寻找其他途径来产生关于系统性风险的信息，我们需要找到方法以保证系统性风险的正确分布。在当前这场现代金融危机中，过度杠杆化的银行体系导致其承载了过多的系统风险。

高水平和强大的顺周期性的杠杆，和过度依赖短期融资问题，也需要解决。与此同时，我们注意到，随着经济增长，杠杆率一直在稳步增长。杠杆率是经济增长的先决条件，但应该以多快的速度增长？必须增长和过度增长之间的界线在哪里？我们如何审慎地尝试使用高杠杆和创新中介？这些问题都是一直以来没有确定答案的老问题，只不过在当今的金融危机中又以新的形式摆在我们面前。

## 本章注释

1. 在 20 世纪 80 年代，储蓄和贷款危机带来严重破坏，但它从来没有威胁银行系统的主干：商业银行。1987 年投资组合保险的崩盘被严格控制在股票市场领域内，2000 年的互联网投资崩盘也是如此。1998 年美国长期资本管理公司危机更多的是一种对即将到来的未来的预示，形势看起来相当不好，但由于美联储的流动性注入和华尔街银行的联合行动，很快就被控制住了。

2. 在 1863～1913 年的国家银行时代，有 7 个系统范围的银行挤兑导致存款兑换暂停；见戈顿（2009）。随着流动性枯竭，造成"货币饥荒"，限制了贸易，恐慌对实体经济造成了巨大的成本代价。储户遭受的损失总额适度（每一美元存款利息不到一分），但令人恐惧，因为损失分布不均——这是重复银行挤兑的一个先决条件。

3. 在华尔街激励方面的学术著作非常少。Fahlenbrach 和 Stulz（2009）研究了在 2006～2008 年，银行首席执行官和股东之间更好的利益联盟是否能有更好的表现，承担更少的风险？他们没有发现任何证据证明这一点。这个时间不适合分析风险承担，然而，众所周知，首席执行官在繁荣时期挣了不少钱。然而，文中的研究结果表明，只有极少数首席执行官在危机前出售了其持有的股份，他们在危机中损失惨重。Cheng 等（2009）发现了一些证据，关于短期化和过度的风险承担需要更长的时间，但是这个证据不具压倒性。

一个需要注意的问题是，在过去 15 年，该系统用于确定投资银行家的奖金没有大变化，而由于证券化，投资银行成为一种完全不同的业务。在新的环境下，对长期激励的更多重视可以得到更好的保证。但是只要他们看似运作良好，旧的支付模式很难改变。

4. 更多细节和模型请参见 Caballero 等（2008）。

5. 本节选用的是 Gorton（2008），尤其是 Coval 等（2009）。

6. 1970 年，政府首先通过发行住房抵押贷款支持证券。第一个担保债务凭证是由德崇证券于 1987 年发行的。

7. 经常出现的情况是，当数以百计的担保债务凭证中评级较低的部分被集中起来以创建一个新的担保债务凭证（担保债务凭证 2）时，问题成倍增长。事实上，这是一个常见的做法。很可能的情况是，评级机构错误估计了数量过于庞大的 AAA 级资产支持证券所产生的相关风险的复合效应。参见 Coval（2009）等。

8. Benmelech 和 Dlugosz（2009）。

9. 根据消息灵通人士所述，如 2009 年 9 月一样，最初被评为 AAA 级的担保债务凭证没有违约，尽管它们中有相当多一部分已经被降级。如果情况属实，这将支持评级行业看法，他们比一般认为的情况更加审慎。

10. Gorton（2008）。

11. Adrian 和 Shin（2008）。

12. 次级房屋贷款债券价格综合指数（ABX 指数）是一个综合安全的指数，跟踪一系列有代表性的次级抵押贷款，这些贷款是基于在某一年发行的特定评级的住房抵押贷款支持证券。所以，发行于 2004 年、2005 年等的 AAA 级次级住房抵押贷款支持证券，有一个 ABX 指数。该指数的净供给为零，所以对于每一个多头仓位，都有人采取空头仓位。因此，这是一个信息市场，有着从不同年份和评级的住房抵押贷款支持证券的预期支出的信息。

13. 泰德利差是银行同业贷款利率和短期美国政府债务（"国债"）之间的差异。银行同业贷款利率由伦敦银行同业拆借利率（Libor）衡量，银行利率表明他们愿意在一个特定的贷款期限把钱借给其他银行。

这个 Euribor-Eurepo 价差是在欧元市场无担保和担保资金之间的差别。Euribor（欧元银行间同业拆借利率）是欧元区内一个优等银行提供的存款到另一个银行的欧元银行间利率。相应地，Eurepo 是一个优等银行提供欧元资金给另一个优等银行的利率，如果把前者所得与后者 Eurepo 的 GC 交换作为抵押品（以欧元计价的一般担保）。

14. Gorton（2009）。

15. Brunnermeier（2009）。

16. 通过将具有潜在风险的担保债务凭证移出资产负债表，资本需求减少。然而，通过流动性支持，银行仍然面对表现不佳的担保债务凭证风险。至少在事后，支持的责任明显被低估了。

17. Libor－OIS 利差是伦敦银行同业拆借利率和隔夜指数掉期之间的差异。周期性的浮动利率互换等于付款期的每一天隔夜指数（如公布的利率）的几何平均数。美国计算隔夜指数掉期利率参照的是每日美联储基金利率。该指数通常被认为是风险低于相应的银行同业拆借利率，是隔夜指数掉期利率和伦敦银行同业拆借利率间的利差，这在货币市场的风险和流动性上被认为是一项重要措施。

18. 这个讨论是基于 Holmstrom（2008，2009）；同时参见 Gorton（2009）和 Dang、Gorton 和 Holmstrom（2009）。

19. 股权是高度敏感的信息。股权的所有者希望了解公司的资产，以及他们未来可能的表现。所以，存在着一个完整的行业，专职投入去分析和预测未来股价的表现。但在债券领域却没有对应的行业存在。对于债券市场，评级机构是信息的主要来源，并且所能提供的信息是有限的。

20. 这个例子不是假设。一些网上的二手车拍卖节奏非常快，给观众留下的仅仅是每辆车的概貌。一个原因可能是追求速度，另一个原因是观赏时间长意味着经验多的买家比经验少的买家有着信息优势。众所周知，这就降低了中标者的预期价格。

21. Milgrom 和 Roberts（1992）。

# 第四章
# 回顾波动与增长

虽然本书是讨论爆发于 2008 年的全球危机，但从历史的角度来看待近期发生的事件也很有意思。事实上，"二战"前的经济不稳定性比"二战"后更为显著并更富有挑战。本章讨论的是战后经济循环中的"大萧条"与"大缓和"，以及影响宏观经济稳定和金融监管发展的两个主要政策的贡献。

● 第二次世界大战之前，经济波动是常态，不存在稳定性

正如 1945 年之前欧洲的数千年，战争是常态，不存在和平，同样，经济波动也是常态，不存在稳定性。永远结束欧洲战争的关键在于对国家政策和制度的审慎设计，尤其是民主制度的稳步前进和欧洲经济一体化。欧洲经济一体化始于 1952 年欧洲煤钢共同体的成立，在 1999 年欧元诞生和 2002 年欧元进入流通时达到顶峰。设计这个制度体系是为了广泛促进欧洲大陆共享繁荣与进步，以及通过合并欧洲民族国家的国家主权将它们捆绑在一起，使欧盟内部不会再发生新的军事冲突。本着欧盟创立者最初设想的精神，近期欧盟不断发展的一个重要目标是，建立一个迎接中东欧国家在"共产主义"崩溃之后回归欧洲主流生活的有效体制。到目前为止，这个宏伟设计在各方面已被成功证明，也在全世界被普遍推崇，鼓励了许多效仿计划的产生。非洲联盟计划在 2028 年实现自由贸易和统一货币的目标，就是一个恰当的案例。

## 第一节　经济"大萧条"及其他可避免的低谷

本章所讨论的并不是关于战争与和平，而是关于经济波动与增长。过

去经济波动比现在更为明显。19世纪70年代之前，美国人均国内生产总值波动很大（没有获得更早前的数据），频繁上升10%，偶尔下跌5%或10%。正如流行病一样，每20年左右金融危机以惊人的规律发生，常以疯狂地投机为先导，并在其他因素影响下被放大，不规范的金融活动充斥其中[1]。1792年的美国经济危机就与债券投机有关。1819年另外一场经济危机也随着1812年战争导致的银行问题而爆发，对此也有不同解释。1837年，棉花和土地投机引发了经济危机。1857年，在铁路和公共土地上的投机引发经济危机。1873年，经济危机再次由铁路投机以及自耕农引起。1893年，是银和金投机引发经济危机。1907年，除了其他方面的原因外，则是咖啡引发经济危机。1920～1921年，由于证券、船舶、日用品和库存投机引发了经济危机，然后在1929年以投机泡沫为先导的一场经济大危机来临，投机泡沫首先由佛罗里达州的土地投机引发，然后扩大到其他地方，接着是股票投机[2]。

● 然后在1929年一场经济大危机来临：1929～1933年道琼斯指数下跌了90%

1929～1933年道琼斯工业平均指数下跌了90%，严重的政策失误加剧了股票价格的暴跌，在此期间，一系列银行挤兑爆发，美联储允许货币供给收缩25%。

● 1933年美国失业率上升至25%，1932年德国失业率上升至30%

1930年国会大幅提高进口关税导致了问题发生（斯姆特－霍利关税法案）。随着进口额的下降，美国的贸易伙伴同样以牙还牙，致使出口额呈现急剧下降的趋势。1929～1933年美国国内生产总值下降了1/3，1933年失业率上升至劳动力的25%，税收锐减。1934年富兰克林·罗斯福总统在白宫会见约翰·梅纳德·凯恩斯时显然以为他正与一位数学家谈话，并没有对凯恩斯提出的增加政府支出的请求留下特别印象[3]。始于华尔街的经济"大萧条"以同样力量席卷了欧洲。1932年德国失业率达到了劳动力的30%。阿道夫·希特勒则在第二年开始执政。

● 1929～1939年的"大萧条"触发了两个重要的反应：稳定性与监管

1929～1939年的"大萧条"的深度和持久性在美国和其他地方触发

了两个重要反应（并产生持久的后果）。首先是逐步实施财政和货币政策以稳定经济活动和解决失业问题，这正如凯恩斯曾经主张的那样。显然，美国进入"二战"后强大的财政扩张也无意中鼓励了商品和服务的总体需求，帮助促进了美国经济的繁荣，也使得世界其他国家经济走出低谷，这些是紧接着 1946 年出台的就业法之后发生的，之后是 1961 年肯尼迪政府时期依据凯恩斯精神开始明确采用的稳定政策，当时肯尼迪政府的首席经济顾问是美国最知名的经济学家之一、凯恩斯就业理论极具影响力的倡议者、耶鲁大学教授詹姆士·托宾。之后，当凯恩斯主义的稳定政策被攻击为是多余的，甚至是适得其反的，并且遭受到更差的评价时，托宾制作了近似图 4 - 1 的图表作为回应，图表显示了 1990 年国际元中人均国内生产总值实际购买力的变化[45]，从外表上判断，托宾制作的图表比话语更能表述清楚。图表展示了"二战"前及"二战"期间人均国内生产总值的失控性和经常性地波动，以及"二战"后人均国内生产总值远比从前缓和的波动。这个总趋势被称为"大缓和"，这是用肉眼可以清楚看见的，不需要通过经济计量学进行验证。从这个方面证明，排除其他因素，托宾和其他人推出的财政和货币稳定政策是行之有效的。

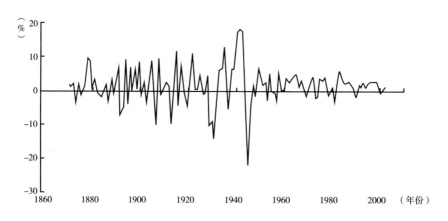

**图 4 - 1　美国：人均国内生产总值增长率，1871～2003 年**

资料来源：麦迪逊（2003）计算；见 www. ggdc. net。

● 美国人均增长率的波动在"二战"前比"二战"后大近三倍

如果人均国内生产总值增长率的波动是通过增长率的标准差来测量，

标准差是一个常见的差值测量方式，我们发现 1871～1945 年美国人均增长率的标准差是 6.4%，1947～2003 年是 2.4%。如果战争年代 1914～1918 年和 1939～1945 年不在分析范围内，以及分开考虑战前的 1871～1913 年和两次战争之间的 1919～1939 年，并且同样分开来看1947～1973 年布雷顿森林体系时期和 1974～2003 年的后布雷顿森林体系时期，那么这个模式可以被保留。1871～1913 年美国人均增长率的标准差为 4.6%，1919～1939 年为 6.8%，1947～1973 年为 2.8%，1974～2003 年为 2%。

这些图也表明"二战"后产出波动明显减少[6]。此外，它们没有表明 1947～1973 年布雷顿森林体系时期的固定汇率提供了独特的产出稳定性。1871～1945 年人均国内生产总值的平均增长率为 2.3%，在这段时间足够使人均国民收入增加近 4 倍，1947～2003 年为 2.1%。一个更细的账目指出 1871～1913 年人均增长为 1.9%，1919～1939 年为 0.9%，1947～1973 年为 2.3%，1974～2003 年为 1.9%，这表明"二战"后产出波动减少使得经济增速比战前更快。

- "二战"后同样也多次发生危机，但是由于采取了审慎的货币和财政行动，这些危机没有像从前那样深入

确实在"二战"后也多次发生危机，如：1974～1975 年，1979～1982 年，1982～1987 年，2000 年，2008 年，但是这些危机都没有之前任何一次那么深入和具有毁灭性。托宾和许多人证明了由于采取了审慎的决定性的货币和财政行动，战后危机比战前更为缓和[7]。政策制定者们从"大萧条"和凯恩斯那里吸取了教训。

- 自动稳定器也有所帮助

自动稳定器也有所帮助。在"大萧条"之前，美国政府比较小气，并不提供失业津贴以及 19 世纪 80 年代奥托·冯·俾斯麦在德国提议的那种类型的其他形式社会保险。事实上，从 1870～1914 年美国的联邦开支从国内生产总值的 5% 下降到 2%。1929 年"大萧条"刚开始时，联邦开支回升到国内生产总值的 5%。战后，美国政府逐步扩张，对收入征更高的税，以及设立新责任，对在低迷经济中收入减少的人通过低税收和高津贴自动给予部分补偿。1945 年至今，美国联邦开支从国内生产总值的 10% 翻番至 20%。

## 第二节 稳定和管理的汇合

● 罗斯福政府和国会建立了美国证券交易委员会，通过了格拉斯·斯蒂格尔法，设立了联邦存款保险公司，并将商业银行与投资银行分离

这里还有另一个原因使得"二战"之后美国的人均国内生产总值波动率显著下降。罗斯福政府和国会为应对"大萧条"出台了若干措施，包括1934年建立美国证券交易委员会，1933年通过《格拉斯·斯蒂格尔法》。[8]这项法案推出了联邦存款保险公司，并将商业银行与投资银行分离，提高了存款者在商业银行投资的安全性，降低了未来发生金融危机的可能性。

投资银行在本质上比商业银行更具有风险，因此，两类银行需要保持分离以使原商业银行的客户不必承担不必要的风险。使用防火墙将两类银行分离，可以防止在综合银行中的利益冲突。反对投机性投资银行存在于商业银行中的禁令被写进法律，用来保护原银行客户不卷入股票交易的波动中。

● 目标是通过存款保险和监管来减少或共同承担这些风险，以保护民众

此外，由于商业银行从存款者手中借入短期借款，向公司和家庭发放长期贷款，使得它们面临着巨大的风险，政府认为需要通过国家存款保险来减少或共同承担这些风险，甚至打算通过银行监管限制这些风险，否则银行将被利益所诱惑。这个目的是对部分消费者的保护，更重要的是对公众的保护，从而抵御了发生在"大萧条"时那种系统性的崩溃。政府认识到银行从根本上不同于其他行业，一旦银行有了针对银行挤兑风险的保险，那么只要政府做它们的后盾，它们就可以把损失强加给第三方。这是道德风险的典型案例。因此，银行和其他金融机构的存款保险和监管必须联合起来。

这已经实现了，并且运转良好。在"大萧条"后第一次袭击美国的潜在重大金融危机，发生在1987年的股市崩盘，华尔街股票市场价值缩水了相当于美国国内生产总值的1/4。在1987年股市崩盘前几年发生的储蓄和贷款危机则是一个局部性事件，主要被控制在加利福尼亚州至德克

萨斯州，即使财政成本总值在危机后减少了相当于美国国内生产总值的4%，但并没有对整个经济造成重大影响[9]。在1987年股市崩盘期间华尔街上的损失总额仅占美国全国财富总额的2%，包括人力资本。联邦储备系统注入大量流动资金帮助经济快速恢复。

简要重述一下，战后美国宏观经济稳定性提高的主要原因是，在政府政策和公共机构中有两个经过深思熟虑的重大政策变化：货币和财政稳定政策以及综合银行监管措施的实施。回顾从前，如果有合适的稳定措施以及预先的监管，也许可以避免"大萧条"，几乎可以肯定至少不会那么严重并且持续那么长时间。

● 在欧洲也成功地证明了稳定政策和监管措施

在欧洲也成功地证明了稳定政策和监管措施的融合。通过银根松动和赤字开支形成的积极稳定政策，在20世纪80年代，被认为是将通货膨胀偏差放入货币系统。除其他手段外，通过建立中央银行控制通货膨胀，在法律上，它像个法庭，虽然对政府负责，但更加独立。当然，对政府向中央银行借款也施加了限制。其目的是使之非行政化。因此，对货币稳定政策进行调整比中止这项政策好。

● 不同于美国的银行，加拿大的银行普遍没有遭遇任何重大困难

在不谈北美之前，需要注意到一个很有意思的事情，在战后加拿大的人均国内生产总值也呈现比战前更低的波动率（见图4-2）。人均国内生产

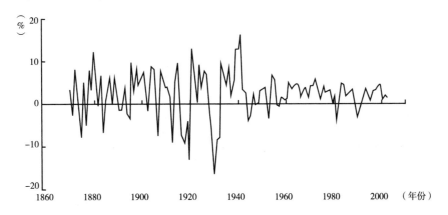

**图4-2 加拿大：人均国内生产总值增长率，1871～2003年**

资料来源：麦迪逊（2003）计算；见 www.ggdc.net。

总值的标准差从 1871~1945 年的 6.6% 降至 1947~2003 年的 2.3%。虽然如此，经济的增长率在两个时期保持了一致，仍然是 1871~1945 年的 2.1% 和 1947~2003 年的 2.2%。在战后时期，积极稳定政策成为规范，严谨仔细的加拿大联邦与金融系统的分散监督形成对照。在"大萧条"时期，加拿大只有一些小银行倒闭，这就可以解释为什么加拿大直到 1967 年才建立自己的存款保险公司。即使在目前的全球危机中，它的金融系统依然坚固。然而，不同于它边界南边的那些银行，由于没有遭受过重大困难，加拿大的银行仍是综合性的，它们不仅提供商业金融服务，还提供投资金融服务。因此，依照《格拉斯·斯蒂格尔法》美国在商业银行和投资银行间设立防火墙的做法，加拿大和欧洲认为其并不必要。

## 第三节 欧洲大陆：相似的故事

● 在全世界范围内，经济波动与长期增长都呈现逆相关性

战后的法国，正如美国和加拿大一样，经济波动率远比战前低（见图 4-3）。在法国，人均国内生产总值增长率的标准差从 1821~1945 年的 6.3% 下降到 1947~2003 年的 2.3%。低波动率伴随着高增长率。这是一个普遍模式：在全世界，各国间及本国内，经济波动与长期增长都呈现逆相关性[10]。法国国内生产总值的人均增长率在 1821~1945 年为每年平

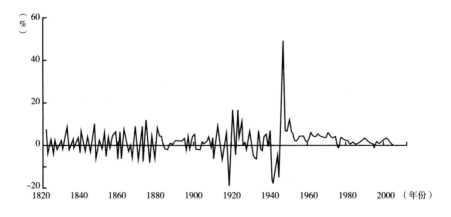

**图 4-3 法国：人均国内生产总值增长率，1821~2003 年**

资料来源：麦迪逊（2003）计算；见 www.ggdc.net。

均增长 0.9%，1947~2003 年上升至 3.1%。除了 1975~1993 年，战后人均国内生产总值从未降低过。

　　战后的德国也是这样，相比战争期间，产出也呈现更小的波动，人均国内生产总值增长的标准差从 1851~1945 年的 5.7% 下降至 1947~2003 的 4.1%（见图 4-4）。正如法国一样，战后人均产出总值增长迅速加快，也是在 1851~1945 每年平均增长 1.4%，1947~2003 年上升至 3.9%。

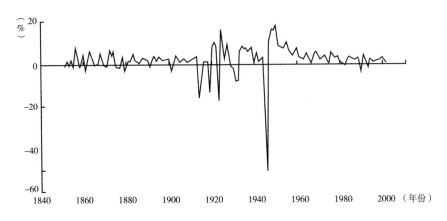

**图 4-4　德国：人均国内生产总值增长率，1851~2003 年**

资料来源：麦迪逊（2003）计算；见 www. ggdc. net。

　　●战后欧洲经济迅速增长，部分原因是资本重建和资本置换

　　受到马歇尔计划输血式的影响，战后欧洲经济迅速增长，部分原因是资本重建和资本置换，但是这个影响随后逐渐消失。美国避开了战争的破坏，尽管战后经济波动减少，也没有战争前后经济迅速增长的对比体验。正如美国，产品的多元化和对贸易开放度的增加以及之后的投资，都促使了战后经济的稳定和增长。在法国和德国，贸易额占国内生产总值的比例，如商品和服务的进出口，在 1960~2006 年上升一倍以上，分别达到 55% 和 85%。而在美国上升了将近三倍，从 1960 年的 10% 上升至 2005 年的 27%。随着时间的变化，教育的普及和教育质量的提高也促进了经济增长。

　　在欧洲，通过银根松动和赤字开支形成的积极稳定政策由稳定的劳动力市场支持，其目的在于促使全民就业[11]。通过加强自动稳定器，政府企业的逐步扩张促使了经济稳定性的提升。跟美国不一样，法国和德国并没

有放弃综合性银行业务的模式，而是允许银行同时从事商业与投资业务。即使这样，欧洲国家学习美国的做法，也逐步采用了存款保险措施和综合性金融监管措施。自1994年起，欧盟要求其所有成员国必须制定一项存款保障计划，涵盖至少90%的存款额，高达人均20000欧元。

回顾更早以前，1851～1914年德国的产出稳定性非常显著。在托宾制作的德国部分图表中的与斯蒂芬·茨威格在他的回忆录《昨日的世界》[12]中提到的关于奥地利和德国在1872～1914年和平、繁荣、和谐的生活描述交相辉映，都印证了上述情况。

## 第四节　北欧国家：更多相同的情况

● 北欧国家都看到在战后它们的人均国内生产总值比战前波动更小，并且增长更加迅速

同法国和德国一样，北欧国家也都看到战后它们的人均国内生产总值比战前波动更小，并且增长更加迅速。在瑞典，受到斯德哥尔摩学派的影响（尤其是纲纳·缪达尔和贝蒂·俄林），20世纪30年代末之前，也就是1936年凯恩斯出版他的《通论》之前，小剂量的经济稳定政策很流行，但正因为剂量小，因此并没有产生特别效果，而在1931年北欧国家决定不再实行金本位制度则更具有成效。人均国内生产总值增长的标准差从1821～1945年的4%下降至1947～2003年的1.8%，与此同时，人均国内生产总值却几乎成倍增长，从1821～1945年的平均1.3%上升至1947～2003年的平均2.3%（见图4-5）。1931年，瑞典的人均增长触底为-4%。自1945年以来，瑞典人均国内生产总值两次下降，一次发生在20世纪70年代中期的第一次石油危机期间，另一次发生在1991～1993年的银行危机期间。除了这两次的下降以外，其增长势头还是非常活跃的。

● 芬兰和瑞典从20世纪90年代的危机中变得强大，并在1995年加入欧盟

芬兰也有相似的经验，即使其全国经济产出量波动比瑞典稍微大些（见图4-6）。芬兰人均国内生产总值增长的标准差从1861～1945年的5.5%下降至1947～2003年的3.0%，与此同时，增长率也是几乎翻番，从

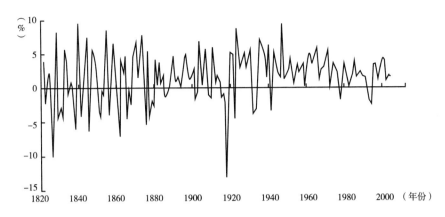

**图 4 - 5　瑞典：人均国内生产总值增长率，1821～2003 年**

资料来源：麦迪逊（2003）计算；见 www. ggdc. net。

每年平均 1.7% 上升至 3.1%。战后绝大部分时间，芬兰的人均国内生产总值增长处于一个良好的态势，除了发生在 1990～1993 年金融危机期间的深跌，当时的失业率上升到前所未有的高度，达到接近劳动力的 17%。[13]两个国家都在 20 世纪 90 年代的危机中变得更加繁荣，并于 1995 年加入欧盟。正如美国、加拿大、法国和德国一样，贸易的增加也有利于经济的稳定和增长。在瑞典和芬兰，贸易额占国内生产总值的比例（出口和进口）在 1960～2006 年几乎翻番，分别达到 83% 和 95%，在丹麦也从 1960 年的 67% 上升至 2006 年的 101%。20 世纪 90 年代初的危机之后，伴随着货币贬值和

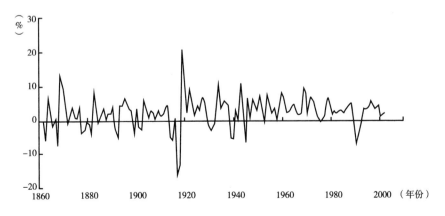

**图 4 - 6　芬兰：人均国内生产总值增长率，1861～2003 年**

资料来源：麦迪逊（2003）计算；见 www. ggdc. net。

欧盟成员国提供的强大出口鼓励，这些国家的贸易扩张变得尤为迅速。

● 与瑞典、芬兰和挪威不同，丹麦没有遭受20世纪八九十年代的银行危机

尽管有许多相似之处，但与瑞典、芬兰和挪威不同，丹麦没有遭受20世纪80年代末和90年代初发生的银行危机，虽然丹麦也出现了问题，但并不是一个全面的危机。战后人均国内生产总值缓慢下降的两个时间段正好与1973～1974年以及1979～1981年石油危机同时发生。丹麦人均增长的标准差从1821～1945年的3.8%下降至1947～2003年的2.3%，同样，人均增长率也上升了一倍以上，从每年平均1.2%上升至2.5%（见图4-7）。

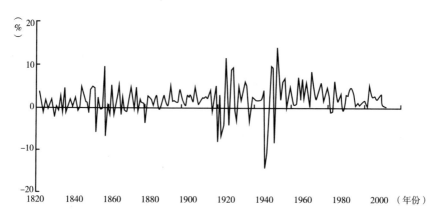

**图4-7　丹麦：人均国内生产总值增长率，1821～2003年**

资料来源：麦迪逊（2003）计算；见 www.ggdc.net。

● 20世纪80年代末期的银行危机给挪威的经济带来了一个短暂的停滞，但并没有像瑞典和芬兰那样受到重挫

挪威沿袭了一个相似的模式，在整个战后时期和20世纪70年代发现并开采石油和天然气储存前后，将人均国内生产总值的增长率持续维持在0～5%。挪威人均国内生产总值增长的标准差从1831～1945年的4.2%下降至1947～2003年的2.0%，同样，人均增长率也上升了一倍以上，从每年平均1.5%上升至3.2%（见图4-8）。然而，自1960年以来，挪威的贸易额在国内生产总值中的比例一直徘徊在73%左右，并没有一个明显的增长趋势。石油和天然气的出口额也因此超过了其他出口额。20

世纪 80 年代末期的银行危机给挪威的经济带来了一个短暂的停滞，但并没有像瑞典和芬兰那样造成人均国内生产总值的深跌。银行危机后，挪威总财政成本的清算相当于国内生产总值的 3%，在瑞典和芬兰则分别为 4% 和 13%，国内结构性问题以及同时期发生的苏联解体也加剧了瑞典和芬兰经济的低迷。相比之下，1997 年日本在金融危机之后总财政成本的清算相当于国内生产总值的 14%。1997 年金融危机后，泰国的清算成本是国内生产总值的 44%。[14]

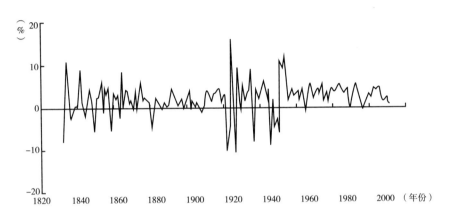

**图 4 - 8　挪威：人均国内生产总值增长率，1831～2003 年**

资料来源：麦迪逊（2003）计算；见 www.ggdc.net。

● 1945 年后，在法国、德国、斯堪的纳维亚以及芬兰，下降的波动率和上升的增长率中的普遍模式在本质上是一样的

1945 年后，在法国、德国、斯堪的纳维亚以及芬兰，下降的波动率和上升的增长率中的普遍模式在本质上是一样的。冰岛则沿袭了一条略为不同的路径（见图4 - 9）。[15]由于冰岛主要依赖于不稳定的渔业，随着商品和服务业出口分配率的逐步下降，其人均国内生产总值比其他地方波动得更大。冰岛人均国内生产总值增长率的标准差从 1901～1945 年的 6.5% 下降至 1947～2003 年的 4.3%。战后期间冰岛的人均产出也因此比其他国家战前人均产出波动得更为剧烈。[16]

● 战后冰岛的经济曾经数次遭遇深跌

战后冰岛的经济曾经数次遭遇深跌：1949～1952 年，在英国的和平

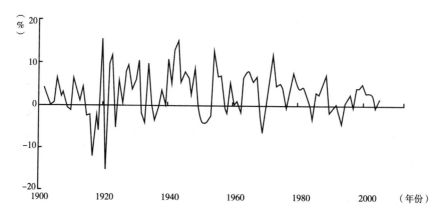

图 4 - 9    冰岛：人均国内生产总值增长率，1901～2003 年

资料来源：冰岛统计数字，www. hagstofa. is，www2. stir. is/frr/thst/rit/sogulegt/ english. htm。

占领下爆发的冰岛系列战争的，首先在英国，然后是被美国人的和平占领下爆发，政府卖掉了从战争中获得的收益，但鲱鱼捕捞业仍然在衰退，即使马歇尔计划减轻了打击；1967～1968 年，即使宝贵的存留鲱鱼留在了冰岛水域，但捕捞业仍就再次衰退；继鲱鱼危机之后，1983 年，当鳕鱼捕捞业受到威胁时，通货膨胀率猛涨至 83%；1988～1993 年，当经济危机席卷冰岛时，冰岛的选择性政策改革再也不能推迟，该政策包括积极实际利率长期滞后以及抑制通胀的财政责任指数化。

● 冰岛 "二战" 前人均国内生产总值的增长率比战后高

冰岛 "二战" 前人均国内生产总值的增长率比战后高，1901～1945 每年平均为 3. 1%，1947～2003 年则每年平均为 2. 6%。自 1960 年起，冰岛的贸易占国内生产总值的比例一直在 73% 左右徘徊，如同挪威一样，没有因为时间的推移而呈上升的趋势，值得注意的是，冰岛很少，仅有 32 万人。我们可以看到在第七章中所提到的关于 2008 年令人惊叹的冰岛银行业的崩溃。

## 第五节    共同增长

表 4 - 1 概述了在 1946 年前后，回顾九个国家人均国内生产总值增长率与波动率。[17]

表 4 - 1 　1946 年之前和之后的增长与波动

单位：%

| | 人均国内生产总值增长率 | | 人均国内生产总值增长的波动 | |
|---|---|---|---|---|
| | 截至 1945 年 | 1947 ~ 2003 年 | 截至 1945 年 | 1947 ~ 2003 年 |
| 美　国 | 2.3 | 2.1 | 6.4 | 2.4 |
| 加拿大 | 2.1 | 2.2 | 6.6 | 2.3 |
| 法　国 | 0.9 | 3.1 | 6.3 | 2.3 |
| 德　国 | 1.4 | 3.9 | 5.7 | 4.1 |
| 丹　麦 | 1.2 | 2.5 | 3.8 | 2.3 |
| 芬　兰 | 1.7 | 3.1 | 5.5 | 3.0 |
| 冰　岛 | 3.1 | 2.6 | 6.5 | 4.3 |
| 挪　威 | 1.5 | 3.2 | 4.2 | 2.0 |
| 瑞　典 | 1.3 | 2.3 | 4.0 | 1.8 |

资料来源：麦迪逊（2003）计算，冰岛统计数字。

　　即使所有这些国家在战后时期比战争结束前经历更少的经济波动，这些国家中除了美国和冰岛外，在战后经济增长都更加迅速，它们面临的商业周期并不是全面地同步发生。然而，一方面，在法国和德国的人均国内生产总值增长率之间的简单相关系数从 1945 年以前的 13% 增长至 1946 年以后的 73%。的确，欧盟一个不成文的目标是必须制造老对手，法国和德国很相似，这个已经实现了。另一方面，横跨大西洋的人均国内生产总值增长率之间的简单相关系数在 1945 年之前非常小，甚至可以被忽略，在战后也依然是这样（1945 ~ 1946 年前后德国和美国之间的维持在 16%，法国和美国之间从 - 10% 增长至 4%）。[18]

　　● 战后北欧国家间的经济增长的同步化并没有增强

　　总体来说，战后北欧国家间的经济增长的同步化并没有增强。芬兰和瑞典总是很接近：它们人均国内生产总值增长率间的相关系数从战前的 58% 增长至战后的 70%。瑞典和挪威之间的相关系数从 36% 下降至 13%，这并不让人感到惊讶：直至 1905 年挪威宣布完全独立之前，这两个国家都没有走各自独立的道路。瑞典和丹麦之间的相关系数保持着一致，从战前的 38% 增长至战后的 40%。丹麦和挪威也是一样（从 26% 增长至 29%）。芬兰和丹麦人均增长率之间的相关系数从 51% 下降至 20%，芬兰和挪威的从 36% 下降至 10%。

- 北欧引领了独立的经济模式

北欧国家引领了独立的经济模式。这并不令人惊讶，首先，它们在强度和时机方面采取不同的方式参与欧洲事务。丹麦于 1973 年加入欧盟，22 年后，芬兰和瑞典加入欧盟。与芬兰不同，2003 年瑞典决定采用公民投票的方式来决定，公投结果是拒绝采用欧元，这个我们在第八章中将进行讨论。冰岛于 2009 年申请加入欧盟，挪威石油资源很丰富，似乎还没有兴趣加入欧盟。

即使这样，自 1947 年以来，北欧国家的商业周期先后与德国关联更为紧密，而非法国。直至 1945 年，北欧国家与德国之间人均增长率的相关系数从挪威的 -17% 至芬兰的 22% 不等。1946 年之后，联系变得更为紧密，北欧地区与德国之间的相关系数从瑞典的 26% 至丹麦的 39% 不等。北欧国家与法国之间的增长相关系数则变化很大：直至 1945 年，是从 29% 至 45%，1946 年之后是从 21% 至 45%。

## 第六节　历史的启示

在"大萧条"之前，世界经济在全无缓解地波动着，每 20 年左右定期出现的经济活动的低谷，击倒了许多企业、家庭以及一些政府。"大萧条"触发了一个双管齐下的政策，相应地产生了一个有效持久的治疗法：第一，银行和其他金融机构的监管，包括为预防银行挤兑的政府存款保险，第二，生产与就业的稳定，目的是遏制经济波动。

- "大萧条"给生产和就业造成了世界范围内的灾难性的低谷

历史的记录显示这个治疗法至少达到了预期的效果。"大萧条"将生产和就业带到了世界范围内的灾难性的低谷。然而，经济学家们对是否是在政府政策和机构改革帮助下产生的这一结果持不同看法。

- 关于稳定政策导致对货币规则依赖的增加，而不是权衡性政策对通胀抑制的怀疑

在 20 世纪 70 年代，一些学者对积极稳定政策的价值开始产生质疑，

他们的论据是以假定合理预期的理论模型作为基础。在 1973 ~ 1974 年和 1979 ~ 1981 年的石油危机以及传统政策处理滞胀失败之后，这些模型被广泛接受。合理预期模型建议政府努力稳定一种经济体，这将在很大程度上减轻那些政策期望效应的行为反应。对策论的分析也表明权衡性货币政策也基于同样的原因最终导致适得其反并引起通胀。这导致了对货币规则依赖的增加，而不是以权衡性政策的方式来建立一个信用货币制度以及抑制通胀。

当前严重的危机改变了这些。在经济学家们当中很快达成一个广泛共识，特别权衡性稳定措施是需要的。最重要的是，央行行长们有勇气与决心尝试和实施减轻金融体系压力的一系列特别政策。这些措施伴随着必要时给予更多强大财政刺激的承诺。[19]

- 虽然如此，当前危机产生了一个广泛共识，那就是特别权衡性稳定措施是需要的

当前的危机是在美国长时间撤销管制规定之后发生的，起始于1977 ~ 1980 年的卡特政府，在 20 世纪八九十年代的里根政府和克林顿政府时继续加速恶化。几乎所有经济部门被大幅度放开，大量政府活动被私有化。在金融方面，美国国会逐步放宽罗斯福执政时期的银行和金融机构监管制度，在 1999 年完成这一过程，颁布了《金融服务现代化法案》，废除了1933 年关于将商业银行从投资银行中分离出来的《格拉斯·斯蒂格尔法案》。最后一个阶段没有像表现出来那样引人注目：同这一过程很像，通过放宽执法，撤销管制规定已经产生。[20]

- 美国和其他地方的监管不足与执行实践显然导致了当前危机达到如此严重的程度

虽然现行监管制度起初提高了金融中介机制的效率，随着时间推移这些制度可以遏制受监管银行部门的金融创新。[21]但是，金融创新却离开了商业银行，企图绕开严苛的监管约束以获取金融全球化带来的利益。对于监管套利的担心是撤销管制规定和监管放宽的主要原因，尽管事后看来这是对金融市场自我校正能力的过度自信。[22]显然是美国和其他地方的监管不足与执行实践导致了当前严重的金融危机。跟以往一样，平静年代降低了金融不稳定的风险，减少了他们采取预防措施以及在更低效率和更少奖金方面支付相关费用的愿望。

## 本章注释

1. 这个账目在金德尔伯格和阿利伯（2005）中有描述，也可查阅莱因哈特和罗戈夫（2009）。

2. 见加尔布雷思（1988）。

3. 确实，新政包括了许多公共事务条款（如1933年的田纳西流域管理局法案），虽然如此，财政保守主义依然是最主要的。正如罗默（2009）指出的："1932年，联邦政府通过了最大的和平时期税收增加的条款，增加的税收接近人均国内生产总值2%的收入水平。"

4. 1990年国际元是与1990年美元具有相同购买力的假设通货单位。

5. 用托宾的原始图表中的方法，展示了以1901～1976年固定价格计算的美国人均国内生产总值的变化。见托宾（1980）。

6. 美国国民生产总值的早期估算显示出"二战"前国民生产总值一个被夸大的波动（罗默，1989）。在麦迪逊（2003）更近期编写的国内生产总值历史数据里描述出这里不应该有这个波动。在这一章中，我们使用了麦迪逊的数据，也被称为格罗宁根数据，因为这些数据比本书中其他地方使用的经合组织的数据所在的年代更久远。

7. 见罗默（2009）。

8. 卡特·格拉斯和亨利·斯蒂格尔是弗吉尼亚州和阿拉巴马州的民主党参议员。

9. 来源：莱文和瓦伦西亚（2008）。

10. 参见，如，阿吉翁和班纳吉（2005），穆巴拉克（2005），以及雷米（1995）。也可见隆德伯格（1968）。

11. 见德朗（1997）。

12. 见茨威格（1942）。

13. 乔农和哈格贝里（2005）中描述了芬兰在20世纪90年代的产出损失比19世纪60年代以来其他任何和平年代危机中造成的产出损失都大，虽然，瑞典只在20世纪30年代"大萧条"中造成了一个比20世纪90年代更大的产出损失。

14. 所有这些图表的来自于莱文和瓦伦西亚（2008）。国家的原始资料多少可以提供一些不同的图表，这样跨国进行比较或许有可行性。

15. 图表4－9显示了冰岛人均国内生产总值的增长，而不是显示如图表4－1～4－8的国际元中实际购买力的增长。"二战"前冰岛的国内生产总值的购买力信息并不可用。

16. 巴罗和乌苏亚（2008）描述了一个相似的发现："在'二战'结束后经合组织国家显得尤为平静——只发生了九次消费危机，其中四次发生在冰岛（部分与水产捕捞业受冲击有关）。"在冰岛之外最大的是 20 世纪 90 年代初的芬兰。

17. 由于在一些国家中 1946 年国内生产总值数据的不规则性，本章中增长和波动的计算不包括 1946 年。

18. 本文中叙述的所有相关大体上与若干落后者和领导者的交叉相关图一致。

19. 听布林德说（2006）："在正常情况下，对于保持稳定，货币政策是一个比财政政策好得多的选择……也就是说，不论怎样，偶然发生异常情况时，货币政策能够使用一些帮助，或许更多，在刺激经济方面：比如当衰退时间极其长以及（或者）程度极其深的时候，当名义利率接近零的时候，或者当总需求中突然出现明显疲软时。为对这些突然事件做准备，保持采用一个或多个财政政策，像车辆一样进行调整和停在修理厂是明智的，或许是采用体制结构让它们变得更容易离开，甚至当需要时带它们兜一圈。"

20. 见布莱克（2005）。

21. 这时候，2009 年 12 月 8 日，前美联储主席（1979～1987 年）保罗·沃尔克在由华尔街日报举办的一场会议上说："我希望有人可以给我一丝证据证明金融创新会引发经济增长。"他补充，美国金融服务增加值中的份额从 2% 增长至 6.5%，并接着问："那是你们金融创新的一个反映吗？或者只是你们支付什么的一个反映？"

22. 2008 年 10 月 23 日，前美联储主席（1987～2006 年）艾伦·格林斯潘在国会前的证词中称："我们当中那些指望贷款机构会为自身利益而保护股东权益的人（尤其是我）正处于震惊和难以置信的状态。"委员会主席寻求此事的澄清："换句话说，你的世界观，你的意识形态，都不是正确的，都不管用"，"确实是"格林斯潘回复，"你知道，那正是我震惊的原因，因为我 40 多年一直有相当多的证据表明它运转得格外好。"

# 第五章
# 前车之鉴：瑞典和芬兰的危机

对很多国家来说，当前这场危机是战后经历的最严重危机。相比而言，20多年前瑞典和芬兰曾经历过一场严重程度与其相当的危机。本章将重温那场危机的背景和影响，评价这场危机与经济政策、经济政策理论与教训之间的联系。本章最后将指出当前这场危机与上次危机之间的异同之处。

## 第一节　两种不同政策取向最终都趋向财政自由化

瑞典的经济结构和芬兰的经济结构具有临近性和相似性，但几十年来两国具有不同的经济政策传统。

● 瑞典曾长期成功地倡导积极财政政策

在瑞典的经济模式中，积极的稳定性政策一直发挥着重要作用。1932年的大萧条时期，执政的社会民主党政府提出了扩张性财政计划。从那时起，瑞典一直被认为成功地实施了扩张性财政政策，保持了经济活力。在布雷顿森林体系时期，瑞典经常被认为是在固定汇率机制下实施积极财政政策的典范。在相机抉择的财政行动之外，自动稳定器对公共部门增长，甚至对更高的、积极一些的个人所得税率，起到越来越重要的作用。结果是成功的，因为保持了价格稳定、低失业率、相对较快的经济增长以及可控的公共债务。

● 但汇率政策对增长和就业更重要

不过，从现实看，在为瑞典过去80年的增长和就业提供有利条件方面，积极的汇率政策比财政政策发挥了更重要的作用。1931年，瑞典紧跟着英国脱离金本位。浮动汇率带来 25% 的有效贬值，这是使瑞典摆脱萧条的最主要因素。同样，1949 年 9 月（加入布雷顿森林体系前），瑞典再次决定学习英国，造成克朗（对美元）不低于 30% 的贬值。这创造了高利润份额和竞争优势，一直持续到 20 世纪 60 年代后期，以至于瑞典得以维持对美元超过 25 年的汇率盯住制度，直到布雷顿森林体系崩溃。

在瑞典，对这半个世纪宏观经济经验得出的结论，很多人都有相当广泛的共识，可以概括为以下两点：

第一，货币大幅贬值（如 1931 年和 1949 年），是帮助经济走出萧条状态（如 1931 年）或带有严重竞争力问题的结构性失衡状态（如 1949 年）的一剂良药。如若货币贬值的幅度足够大，将"重启"经济，撬动经济增长和就业，带来健康的利润率，对实际工资增长带来足够空间。

第二，为避免陷入"贬值周期"的陷阱，这通常带来通胀预期和补偿性工资需求持续上升，有必要维持一种"不可撤销的"固定汇率，在贬值后引导预期，控制工资需求。只有这样，贬值才能成功。

这就是 1982 年重新执政的社会民主党政府采取的经济政策背后的理论依据。1982 年 10 月初，瑞典社民党政府采取了 16% 的"巨幅贬值"[1]，并宣称，这是瑞典实行的最后一次贬值，这一表态获得了政界以及劳动力市场各方的普遍支持。取而代之的是，经济政策也可能朝向经济的供给方面：废除产业补贴、缩减公共支出、减少对普通家庭的转移、改革税收制度以及放松对市场的管控，尤其是信贷市场。

● 芬兰长期采取循环性贬值政策

相对于瑞典而言，芬兰是个穷邻居。1950 年，芬兰的人均国民生产总值约为瑞典的 60%，1970 年也只有 75%。在此背景下，很自然，增长而非稳定才是芬兰最主要的政策目标。每当通胀破坏了竞争力，引起正常项目赤字时，汇率政策便用来重新恢复贸易部门的成本竞争力和利润率。大幅贬值曾发生在 1949 年、1957 年和 1967 年。这几次贬值的首要目的是保证较长期的利润率、高投资和快增长。另外，汇率政策也增加了经济的挥发性，引发"贬值周期"。

● 采取正统的财政政策，旨在保持预算平衡

对芬兰而言，财政政策从来都不是一项重要的政策工具。自动稳定器

依然疲软，因为其公共部门的规模虽然长期增长但仍落后于瑞典。最突出的是，在芬兰，非常保守的预算平衡理念占主导地位，与严密的政府组成结构无关。总之，芬兰的增长甚至更成功，并逐渐赶上了瑞典。不过，在通胀和稳定方面，芬兰表现较差，失业率一直高于瑞典。

随着布雷顿森林体系的瓦解和第一次石油危机带来的滞胀，瑞典和芬兰的经济政策逐渐趋同。结果是，成本通胀无法得到控制，国际竞争力持续削弱。两国在20世纪70年代后期都重新对汇率进行微调，最后，像瑞典一样，芬兰在1982年采取了一次大幅货币贬值。

● 可信任的汇率盯住成为一项中心政策

同样在芬兰，周期性贬值的问题当时日渐为人们所认同，更多人支持把货币稳定作为政策目标。执政党都把"稳定马克"作为政府计划的中心议题，并且（像瑞典一样）注重供给方面的措施，以实现"有管理的结构改革"。

另外，从20世纪80年代初开始，与资本流通和国内信贷市场现有的管理措施密切相关的各种扭曲和困难，在瑞典和芬兰变得愈加明显。结果，两国从1982年起放松对金融市场的管控。截至1987年，"国内"调控，即对数量和利率的调控，取得显著进展[2]。提高资本控制，对芬兰是一个更持久的过程，而瑞典在1989年就已经完成。不过，从两国情况看，在接近20世纪80年代末时，资本控制再也无法有力地阻止资本流动。

## 第二节　财政自由化缺少稳定性，带来不可持续的繁荣

曾有一段时间，新政策取向在两国表现都很好。增长强劲且通胀保持在合理的控制下。公共财政变成了实际盈余。芬兰似乎最终在经济方面赶上了它西边的邻居，甚至把失业率降到了4%以下。当时有人把芬兰称为"欧洲的日本"。

● 信贷快速膨胀和房地产泡沫相继发生

然而，临近20世纪80年代末，很明显，两国上升势头逐步演变成经济过热。信贷市场放松管制导致信贷快速扩张和房地产价格飙升，两国情

况相似。有些人讨论房地产市场泡沫是否在增加。但是，经过几十年的资本市场监管，很难判断信贷扩张在多大程度上只是对早期个人家庭"低杠杆化"情况所进行的一次调整，还是将信贷供给从无限制的"灰色"信贷市场流动到正常的（而且有记录的）银行系统中。

● 而且，不可能因为汇率盯住而被货币政策限制

结果表明这的确是泡沫，其中有许多原因：税收政策一味地促进杠杆化、监管不严、资本要求太低、银行业完全缺失风险文化。对信贷扩张、房产价格快速上升和经济过热的一种自然反应是，实施紧缩的货币政策。但是，固定汇率有效地限制了这种选择。随着外汇管制减少并最终消除，两国都经历了现在著名的"三难选择"：没有一个经济体可以同时保证资本自由流动、固定汇率和独立的货币政策。各国央行试图提高国内利率，但立即遭遇了私人资本的流入。特别是在芬兰，公司欠下大量外币债务，主要来自国内银行。只要固定汇率仍然可靠，货币政策将不可避免地顺周期而动：经济过热导致通胀预期上升，这反过来又意味着实际利率下降，而实际利率下降又进一步支撑了过度扩张。

当然，紧缩的财政政策抑制了过度扩张，但这种繁荣增加了税收收入，带来了不断增长的预算盈余，随之，要采取紧缩的财政政策很难得到政治上的支持。

## 第三节 外部冲击引发破产

● 德国统一，苏联解体

到 1989 年，经济过热助长了通胀，并带来巨额经常账户赤字。竞争力问题降低了出口。家庭杠杆中的库存调整，最终开始趋于平稳，股市和房地产价格开始下降。随后，正在冷却的经济受到一系列外部冲击。欧洲利率因德国统一而上升。欧洲货币动荡并且很快破坏了固定汇率的信誉，这表明，国内利率上升远远高于欧洲水平。在瑞典，税收改革对 1990 年利息支付的减少进行了限制，这意味着对家庭来说，在任何名义利率水平上的税后利率都上升了。这使得更高名义利率带来的负面影响进一步加剧。1991 年苏联解体导致所有对苏联的出口受到巨大冲击，芬兰的出口

需求也受到严重打击。这个冲击十分严重，因为高峰时，向苏联的出口占芬兰总出口的20%以上，而且在1990年时仍然超过10%。

● 马克第一次贬值，随后被允许浮动

瑞典、芬兰两国的货币面临的压力都越来越大。为增强信誉，先前的货币篮子被丢弃，瑞典和芬兰分别于1991年5月和6月与欧共体各自建立单边关系，但无济于事。1991年11月，两国外汇储备枯竭，导致马克被迫贬值14%。芬兰银行宁愿让货币长时间浮动，以便找到一个可持续的市场利率，但面对议会中强大的政治压力，政府被迫推出一个新的盯住计划（反对党的口号是："马克浮动，政府垮台"）。最后，在1992年9月，芬兰银行不得不让货币无限期浮动，而这次政府同意了。随后一段时间内，芬兰的货币进一步贬值。

● 就像瑞典克朗一样，是在做出抗争而未果之后

在瑞典，央行十分固执地决定"不惜一切代价"捍卫固定汇率。许多政治威信被施加到了这个立场上，整个瑞典都持有这种立场。1992年9月8日，当芬兰决定让马克浮动时，瑞典的政策利率因此被提高到75%。在国际货币市场上出现短暂平静后，政策利率可能降低到20%。但后来，在1992年9月16日，英格兰银行和意大利银行决定让英镑和里拉浮动。有人推测瑞典会照做，为打击这种推测，瑞典央行把政策利率上调到了前所未有的500%。（当面对这个数字，并被问及英国能否同样坚定地捍卫固定汇率时，财政大臣诺曼·拉蒙特平静地回答说："会这样做的，这是常理。"）最后，11月19日，到处充满了货币投机行为，外汇储备被耗尽，而利率武器也消耗殆尽，固定汇率不得不被放弃，瑞典克朗只能浮动。瑞典克朗立即贬值了15%左右，并且连续数月持续贬值。

● 高储蓄率进一步加剧了国内需求的下降

这时，国内需求崩溃已然形成，并对金融业带来严重影响。由于与名义利率的迅速上升叠加，国内通胀预期下降，导致实际利率急剧上升。税后实际利率的年平均值从负值变为5%以上。实际利率带来的冲击，导致实际资产价格急剧下降，并且公司和家庭开始在偿还债务方面面临越来越多的困难。为极力挽救资产负债表，资产被减价销售，这造成资产价格进一步下滑。一些金融机构遇到了曾在1990年遇到过的问题。

金融加速器突然经历了一个大逆转。高利率抑制了国内需求。活动和赢利能力被削弱，失业率增加，这增加了偿还债务的困难，并降低了借款人的信用。不良资产不断累积，信贷彻底丧失活力，耗尽了银行资本，减少了信贷供给。现金流动更加微弱，资产被迫出售，更进一步降低了资产价格，而通胀下降却导致实际利率上升等等。

其结果是，发达经济体经历了自第二次世界大战以来的最大跌幅。季度国内生产总值从波峰到波谷的降幅，瑞典为6%，芬兰为13%。瑞典和芬兰的年度总失业率（包括涵盖在所采取的劳动力市场措施中的失业人员），分别上升到15%以上和20%以上。两次危机的深刻差异主要在于出口方面受到的冲击不同。对苏联贸易的消失，对芬兰经济冲击十分重大。一些模拟计算表明，芬兰经历的特定贸易冲击，完全可以解释在宏观经济表现方面的差异。

## 第四节 货币宽松、财政扩张和对银行大规模的资助

浮动汇率允许利率逐步降低。起初，降低政策利率十分谨慎，因为担心如果没有货币稳定，货币贬值可能带来强烈的通胀冲动。两国都通过设定明确的通胀目标而迅速解决了这个问题。随后，在证明具有强大的通缩能力之后，政策利率在1993年内大幅下跌，并与德国利率一起持续下降（虽然有些轻微反复），直到1995年。

● 浮动的汇率加重了这些问题

这些货币大幅贬值，迅速提高了外部竞争力并改善了疲软的劳动力市场（芬兰主要得益于广泛的收入政策协议），保证了这些成果不会迅速被增加的成本抵消。随着竞争力的提高，这两个国家获得了前所未有的出口增长，出口占国内生产总值的比重大幅上升。利息负担较低和出口收入提升，逐步帮助稳定了资产价格和国内需求，为恢复性增长铺平了道路。

根据传统，财政政策在这两个国家中发挥的作用不同。在两国，自动稳定器都强有力地支撑需求。最重要的是，相机抉择的财政支出上涨，尤其是向银行提供资助所需要的大量支出。政府一般性账户已经从盈余转为赤字，超过国内生产总值的10%。在瑞典，严格的相机抉择的财政紧缩

政策直到 1995 年经济有所复苏时才开始实施。相反，在芬兰，人们认为债务不会持续上升，这种看法导致芬兰从 1992 年起实施相机抉择的财政紧缩政策。

● 芬兰的财政政策收紧要早于瑞典

在芬兰，先前的财政紧缩措施对经济增长产生的影响难以确定。确实存在直接的负面影响，可能部分已被长期利率的下降抵消。1991 年 11 月之前，两国五年期政府债券的收益率大致相等。在 1991 年 11 月芬兰货币贬值后，芬兰长期利率相对于瑞典上升了约 200 个基点，这种情况早在意料之中。然而，当芬兰马克在 1992 年 9 月 8 日开始浮动时，芬兰和瑞典之间的长期利息率差额开始缩小。这种情况一直持续到 11 月 19 日瑞典克朗开始浮动，而截至 1993 年 9 月，两国长期利率大致相当。此后芬兰的长期利率实际上低于瑞典。芬兰的长期利率更快速地下降，也许可以与财政整顿计划的公告联系起来。不管怎样，瑞典没有保持住更持久、更坚定汇率的货币信誉。

经济一旦开始复苏，两国就继续实施财政稳定政策，但战略不同。在芬兰，全部领域或多或少进行了政府支出的削减（唯一例外是研发支出）。改善公共财政状况，允许降低芬兰税率，这与广泛的收入政策协议相联系。在瑞典，削减开支主要集中在金融危机期间迅速扩大的项目上，如社会保障支出，尤其是对银行的资助。瑞典财政整顿的一个主要部分体现在财政收入方面，一部分是通过自动稳定器，另一部分是通过相机抉择的增税政策。

## 第五节　快速应对融资危机

在这两个国家，银行部门在金融危机期间面临巨大压力。信贷损失和不良资产导致利息收益的损失大幅攀升，给银行系统的偿付能力带来威胁。

● 融资问题长期被忽视

最初，融资问题的严重程度和范围被严重低估。这两个国家都没有经历过这种危机，而国际上这种融资危机也较为罕见。虽然邻国挪威面临金融部门的困难已有好几年，但在芬兰和瑞典出现严重的融资问题之前，那里的局势只是稍微有些恶化而已。由于没有其他机构来处理银行存在的危机，起初的反应必定都是临时抱佛脚。

● 但那时，政府进入痛苦的学习过程

不过，很快采取了系统而全面的危机管理措施。第一项政策措施是，防止银行债权人遭受任何损失，从而保证银行资金安全（不仅仅是国际资本），而且国内金融中介业务将面对最小干扰，可以继续开展。为此，两国以议会决议的形式发布了对银行债务提供毫无限制的"全面"担保，瑞典先行一步，实际上也迫使芬兰采取类似措施。

最初的冲击过后，人们认识到，如果没有大量注资，银行系统将无法维持。这不仅仅是流动性问题，在不同程度上也是偿付能力问题，而且很快变得明显的是，私营部门并非在所有情况下能够和/或愿意拿出足够的私人资金。

在芬兰，政府注资计划分为两部分。一方面，向所有那些被评估为从根本上讲是良好的储蓄银行提供普遍的预防性资本注入；另一方面，向有问题的银行提供危难资本注入。第一个计划的目的是，以最不扭曲的方式加强人们对银行体系的信心，并防止由于缺乏资金所产生的因"资本紧缩"而减少借贷的需求。在瑞典，公共资本注入只投入那些如果得不到注资就会倒闭的银行。

芬兰除了在相对宽松的条件下采取上述注资措施外，这种危机管理政策有许多共同点：

——建立专门部门，管理濒临破产的银行和其他金融机构，为达到所有实际目标，对使用公共资金的授权不加限制；

——破产机构所有者被迫承担全部损失（只有少数例外）；破产机构实际上被国有化了（并且董事会和最高管理层都被撤换）；

——对于破产机构的不良资产，由具有充足资金支持的资产管理公司进行管理，这些资产管理公司正是为此目的而成立的。重要的是，这些"坏账银行"是为那些金融机构而成立的，所以政府对这些金融机构负有全部所有权责任，从而排除了道德风险的问题；

——破产机构被彻底重组。芬兰银行业的就业人数减少了50%，并且在一段时间后，银行系统大多被外资拥有。在瑞典，更大部分的银行部门由国内私营部门进行重组和资本结构调整。

　　● 融资危机带来的财政损失十分巨大，尤其是在芬兰

　　在芬兰，危机管理的最终财政成本相对较大，估计占国内生产总值的6.5%。在瑞典，成本要小得多，估计从几乎为零到占国内生产总值的2%至3%（详见 Englund 和 Vihriala，2009）。不同之处在于破产机构带来的损失，芬兰的损失要更高一些。在某种程度上，这可能是由于瑞典资产处置的过程更好。不过，也许更重要的是，芬兰的破产机构恰恰处于更糟糕的情况下，国家宏观经济受到了更大冲击，而一些关键机构则非常激进地大冒风险。

　　毫无疑问，相对成功地处理融资危机的确有助于稳定宏观经济形势，即使很难具有让人可信的反面实例。信贷股票大幅下跌，各种民意测验指标都说明信贷条件更为严格。然而，由于银行的再融资和资本问题，很难估量这些困难在多大程度上反映了信贷供应的减少。现有证据表明，信贷和资本紧缩叠加带来的影响，可能小于因（潜在的）借款人的信誉遭到削弱而造成的信贷堵塞带来的那些困难。

## 第六节　可供借鉴的经验教训

　　20世纪90年代初的危机，对芬兰和瑞典都是惨痛经历，其所产生的严重后果，促使人们对经济政策进行思考。虽然很多经验是共同的，并且对政策取向的许多新看法都类似，但关于这两个邻国之间哪些教训是相互关联的，也有一些有趣的差异。

　　● 必须确保银行系统正常运行

　　就金融危机的管理而言，前文已经提到，这两个国家都认为保障银行体系的运营极其重要，如果需要的话，可通过政府注资和设立坏账银行。虽然这两个国家所采取的策略大致相同，瑞典政府主管部门更直接地给破产机构的所有者施加责任，特别是业主在甩掉破产机构的资产前，它们更耐心地等待资产价格恢复。在面对当前的危机时，人们也关心这些措施和其他金融危机管理措施，在第六章将有更详细的讨论。

- 在瑞典，汇率自由浮动也被认为是成功的

两国在货币政策方面的经历相似，但得出的教训似乎不同。当瑞典克朗开始浮动时，瑞典央行宣布有意"尽快"回到固定汇率，同时推出通货膨胀目标机制。很快结果表明，浮动汇率制度比（建立在 20 世纪 30 年代初以来的经验上的）预期更为成功。通货膨胀率保持在合理的范围内，并且通胀预期逐渐靠近目标，因为金融市场、劳动力市场机构和广大公众开始相信瑞典央行为达到目标随时准备调整利率，但没有过分的政治考虑。也许更令人惊讶的是，事实证明，与固定汇率相比，在浮动汇率下，工资需求更容易控制。[3]

- 而欧洲货币联盟似乎对芬兰政府颇具吸引力

浮动汇率制度与独立的中央银行政策一起为保持物价稳定而进行调整，这种成功是瑞典不愿意加入欧元区的原因之一。当瑞典对是否加入欧洲货币联盟举行全民公投时（2003 年 9 月），通胀目标机制已经建立起来，并且瑞典央行也被看作一个榜样，具有清晰的目标和透明的货币政策程序。当时，比起整个欧元区，瑞典的通货膨胀率更低，利率更低，失业率更低，增长更高，财政状况更好。赞成加入欧洲货币联盟的票数似乎远没有形成压倒性多数，有 56% 的投票者表示反对。

虽然芬兰对浮动汇率的早期经验也比较类似，但在未来货币制度的政治选择上的结果却不同。芬兰认为，加入欧元区可以为可信赖的货币稳定提供更便捷的渠道，减少对货币政策自主性的倚重。在这两个国家，政治上的考虑都很重要，特别是芬兰的决定。总的来说，这两个国家都认为，固定而又可调整的汇率机制是很困难的，如果这种机制有可能存在的话，但是两国从这一点得出了不同结论。第八章将讨论各种选择的优点和缺点。

- 强大的公共财政应该允许在面对衰退时采取财政政策措施

就财政政策而言，两国的教训是，健康的公共财政十分可贵，不仅仅是在经济衰退时有可能利用财政政策去资助相关活动。在芬兰，人们认为削减开支是有必要的，否则，将导致风险溢价和利率上升，而在瑞典，这种限制不被看成已经把危机中财政扩张的范围减少到了一个非常重要的程度。

● 结构性政策对增长起关键作用

在结构性政策方面，两国也有许多共同点，特别是重视为运作良好的市场改善条件，并重视"供给方"的想法。采取措施提高创新政策，大幅增加在研发上的公共开支[4]，国有企业被私有化，减少对内和对外的竞争壁垒，瑞典采取了一项重要的养老金改革（部分效仿芬兰），芬兰减少了对公司和资本收益的税收等等。越来越多地依赖竞争和开放，不仅仅如大多数人认为的危机是由对金融机构自由化管理不善所引起这个大背景下才出现的。无须赘言，加入欧盟，将面对更多的欧洲竞争，而共同的欧洲监管框架更加依赖国内政策。

20 世纪 90 年代初的危机过后，政策措施的共同原则是，更加注重以稳定为导向的宏观经济政策和结构改革，改善市场机制的运作和供给方面的工作。

## 第七节　这次大致相同，但也有其特色

尽管在过去十年经济增长势头平均表现强劲，但瑞典和芬兰未能逃脱当前这场全球经济危机。目前两国国内生产总值的下降幅度差不多，而且实际上比 20 世纪 90 年代的危机时还要严重，如图 5 - 1 和图 5 - 2 所示。

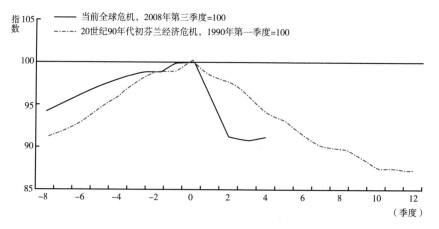

图 5 - 1　芬兰：两次危机中随季度调整的季节性国内生产总值变化

资料来源：经济合作与发展组织数据库。

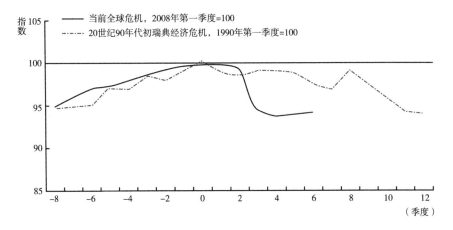

**图 5 - 2　瑞典：两次危机中随季度调整的季度国内生产总值水平**

资料来源：经济合作与发展组织数据库。

尤其是瑞典，所受的打击要比 20 世纪 90 年代初的危机时更严重。

●这次冲击来自外部，而非内部

尽管当前危机下市场活力出现了早期的急剧下降，但有充分理由相信，这些衰退不会导致与 20 世纪 90 年代类似的经济灾难。在先前那场危机中，众多问题的最根本原因是，金融自由化处理不当和宏观经济政策失败相叠加。虽然外部冲击确实也有影响，但事实上北欧 20 世纪 90 年代初的危机仍然主要是从内部产生的。

在当前危机下，所有困难都源于国外。而这两个国家，金融体系绝对是稳定的。[5] 经济衰退的主要原因来自于出口需求的崩溃，尤其是出口导向型经济体，其投资和耐用消费品占全部出口的份额高于平均水平。由于在出口渠道的最顶端，在一体化的金融市场上的动荡也为国内需求带来了直接的负面影响。

●目前，经济更加充满弹性，利率较低，而且两国都实行扩张性财政政策

20 世纪 90 年代初与现在相比，还有另外两个重要差别。第一，企业和私人家庭部门相对不容易遭受临时收入损失，因为它们的资产负债表更加强大。第二，宏观经济框架和政策没有导致经济衰退。目前还没有出现任何对货币进行有害的投机性攻击，因为瑞典实行浮动汇率制度而芬兰属

于欧元区。因此，在此次危机爆发时，利率水平要低得多，而政策利率的削减导致市场利率具有大致相同的缩减（见图5-3和图5-4）。

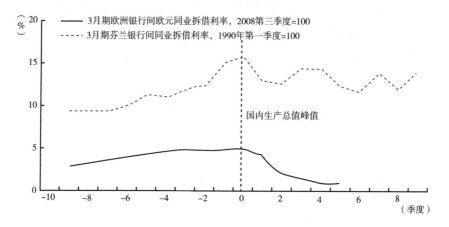

**图5-3 芬兰：两次危机中的短期利率**

资料来源：芬兰银行。

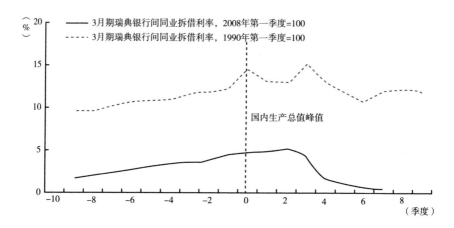

**图5-4 瑞典：两次危机中的短期利率**

资料来源：瑞典央行。

虽然预算赤字迅速增加，公共部门债务仍然相对较低，强大的公共财政有助于确保政府债务的风险溢价维持低位。在这两个国家，相机抉择的财政政策是扩张性的，尤其是在芬兰（详见第八章）。

假设全球经济复苏不会遇到较大挫折（不发生二次衰退），瑞典和芬兰极不可能发生一场会威胁到其国内金融机构正常运作的危机。换句话说，国内需求不会被国内金融动荡所抑制，公共财政也不可能被因为银行资助而产生支出削弱。

但即便如此，就像20世纪90年代初的危机一样，当前这场危机将给不远的未来带来麻烦。公共财政状况已显著恶化，未来将需要采取紧缩措施。伴随严重的经济衰退而来的，将是高失业率和经济结构性变化：一些传统领域将被迫永久缩减产量，新的更有利可图的活动需要进一步扩大。市场灵活度和生产要素的流动性，将成为这一过程中的关键问题。对政策而言，这些都是政策方面的难题，这将在接下来的章节中进行讨论。

## 本章注释

1. 贬值原本设定为20%，但新政策的设计师、财政部部长费尔德与其他北欧国家财政部部长和中央银行行长在阿兰达机场开了一次会议，随后费尔德与德国央行行长保罗打了个电话，于是这个数字被降低到16%。但贬值规模在国际货币基金组织遇到重重阻力，并引发了关于第四条款的专门磋商（Ahlstrom-Carlson，2009）。

2. 不过，芬兰在对银行进行现代化监管方面进展很小。在芬兰，审慎监管的收紧非常缓慢，最显著的是资本充足率的要求。此外，对银行存款的竞争继续受到银行税收法律的限制，这些法律让银行存款享受完全免税的特权，却禁止银行以利率为工具对银行存款进行竞争。

3. 可能的解释如下：在固定汇率下，工资过度上涨，首先受到危害的或许是贸易部门的赢利能力。随后是该领域的就业，这里只涉及为数较少的普通工人。然而，在浮动利率下，工资过度上涨，带来的直接反应将是加息。这将影响到所有普通工人的住房成本。

4. 芬兰公共研发支出的增加尤为显著，因为起点比较低而且是在其他所有公共开支削减的形势下开始的。大部分额外支出由芬兰国家技术局分配到信息和通信技术部门。

5. 现在，有些瑞典银行在波罗的海地区存在巨大风险，并有可能在贷款方面遭受重大损失。不过，大家认为这些损失太小，不会威胁到所涉及机构的生存。到目前为止，这些机构已经能够从其所有者那里筹集到额外资金。

# 第六章
# 确保金融机构间相互协调——北欧经验

当前全球危机仍在继续发展，已给全球金融体系正常运转带来自 20 世纪 30 年代以来从未有过的动荡。危机升级带来很多问题和担心，致使许多发达国家政府大范围实施对金融系统的干预。许多国家所承诺的支持力度超过国内生产总值的 20%。[1]

从绝对规模看，这些问题都前所未有，问题的本质以及政府所采取的解决问题的方法，也毫不新鲜。[2] 20 世纪 90 年代初的北欧金融危机，尤其提供了很多有意思的先例。这些危机不仅相对较为接近还涉及发达国家，而且在造成严重的产量和就业率下降以及导致公共债务增加方面，也十分相似（尤其是在芬兰和瑞典）。此外，在所有经历过危机的北欧国家中，政府趋向于采用十分激进的危机管理措施，许多措施也都以不同方式运用到当前这场危机中。金融系统恢复相对较快，而且在危机后的 15 年内，北欧国家宏观经济表现非常好。[3]

下面，我们将讨论在问题开始浮现时，要维护金融体系的运转需要考虑哪些关键方面。所以，我们重点应该关注危机管理而不是危机预防。危机预防将在第十一章中讨论。我们的讨论基于北欧国家所经历过的危机，但并不会重复北欧政策措施的具体内容。对于这些内容，有许多清晰透彻的描述和分析，这方面最新研究成果请看 Jonung 等（2009）。

## 第一节　先承认问题，再采取行动

有一条规律是，金融危机的相似性和严重性，长期以来基本上被所有重要参与者低估了：专业预测者、银行家、监督者、监管机构、政府、企业部门以及所有民众。这其中有很多容易理解的原因。

第一，金融危机比较少见。很难从过去经验推出在很多方面已经变化了的环境中会发生什么。很典型的是，金融及经济繁荣与金融创新和市场条件的变化密切相连。

第二，即使衰退迹象开始显现时，很多机制阻碍人们承认这些问题。金融机构和非金融机构的经理们，通常不想把可能或不确定的损失披露出来。监督者可能没有能力及时评估金融中介机构的风险处境。政府通常不愿意承认负面经济新闻。

第三，即使金融问题十分明显，这些问题的范围、深度和后果也很难估计。当前的全球危机就是最好的例子。很多小国家，国内经济管理良好、财政体系稳固，长期以来被认为与发端于美国的次贷危机绝缘，因为以前导致一国发生金融危机的因素或多或少是看不到的。不过，这场危机通过出口的崩溃沉重打击了很多这类国家，包括芬兰和瑞典。

第四，形势总是处在变动之中，因为现实变化太快。尤其是，人们对金融机构的信心开始下降，不信任可以一夜间就能切断流动性。

● 必须认真对待金融脆弱的最初迹象

认清问题太过缓慢，不仅导致做出的改正决策被延后，实际上加剧了这些问题的严重性。如果没有足够的干预，即使实际净价值已经降到接近零或甚至变成了负值，金融机构可能会继续运行，而且它们可能已丧失中介功能。更糟糕的是，由于机构的拥有者只承担有限责任，因此没有什么可失去的，这些中介机构可能会"为复活而赌博"，即希望通过大冒风险来弥补损失。

● 把宏观上的谨慎分析机制化十分重要

因此，很显然要认真对待金融脆弱的最初迹象。第一个前提是，政府部门有机会获得所有相关信息。更重要的是，政府部门有意愿而且有能力分析金融系统的形势，从而帮助决策者做出符合实际的评估。孤立地分析单独一家金融机构的风险是不够的；整体系统的相互协作很重要。

● 政策规划应当建立在最坏情形之上

有人提议，做政策规划要以最坏案例的情境为基础。规模过大的措施带来的失误，不太可能带来太多损害，而过于胆怯的行动却会带来很多损害。从大多数危机（如果不是全部）得出的经验看，正是最初的预计低估了问题的严重性和复杂性。[4]

● 完美的早期预警机制是不存在的

更加系统的分析有助于更好地理解金融的脆弱性，而考虑建立一个完美的早期预警体系是不现实的。所有预测与其所依据的假设一样，都好不到哪里去。例如，当雷曼兄弟倒闭引发市场需求骤减时，对出口依赖型经济体的宏观经济和金融市场带来的影响，肯定从根本上不同于那些没有"雷曼冲击"情况下的预测。

基于理性行为和经济动机假设的经济理论，一般会忽视心理因素，这些心理因素在某些情况下会对结果产生重要影响。尤其是，过度乐观甚至是狂欢，以及群体行为，或许会带来远远超过现实情况所能支撑的金融繁荣，但预期的反转可能反而会加剧随繁荣而来的衰退。这些心理因素是可以描述的，甚至这些心理因素在许多历史时期的重要性也被先前的一些观点加以证实，但要想预测在其他情况下它们的变化和影响，如果这有可能的话，也极为复杂。[5]合理的结论是，人们不应该对一个具体的经济发展预测给予太多肯定，而是应当准备好随着新情况的出现而不断改变自己的观点。

## 第二节　保持信心是关键，而且需要 建立稳固的危机管理体系

从某种意义上讲，在金融困境中开始出现低速增长后不久，金融体系中的一些参与者的信心经常照例迅速消失。当前这场危机的导火索发生在 2007 年的 8 月 9 日，当时法国巴黎银行这家投行，由于"流动性完全蒸发"，延缓了投入次级抵押债务的三笔投资基金的发放。当前这场危机中存在很多类似的恐慌事件，最值得一提的是，2008 年 9 月 15 日雷曼兄弟破产导致全球流动性蒸发。

● 保持信心是个关键问题

保持金融体系正常而有序地运转，最基本的是要对市场的关键参与者

所承诺的履行合约的能力和意愿保持信心。对政府部门而言，一个关键问题是，问题出现时需要迅速采取行动恢复信心，而同时最初的措施也会对后续措施和整个结果产生重要影响。

●必须在极端的时间压力下做出决定

在任何恐慌情况下都会出现这样一个重要疑问：当下的问题主要是流动性问题（现金或其他可接受的支付手段无法获得），还是一些重要市场参与者的偿付能力受到严重怀疑呢（资产价值小于债务价值）？流动性与偿付能力问题之间的区别，绝不像其概念所说的那样清晰可辨。如果没有对长期偿付能力的怀疑，那么流动性问题就很难想象，而如果资产被大甩卖，那么流动性困难就可能引起偿付能力的丧失。不过，在现实情况下做出这种整体判断十分有用。

"单纯的"流动性问题，可由中央银行通过增加短期资金的供应来应对。"最后贷款人"以惩罚性利率向优质抵押物提供流动性，这种做法实际上从白芝浩 1873 年出版的《朗伯德街》起就早已存在于中央银行的危机管理手册上了。2007 年 8 月市场上的"小困难"，最初被认定为流动性问题，正如随后更高风险溢价的例子一样。扩大对银行和其他金融体系部门提供前所未有的流动性扩张，确实已经变成了美国和欧洲在此次危机中的关键性政策反应。如果没有这种流动性供应，或许很难想象，中介行为的完全中断是如何避免的。

●挑战：不仅有流动性问题，偿付能力也可能受到怀疑

实际上，偿付能力问题是所有金融危机的核心因素。向明显有偿付能力的机构，以及更广泛地向优质抵押物提供流动性，这虽然对中央银行来说相对问题不大，但那些能够消除对中介机构偿付能力的疑虑的政策措施却是一个复杂问题。显然，第一个问题是，避免一家偿付能力有问题的机构的倒闭是否真的有必要或有用。原则上，成本－效益分析很简单：一家机构的倒闭，可能在银行系统里和整个实体经济中产生特别大的破坏，以致避免其倒闭要比救助成本的多少更重要。成本以各种形式出现，但可以从理论上被分成对公共部门（纳税人）的直接财政成本和对金融部门效率和未来稳定性有害的直接财政成本。

救助或许带来效率低下，正如高成本机构现在经常在那些最大的问题

上效率低下。在欧盟，国家援助的各种规章，都会对扶持即将倒闭的机构带来的这种负面影响加以限制，但无法根除。

如果政府部门对冒险行为加以奖励，而冒险行为引起伦理上的混乱，那么未来的稳定性反而被削弱了。一个矛盾的观点是，由于这些鼓励性的问题，政府应当避免参与各种救助行为。长期以来的救助验证了这样一个事实：政府部门并不赞同这种观点，反而强调应当重视避免金融中介中存在的潜在动荡。很典型的是，尤其是那些大型机构被拯救，是因为如果它们破产将很容易造成严重的损害，这种反应产生一种预期，即达到一定规模的机构"太大而不能倒闭"。直到雷曼兄弟倒闭之前的几十年里，这种观点在发达国家都从未得到过真正测试。例如，在20世纪90年代的北欧危机中，所有银行都不允许破产。很好理解，政府部门的这种小心谨慎越来越多地受到批评。不过，雷曼兄弟破产带来的灾难性后果，在接下来一段时间内解决了这个问题：有些机构太大或过于相互勾连，以致不能倒闭。

- 深思熟虑的决策需要牢固的危机管理体系

阻止金融机构的倒闭，涉及一系列复杂问题。因此，具有危机管理的稳固体系十分重要。这个体系是指，决策程序具有一种共识，包括政府主管部门如何在国内和国际上进行协调（监管者、中央银行、财政部门、为解决危机而设立的专门政府机构）、提供救助的关键原则，以及那些负责处理实际救助的相关机构。

在为偿付能力提供帮助方面，各国中央银行都无一例外地受到限制，或者被完全禁止。因此，财政主管机构必须在所有金融危机中发挥核心作用。这就强调了明确分工以及在财政和货币主管部门之间进行合作的重要性。[6] 要为偿付能力提供援助必须具备这样的前提，即必须有这样做的政治意愿。当最初的危机已经显现时，更多情况下是没有这种政治意愿的。

- 这个体系应当在平常时期建立起来

正常运行的政策体系的一个重要部分是，相关政府部门的权力范围宽广，可以在一般危机到来时对单个金融机构的运转进行干预，即使这家机构并未面临倒闭的直接威胁。否则，处于动荡中的机构为了挺过危机就开始进行冒险行为，潜在地大大增加了纳税人的成本。这种形式的直接道德混乱有可能发生，这值得重视，就像由于救助行为而带来的长期刺激扭曲一样。

- 确保政府主管部门有能力进行干预

除非这些要运用的原则是明确的，否则这些临时政策，由于没有经过认真考虑，就会存在明显的危险。那么，决策就很可能偏向于安全保守，即赞成以仁慈的方式进行救助。[7]如果立法或法律实践认为所涉及的机构必须得到救助，那么这种偏向尤其容易发生。草率而又未必仁慈的救助决策很容易创造一个先例，在此之后，经过充分讨论且具有连贯性的政策线路将很难形成，如果不是不可能恢复的话。一个相关但略有不同的风险是，过度的债务偿还延期带来的风险，即倾向于允许经营不善的机构继续运作，而不是通过对其资产进行实际评估和定值。

北欧国家遭受危机时，并不具有认真建立起来的危机管理体系。然而，相关机构和救助原则以及操作程序，都相对快速地发展起来，而瑞典的危机管理体系被认为是清晰、透明的。

## 第三节　保持信心的方式多种多样

- 政府全面担保是恢复人们对金融机构信心的最直接措施

要让市场参与者相信金融机构的偿付能力，最有力的措施就是全面政府担保。在活期存款方面，这种担保早已在所有发达国家实施，一部分通过存款保险，而存款保险最终又依赖政府支持。然而，很明显仅仅依靠存款担保这在大多数情况下明显不够，因为存款担保只涵盖了银行债务的一部分。有效的担保必须涵盖承担的所有义务。

1992 年 11 月，瑞典以议会决议的形式提出了全面政府担保。虽然这种担保不具有法律约束力，但足以恢复人们对银行系统的信心，并保证了银行的再融资。瑞典的做法促使芬兰在几个月后也做出了类似决定。

在当前这场金融危机中，爱尔兰也采取了最全面的政府担保。这涉及六家最大银行的所有存款，包括来自其他银行的存款、受保债券、优先债权，以及此前的从属债券。这些担保具有法律约束力，并具有截止期限（2010 年 9 月 28 日）。其他国家也向大范围的贷出者提供担保，至少对某些机构而言。从某种意义上讲，有人甚至会说，2008 年 10 月 10 日 "七国集团" 的声明相当于全面担保。出席会议国承诺将 "运用所有可能的办法来支持具有系统重要性的机构，阻止它们倒闭"，从实际效果看，阻止倒闭意味着完全保护贷出者。

● 给冒险行为创造的刺激也带来很多麻烦

全面担保的明显问题是，它通过 "把所有银行的风险社会化" 而给极端道德混乱创造了潜在空间。随着那些相关者无须担心这些机构信守承诺的能力，为多种冒险活动带来资助的范围显著增加。同时，对抵押品的严格定价被排除在外，因为银行处于不稳定金融状况下。正是由于这个原因，而极其重要的是，通过监管以及创造抵消人们冒险意愿的刺激措施，来限制银行的冒险。

● 一国实施全面担保会引发多米诺骨牌效应

全面银行担保的另一个问题是，这将给受保护机构提供实质的竞争优势。芬兰在 1992～1993 年决定学习瑞典时，这个因素起了重要作用。当 2008 年爱尔兰也实施担保时，很明显也出现了一种被迫的连锁反应。近年来，市场融合进一步深入，尤其是欧盟内部的融合，导致竞争上的扭曲比以前更加严重。因此，在欧盟，不应该在没有与其他成员国密切协商的情况下就采取对银行进行担保的决策。

要提升人们对金融机构信守承诺的信心，一个更为低调的方式是，为那些被认为对保证系统功能发挥重要作用的一系列债务提供担保。在当前危机下，大多数欧盟成员国已经对新的中期市场融资（与流通在外的股份不同）实施了此类担保计划。

● 缺少资本是问题的根本，不论哪种形式的资本注入在金融危机时都是必须的

从根本上讲，对于资产平衡表而言，偿付能力问题涉及的资本太小了。因此，资本必须增加，在某个点上与资产平衡表相对应。很明显，只要资本依然是正值，减少资产负债表就是有用的。然而，在经济衰退时，这种 "信用紧缩" 正是大家要避免的。这就导致对中介机构采取的不论什么形式的资本注入必将成为解决偿付能力问题的唯一现实的选择。

从纳税人的角度看，这样做的最佳方式就是通过私人投资者进行资本

注入。然而，考虑到资产质量的高度不确定性以及因此而得出的金融机构的实际净价值的不确定性，当前的拥有者或许不能或许不愿意提供这种资本，而其他私人投资者很可能更加犹豫是否投资。

- 对筹集私人资本提供激励是一种选择

政府至少可以通过两种方式来筹集私人资本。一个选择是，负责监管的政府部门，通过前面所述的"街头测试"的方式对机构健康程度进行彻底而现实的评估，保证金融机构的情况足够公开。这种信息会减少机构价值的不确定性，因此使投资决定更加容易。甚至更重要的是，相关政府主管部门应明确指出，如果倒闭，其当前的所有者将不会得到救助。这将给所有者带来合适的刺激增加其冒险行为，而且/或者按照需要冲淡其所有权。1992 ~ 1993 年的瑞典政策，正是成功实施这种措施的典范。

- 但是，私人资本可能无法获得

然而，虽然有这种鼓励，但私人资本可能不一定就能找到。经常的情况是，即使没有即将发生倒闭的威胁，资本唯一现实而可能的来源是公共部门。在决定要把资本投入某一机构时，相关政府部门面临救助政策的一系列问题：给哪个机构？给多少？用哪种工具？应该对现有股本做什么？管理层是否应当被取代和由谁来取代？借贷政策和重组的目标应该怎么定？在重新筹集资金计划中运用的这些原则，很大程度上决定了危机管理是否成功。

- 所有者责任，是成本最小化的一个关键原则

很明显，在把短期财政支出最小化和避免带来扭曲的刺激措施上，所有者责任应该成为一个关键原则。要决定一家机构不能破产，应该满足这样的条件，这些条件可以最大程度上把破产带给那些能够影响这家机构行为的利益攸关方的效果激发出来。

- 由政府直接接管陷入困境的机构，这是最好的担保

所有者责任意味着在政府资金注入之前，预估损失应当彻底把这家机构的资金全部损耗掉。每当大多数现有债券资金急需被用于弥补根据实际预测所做出的损失时，唯一合理的办法就是被政府接管或国有化。这正是瑞典和芬兰在面临最糟糕情况时所做的。在挪威，所有者责任的原则更加深入，当时几乎所有陷入困境的机构都被国有化了。

同样的，为了限制道德混乱，陷入困境的机构中做出关键决策的那些人应当承担责任，这很重要。如果由于所有者的结构分散或不明确而导致管理处于自主状态，这就显得尤其重要，而这通常在各种相联系的机构中十分常见。在北欧危机中，当政府接管这些机构时，董事会和管理层按照惯例都被更换。

● 经过认真考虑相关条件，预防性资金注入或许是恰当的

然而，正如前文所提，即使身处严重的金融危机中，并非所有机构都处于倒闭的边缘，至少按照常规来说不是这样的，而且假设不会有进一步的大幅恶化。国有化在这种情况下或许不是最佳选择（如果可以称之为一个选择的话）。接管一家金融机构，必将导致在接管过程中破坏其相关活动，给宏观经济带来负面影响。而且，管理和重组一家金融机构需要专业技术，这在一个小国家可能不是随时就有的，而是需要许多机构同时被处置，这尤为重要。因此，假设这些机构的问题并非特别严重，那么带有政府深度参与的模糊的扶持，来让这些机构继续运转，或许更为恰当。这正好可以被称作预防性资金注入。

芬兰在 1992 年的资金注入措施，或许是这种普遍谨慎的资金支持手段的最清楚的例子。这种措施向那些从根本上讲运行良好的存款银行（这些银行必须达到调控的资金要求）提供资金，反对"优先资金证书"，这是一种从属性的债务工具类型。这种工具带有较低票券率，不过，它随着时间而增加，因此从长远看将鼓励代替其他资本的投资。所有那些达到良好标准的机构，按照可以达到把竞争扭曲降低到最低的银行规模，都可以享受这种措施。提供资金的总规模达 80 亿芬兰马克，占芬兰国内生产总值的 1.6%，而且最后几乎所有银行都采取了这种措施。这种措施堪称一大成功。它帮助银行继续正常运行，而公共部门的损失却很小（全部最后损失大约为国内生产总值的 6%，而采取措施后的损失占国内生产总值的 0.2%）。

在这场危机中，预防性资金注入早已被欧洲和美国采用。2008 年 10 月 12 日，欧盟领导人决定采取资本注入措施，这个决定向那些有偿付能力的银行提供资金支持，这些银行通常反对优先股份或从属债务型的工具，虽然国内申请者各有不同。在美国，相关政府部门在 2008 年 10 月

13 日几乎同时向九家主要美国银行注入 1250 亿美元。在这里，优先股份型工具也被采用。

- 预防性措施在严重危机中是不够的

然而，任何预防性措施不太可能有效到足以确保所有金融机构拥有足够资本以避免严重危难和最终倒闭。因此，从某种程度上讲，要想拯救那些被认为是从系统上讲太大而不能破产的机构，需要向那些即将倒闭的机构提供危难资金资助。这种选择性资本资助，实际上已经成为所有主要金融危机的一个核心元素。即使在芬兰，预防性资本注入措施发挥重要作用。向真正有麻烦的机构注入的资本，几乎达到了为银行提供资助总额的 90%。同样，在当前危机下，例如在英国，大多数这种提供给银行的资本资助，都可以被称为危难资助。

- 向"坏账银行"转移资产，导致难以对资产进行定值

考虑到完全的政府资本注入具有许多困难，从金融机构剥离一些受损的或"有害"资产，通常被认为是有吸引力的选择。这种剥离，可以通过政府对受损资产的担保或从这些机构的资产负债表转移到单独的"坏账银行"来实现，而不必把银行自己的资金在数量上进行转移，这种转移将威胁到仅存的"经营良好的银行"的偿付能力。这两种方式在当前危机中被许多国家采用。例如，资产担保被美国（被其称为"不良资产减轻计划"）和英国采用。这种担保带有明显问题，就像存在于全面责任担保上的问题一样，通常不可能对担保采取公平价格，因为这些机构或许无法负担这样的价格。因此，在这类担保上，存在巨额财富从纳税人向银行所有者转移的风险。

- 但是，坏账银行仍然可以成为管理受损资产的有效方式

例如，之前，在 20 世纪 80 年代美国储贷危机（重组信托公司）以及在 20 世纪 90 年代初的瑞典和芬兰的危机中，坏账银行曾被使用。尤其是，瑞典设立了名为 Securum 和 Retriva 的两家处理坏账的机构，早就被看作是处理不良资产的好方式。然而，在谈论坏账银行为对于提高人们对金融机构的信心有优势时，人们应当保持警惕。这其中明显的优点是，管理不良资产已经从普通银行业务中剥离，以保证不良资产不会影响到普通银行业务。

然而，一个十分关键的问题在于，谁应该对与不良资产相关的损失担负责任。这取决于这些不良资产转移到坏账银行的价值有多大，也取决于谁对这些资产承担金融责任。从定义上讲，人们有理由怀疑那些有问题的资产的真实价值要远低于账面价值。资产以账面价值或接近账面价值进行转移，因此很可能带来财富从那些不良银行的筹资者手里转移到（余下的）运行良好的银行的所有者手里。只要运行良好的银行与不良银行归属于相同的所有者，这就不会有什么后果。然而，普遍观点认为，应当让政府对这些不良银行担负唯一或者重要的责任，正如其在直接资产担保计划中承担的责任一样。在这种情况下，资产转移的价格，决定了资产转移是否导致以及在多大程度导致财富从纳税人流向银行所有者。此外，为受困资产找到公平价格（即使是正常可以交易的债权），在金融萧条时都极其困难，因为这个时候不确定性较高且缺乏流动性。

出于这些考虑，在北欧银行业危机中，政府参与建立的坏账银行，早已完全或几乎完全变成了政府所有制。因此，资产转移仅仅出于最现实的考虑，用于把正常的银行业务与处理受困资产分离开来，而不是作为银行通过偷窃而重新筹资的一种方式或一个替代方案[8]。很明显，从"不良资产减轻计划"的资金得到资助的坏账银行的所有安排，深受财富转移风险的困扰，具体的例子请见 Kotlikoff 和 Sachs（《金融时报》，2009 年 4 月 6 日）。

总的来说，我们认为，这些经验支持那些使用股份或精心设计的混合工具而实施的资本注入，而不支持改善金融机构偿付能力的各种受损资产计划。[9]

● 有必要向公众解释采取这些措施的合理性

许多危机管理措施并不受欢迎，尤其是那些涉及向金融机构提供偿付能力资助的措施。当许多借款人被迫破产，失业率快速上升，并且公共服务和社会福利或许也被削减时，"拯救银行家或华尔街"不可避免地被认为是不公平的。这种公众憎恨，很容易导致所有行动被延后，或导致采取一些根本无法真正解决问题的措施。因此，要想及时形成良好决策，比较有用的是，避免产生所有不必要的憎恨的源头，例如，把设定临时薪酬限制作为资助条件。另外，决策者必须花时间和精力来说明阻止金融体系崩溃从整体上对整个社会有利。这不应该被看成是一种分心，而是成功的危机管理的重要部分。

## 第四节　资产处置策略及其合理化值得引起高度重视

在面对眼下的危机冲击时，无论采取什么措施，结果通常是政府获得大量金融资产。归政府所有的资产的管理和处置策略，对于最终财政成本结果至关重要。

有两点尤为重要。第一，这种管理必须由有能力的人来做，必须明确表明把价值最大化作为目标，并实施适当的激励机制。进一步的要求是，这种管理应当明确与先前对不良机构的管理区分开来，从而确保把所有可疑交易置于阳光下，并保持公众对决策过程的信任。[10]考虑到金融危机按照规律需要采取一些在很多人看来不公平的决策，更重要的是公众对必须采取行动的支持，不应该因为这些行动被认为是不公平的而遭到破坏。第二，政府在资产处置上应该具有足够耐心。大批资金聚集起来，同时还伴有大量公共部门赤字，给尽快卖掉这些资产带来政治上的压力，但应当抵抗住这些压力。与危机前的时期相比，在泡沫破裂之后的很长的时间里，资产价格通常持续萎靡。这对于边缘小国来说更是如此，因为外国投资者经常在危机发生时从这样的市场撤出，而且在很长时间之后才会回来。

公共参与的最终成本，很大程度上受到资产出售时机的影响。例如，很多研究表明，如果芬兰政府推迟几年卖出银行的话，据估计为达到国内生产总值约6%的最后成本，可能早就避免了危机，而由于救助行动，政府也不再持有诺基亚的股份。

● 在阻止金融机构破产时，政府应该对重组制定严格目标

政府在阻止金融机构倒闭时，不应该阻止中介活动的重组，如果没有政府介入，这种重组可能早就发生了。更多情况下，金融危机发生时会有这样的情况，即金融体系存在产能过剩而又严重缺乏效率。实际上，这种能力过剩和潜在赢利能力疲软，可能早就成为导致过度冒险的因素之一了。[11]即使由于破产对经济来说成本太大而被排除，政府因而应该注意，产能过剩将会在重组过程中大幅减少。确实有证据表明，即使政府不允许

破产，大力巩固和提高效率还是可以实现的。芬兰在融资危机发生后所采取的措施，导致银行业就业率降低了一半。

由危机导致的重组带来的一个典型后果是，机构数量减少而平均规模增大。这一般会减少竞争，甚至比以前更有可能的是，这些典型机构"太大而不能倒闭"。因此，重组的一个重要方面就是，应该保持尽可能多的竞争。这应该是决策中应考虑的一个因素，例如这些银行由谁收购，或其资产该卖给谁。在小国家，从这个角度看，境外买家经常具有更大的吸引力。不过，国内竞争同样重要。[12]

## 第五节　救助中介机构远远不够

在一场金融危机中，中介过程受到干扰，这对非金融机构和家庭可以获得融资及其成本带来负面影响。充足证据表明，这种融资困境都曾出现在当前这场全球危机和北欧的多次危机中。即使对当前危机进行深入研究的结果尚未得出，但很多对借贷形势的调查都支持这样一种观点，即对非金融公司来说，获得融资变得更加困难了（欧洲央行，2009）。从一定程度上讲，这很可能是因为中介机构减少了信贷供应。然而，潜在借款人的信用度也趋于下降，主要原因是经济萧条、不确定性增加和资产价值下降。[13]

● 为满足非金融部门对融资的需要所采取的直接措施，或许是有用的

这带来了一个问题，即只需扶持金融中介机构正常运营就够了，还是政府也应该努力用某种方式直接帮助借贷者？需要考虑采取直接措施，这其中主要有两个原因。第一，即使扶持中介机构的各种措施产生效果，这些效果也不太可能很快就产生。第二，考虑到如果问题出在顾客的信用上，那么即使是正常运营的中介机构也不愿意如往常一样提供信贷。不过，避免某些已经虚弱的借贷者破产，可能不仅有利于减少对生产和就业带来的短期负面影响，也有利于避免生产能力发生不必要的萎缩。

不过，一个关键的限制因素是，向中小企业的借贷以及通常也包括向家庭的借贷，需要获得客户的很多信息，从而限制借贷风险。恰好正是因为这种信息强度，这些中介机构才在引导资金流向上发挥重要作用。政府无法一接到通知就能够对这种借贷提供专业知识和信息基础。

● 但是，应该依赖现有政府计划或机构，而不是设立新计划或机构

因此，要很好地实施政府对借贷者采取的直接措施，可以通过扩大那些已经开展中介功能且具备所需能力的那些政府部门的业务。在政府计划中加入私人借贷者，也能减少对那些缺乏长期前景的金融公司提供资助的可能性。北欧国家在这种安排方面有很多好例子。

在芬兰，专门的信贷机构是芬兰担保委员会，不仅提供出口信贷和担保，也对中小企业提供信贷。在当前危机中，芬兰担保委员会的措施早已获得巨大扩展。出口信贷和担保的授权得到了提高，而且中小企业贷款计划也得以扩充。对于后者，出现了一种全新产品，以便应对为私人借贷者采取的分享风险机制中所增加的风险。2009 年春季和夏季，出口信贷和中小企业信贷快速增长，表明这些扩充设施填充了确实存在的空隙。接近2009 年年底时，芬兰担保委员会担保和贷款的使用减少了，这是信贷环境正常化的一个信号。

**本章注释**

1. 关于资助承诺，详见国际清算银行（2009）和欧盟委员会（2009）。

2. Kindleberger（1982）对金融危机进行了经典的、历史的分析。Reinhart 和 Rogoff（2009）在广泛的统计数据集的基础上，提供了对金融危机的最新分析。

3. Andersen 等（2008）整体上分析了北欧国家良好竞争力的原因，而 Honkapohja 等（2009）对芬兰 20 世纪 90 年代危机以来经济增长成果进行了专门分析。

4. 1992 年 1 月，当一个高级别专项工作组对 1992 年芬兰存款银行的可能损失进行第一次评估时，存款银行的代表自己估计的数字为 20 亿芬兰马克，并且认为公务人员预测的 100 亿芬兰马克完全是不现实的。然而，真实数字却在 200 亿左右，而在危机年份里的损失总量超过了 600 亿芬兰马克。Wessel（2009）对美国当前危机中的损失数字提出的修改同样巨大。

5. Kindleberger 和 Aliber（2005）对金融危机的经典分析，从心理状态和群体行为角度，从根本上解释了危机即使是很少也是周期性发生的。Akerlof 和 Shiller（2009）把"动物精神"的作用放到更广范围内讨论，也包括了最近的全球危机。

6. 在特定形势下，中央银行或许也会被迫提供偿付能力资助，尤其是当救助行为没有足够时间来获得对使用纳税人的钱所必需的授权时。例如，在芬兰，芬兰

银行必须为救助 Skopbank 银行承担大部分损失。在美国，在当前危机中，美联储参与了救助行动，而这些救助将带来重大损失。

7. 一家机构面临流动性问题时，政府部门通常面临特别大的压力"担保"这家机构有能力偿付其债务。全面担保意味着对偿付能力负有直接责任。此外，如果一家机构获得担保，那么这个直接责任问题指的是，谁获得担保和谁不被担保，这很容易导致政府担保的膨胀。发生在英格兰银行北岩银行的紧随流动性问题而来的事件，就很好地解释了这一点。

8. 或许有意思的是，在芬兰，所需立法的程序受到政治程序的延迟超过半年，因为最初的立法草案没有明确排除那种可能涉及财富从政府流向银行所有者的定价。

9. 详见 Philippon 和 Schnabl（2009）的理论分析，其中指出为何在不对称信息下（银行要比政府更了解其资产质量），购买产权比购买现有资产或提供债务担保是更好的选择。

10. 金融机构的倒闭，可以很容易掺入经理人的犯规行为，例如相对而言故意抬高价值的附属担保物，把钱借给私人朋友，或者以过高价格购买资产。这样，管理不良资产就会允许掩盖很多类似情况。

11. 这种观点早已形成，比如在美国储贷危机的案例中。很多证据表明，在芬兰危机中，储蓄银行集团采取了具有这么大风险的"摆脱赢利能力问题"的措施（Vihriala，1997）。

12. 在芬兰融资危机中，把竞争扭曲最小化，可以解释为何在一个相当复杂的处理安排中，把一家由政府拥有而经营不善的银行（芬兰储蓄银行）在四家国内买家中进行分拆。

13. 对去中介化的理论分析中，Holmstrom 和 Tirole（1997）创造了"附属担保物困难"这个词，用于指借贷者资产负债表疲弱的效果，并把它与中介资产负债表疲弱的效果做比较，后者会导致"信贷紧缩"。

# 第七章
# 从繁荣到破产——冰岛故事

● 冰岛的情况在北欧国家中并非典型，但它的一些经验教训却远远超越了冰岛国界

这一章将讲述冰岛的传奇故事，虽然可能不像经典的传奇故事那样，往往是被美化了的英雄远比坏人要多。冰岛近期发生的各大事件，充满戏剧性和严酷性，而且冰岛并非北欧其他国家发展的典型代表。然而，从政策、监管、治理以及广义的政治角度看，冰岛总体而言是失败的，这些失败确实提供了许多教训，而这些教训的影响超出了冰岛国界。改正错误需要很多年。议会调查委员会计划于 2010 年 1 月底出版长达 1500 页的报告。直到印刷时，报告结果仍无人知晓。毫无疑问，与冰岛相关的其他报告也将陆续出版。

当前这场金融危机于 2007 年中期发端于美国，2008 年 9 月雷曼兄弟公司倒闭后，危机达到顶峰，这是美国有记录以来的最大破产。这家享誉全球的金融公司，由移民到阿拉巴马洲的巴伐利亚人创立于 1850 年，受困于大量抵押债券，包括充斥于美国及欧洲国家金融系统的次级贷款、危险贷款，却没有及时受到美国证券交易委员会及其他管理机构的重视。当时的确也有一些警告，甚至是美联储发出的最高等级的警告，但无济于事。[1]

这时，信心完全崩溃了，因为银行家开始认识到，他们根本不知道这些有毒资产究竟在哪里。当银行被证明无意彼此借贷时，信贷枯竭了。全球金融系统开始失控。有人担心新的"大萧条"即将到来。这些担心此后慢慢消退，部分原因是，受到了第四章所总结的 20 世纪 30 年代教训的启发，许多政府经过协商采取了一致的货币和财政措施。

## 第一节　第一个被冻僵的国家

●冰岛的银行具有其自身造成的严重问题，这些问题在过去不断积累，逐步加深

冰岛是第一个被冻僵的国家，冰岛的三家主要银行全部都归私人所有，占冰岛商业银行资产的85%，在2008年10月初的一周内全部倒闭。据一直以来支持它们的政府讲，一开始，这些银行谴责雷曼兄弟自取灭亡，暗示说如果雷曼兄弟当时能撑一下，它们早就能撑过这场危机了。这个借口是错误的。冰岛的这些银行带有许多其自身造成的严重问题，这些问题深深扎根在冰岛过去的经济和政治中。事实上，世界金融市场上信心崩溃溅出来的火花，引燃了大火，很快吞噬了整个冰岛，这座房子早晚要着火，不过可能会晚一点罢了。

要想理解冰岛及其破产了的银行，有必要了解一下它们的历史。600多年来冰岛先后由挪威和丹麦统治，1904年，冰岛被丹麦赋予地方自治权。这时冰岛人均国内生产总值大约是丹麦的一半。冰岛1904年的人均国内生产总值购买力相当于加纳今天的水平。除了一点区别之外，当时的冰岛就是今天的加纳，这个区别是，自1800年来，冰岛大多数穷人都已摆脱文盲。因此，冰岛人其实已经准备好进入现代了。

●在20世纪，冰岛成功赶上丹麦，并与挪威一起进入2006年联合国人类发展指数的前列

在20世纪，冰岛人均国内生产总值年均增长率为2.6%，而丹麦为2.0%（可参考前面的图4-7和图4-9）。这个年均增长率0.6个百分点的差异，或许看起来并不大，但经过100年的历程，这个差异使得冰岛不仅赶上了丹麦，甚至还与挪威一同进入2006年联合国人类发展指数的前列。[2]冰岛主要通过艰苦努力和提高教育水平，一跃成为人人平等而繁荣的福利国家，在整个北欧大家庭里占据了一席之地。由于种种原因，包括关于分裂的争论和更倾向于农村地区而不是雷克雅未克的选举法，社会民主党对冰岛的政治发展具有相对较小的直接影响，但这似乎并未把冰岛从北欧国家中分割开来。从显示收入不平等的基尼系数的官方估计看，直到

20 世纪 90 年代中期，冰岛的收入分配一直与斯堪的纳维亚国家和芬兰一样是平等的。

●1994 年，冰岛加入欧洲经济区，但 1995 年芬兰和瑞典加入欧盟，而冰岛和挪威都没有加入欧盟

在外交关系方面，冰岛与北欧邻国基本一致。与丹麦和挪威一起，冰岛在 1949 年也成为北约的创始成员国之一。在落后他国 10 年后，冰岛于 1970 年加入了欧洲自由贸易联盟。1994 年，冰岛与芬兰、挪威、瑞典（以及奥地利）一起加入了欧洲经济区，但 1995 年芬兰和瑞典加入欧盟，而冰岛和挪威并未加入（丹麦早在 1973 年就加入了）。如同 1972 年，挪威 1994 年的公投结果也反对加入欧盟。不过，冰岛从未举行公投，冰岛议会由于受到严重不成比例的农村地区代表的把持而反对加入欧盟，但毫无偏见的一人一票制的民意测试一直都显示，大多数人支持加入欧盟。

●2009 年中期，危机爆发后，冰岛申请加入欧盟

2009 年中期，即危机爆发几个月后，冰岛议会开始申请加入欧盟，这是议会第一次形成多数意见，支持长期以来的民意。然而，从那时起，民意似乎却早已转为反对加入欧盟，这主要与英国和荷兰坚持要冰岛的纳税人补偿其损失的一半有关。这是两国单方面的决定，以此作为对其在已经破产的一家设在英国和荷兰支行的冰岛银行存款人的补偿，据说这符合欧盟规定。

●长期以来，农村地区在议会中具有超高的代表性，这导致经济政策中带有对保护主义的偏爱

在国内事务上，冰岛选择了与其他北欧国家截然不同的路径。这种差别的最主要原因似乎是，议会中农村地区的代表过度膨胀，这使经济政策带有一种地方的、保护主义的偏见，并对经济结构及其正常运作带来偏见。20 世纪大部分时间里，给雷克雅未克选出一名议会议员所需的票数，是农村选区所需要票数的 2 倍、3 倍，甚至 4 倍，这实际上等于让每个农民在议会选举中投了 2～4 票。直到 2003 年，即使有 2/3 的人口居住在雷克雅未克，地方省区依然占据议会大多数席位。植入选举法中的这种偏见，导致人们忽视以提高地方省区教育水平来减缓向雷克雅未克的移民，

同时导致由僵化的半计划经济向更加灵活和综合的市场经济的转换变得缓慢、失衡，而且同样导致经济生活中不情愿的、缓慢的去极化，包括那些在 1998~2003 年被私有化的银行，当时已经比东欧、中欧和波罗的海国家的商业银行的私有化晚了很多年。

● 整个 20 世纪，政府干预和规划成为通用做法，政府拥有那些最大的商业银行

自 1930 年以来，最大的两个政党——独立党和中心党能够通过赢得 60%~70% 的选民支持而拥有决定权，就像日本的自民党一样，自 1955~2009 年，除了短暂的 11 个月下台之外，自民党在日本一直执政。冰岛每一届多数派政府，要么有这两个政党的一个，要么两个都有，同时还会有两个小党（社会民主党和社会主义党），这些小党有时作为次要伙伴加入。1930~1960 年，为了有利于生产者，冰岛经济实行从紧管控，这些生产者包括农民、船主、生意人、批发商，这样的政策比同时期北欧其他国家都要多。政府干预和计划是当时的普遍做法。自由的企业和市场，受到的不是怀疑就是敌意。生产者变成了驾驶员，而消费者坐在后排当乘客。政府拥有最大的商业银行，让这些银行向政府所支持的工业和企业分配本来就稀少的资金，并提供有补贴的或被低估的外汇汇率。伴随着大大超过利率的高通胀，以及货币过度升值，银行家拥有了重要权势。各大主要政党摇身成为普通民众日常生活的仲裁者。较小政党也跟随照做。且不说黑市，除非通过负责定量供应的政党官员，人们根本无法为修建篱笆或买车获得贷款，也无法获得出国用的外汇。应当指出的是，这种定量供应是要看人的脸色的。正因为如此，政治阶层这种无所不包的职责，不可避免地诱发腐败，但这个事实从未得到官方承认，官方对过去的否认一直持续至今。普遍存在的定量供应，通常都会导致这种结果。看看所有东欧国家就知道了。

## 专栏 7-1 "变味儿的社会主义"

这些故事堪称传奇。政党的亲密伙伴霸占了为可口可乐、通用汽车这类大型外企服务的代理机构，这主要通过向美国的合作伙伴证明其他代理机构缺少必要的资格——政治关系——而无法掌控为履行对

供应商的责任所必需的美元。为什么不行呢？感到困惑的美国人这样问道。答案是，我们派发外汇许可。这发生在第二次世界大战期间，也为今后几十年内企业与政治的紧密结合定下了基调。而且有很多传言说，在冰岛克朗频繁贬值的前夕，政府银行都会以旧汇率来解决一些精挑细选的索赔，但这些案例都未曾被追查过，媒体上没有，当然法庭上也没有。

政府领导出现在银行董事会里，照管那些原本就要倒闭的企业的利益，企业正是此处的所指，并且从中分配战利品。利润通过低息贷款被分配到受照顾的客户手中，而由于高通胀导致这些贷款无须全部偿还。其中的损失就被转嫁到了被俘房的民众身上，民众除了尽快把钱花在购买房产和其他耐用品上之外，根本没有办法在通胀面前保护其储蓄。国内储蓄逐渐枯竭，导致很大程度上更有必要从外部借贷，因为出于民族主义的考虑，外国直接投资无法进入（渔业相关法律予以禁止，而且禁令仍然有效）。这种便利的讨价还价（即把收益私有化，把损失国有化），被批评家们称为"变味儿的社会主义"。

在银行董事会中，政治上的反对派也有代表，因此他们也根本没兴趣曝光正在发生的事情。报纸大都是政党的机构，与之站在一起，就像警察和法庭一样。在公众面前出现的私人信件以及公开出版的文章中所涉及的许多银行丑闻，都销声匿迹了。这种毫不奉迎的总结，其根本含义是冰岛明显长期缺乏诚信文化及制衡，这给 2008 年的危机埋下了伏笔。

那么，冰岛又是如何实现增长的呢？最简单的答案是：

——冰岛政治上的失败，未必就会扼杀了经济增长，如果没有这些政治问题，经济增长可能更快一些。

——冰岛做对了很多事，包括把捕鱼舰队机制化，这成为拉动经济的重要引擎。渔业管辖权从 1901 年的 3 海里扩展到 1976 年的 200 海里，以及 20 世纪 60 年代以来对国家水利发电和地热能源潜力的管理，这些都促进了经济增长。

——我们需要把存量与流量进行区分。在众多途径中，冰岛主要通过降低渔业存量和聚集外部债务，保持了快速的人均收入流量。

## 第二节　失衡的自由化

政策制度上两次大的自由化浪潮席卷整个国家，但都走得不远。第一次浪潮发生在 20 世纪 60 年代，这使冰岛走向现代化，主要通过冰岛克朗的贬值和大幅降低捕渔业补贴，这种补贴占据政府支出的 40% 还多（这绝非印刷错误）。即使这样，这次自由化并不完整。一方面，银行被控制在政府的手里。另一方面，生产者和政府之间的亲密关系依然存在。

- 直到 1998～2003 年，最大的国有银行中才有两家被私有化了

20 世纪 80 年代后期的第二波自由化浪潮，包括放开对利率的管控，以及把对价格的财政责任指数化。结果是，利率水平第一次超过了通胀率，并减少了银行贷款定量供应的范围。自此以后，对不良贷款的有选择的容忍，取代了信贷的定量供应，这成为政治和经济影响力的一种方式。第二波浪潮正值 1994 年冰岛加入欧洲经济区，涉及要放开对外国资本流动的管控，保证在大多数商品、服务、人员和资金领域的自由流动（即四大自由）。第二波改革浪潮的一个主要内容是，在 1998～2003 年把商业银行和投资基金私有化，这时最大的银行中有两家被出售。正如最初所料，这些改革是必要的，而且早就该改革了。然而，在描述银行的自由化及其后果之前，需要介绍更多背景。

对于创业者而言，在 2006 年的人类发展指数排名中，冰岛紧挨着挪威，就这个指数所涉及的收入部分来说，使人产生误解。每工时国内生产总值是比人均国内生产总值更有效的数据，因为前者把产出所需要的工作量计算在内了。图 7－1 列出了根据荷兰格罗宁根大学数据库计算出的 36个国家 2008 年的每工时国内生产总值，这个数据库包括国际可比较的对工时量的测算。[3] 这个图显示，2008 年，冰岛每工时收入的购买力是 40 美元，在丹麦、芬兰和瑞典其购买力是 44～46 美元，美国为 55 美元，而在富产石油的挪威是 69 美元。冰岛的数据表明了冰岛持续的低效率工作量，冰岛为了要维持人均国内生产总值的高水平就必须付出长时间的工作——就像日本和美国一样。高物价和高通胀降低了家庭购买力，并逼迫工薪族要维持生活就必须长时间工作，并向别人借贷。

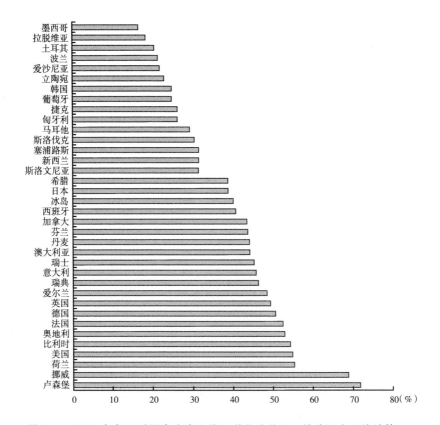

**图 7-1　2008 年每工时国内生产总值（单位为美元，按购买力平价计算）**

资料来源：2009 年 1 月，格罗宁根增长和发展中心、全部经济数据库、会议委员会，www. conference - board. org/economics。

● 2008 年，冰岛每工时国内生产总值的购买力是 40 美元，而丹麦、芬兰和瑞典是 44 ~ 46 美元，挪威是 69 美元

● 高通胀损害了生产率

冰岛相对偏低的劳动生产率还有其他原因。第一，机械和设备领域的投资一直都很少。很多年来，高通胀蚕食了资本的质量。1995 年后，相对于国内生产总值来说，建设领域的投资翻了一番，也挤掉了在机械和设备领域更多生产性投资。[4] 第二，虽然近年来在教育方面大踏步前进，但教育水平在小学以下的冰岛劳动力人数仍然是丹麦的两倍，冰岛教育水平在小学以下的劳动力的比重是 37%，而在丹麦是 19%，芬兰是 21%，挪威是 23%，瑞典是 16%。[5] 工作时间过长，似乎降低了生产率和生活水平。

第三，近年来的"三化"进程（即自由化、稳定化、私有化）稳步推进，这使得银行及其债务的增加超出了国家能力可以应付的范围，中央银行忽视按照需要提高储备要求，反过来降低储备要求以迎合银行，并且也忽视建立足够的外汇储备。[6] 这使得中央银行无法按照法律规定，保证金融系统的稳定性，更别提稳定物价了。事实上，中央银行在危机后也面临破产，而且需要重新融资，却给纳税人带来损失，相当于国内生产总值的18%。[7] 高通胀也打击了生产率。宽松的财政政策导致情况进一步恶化。

• 1939 年以来，相对于丹麦克朗来说，冰岛克朗已经损失了 95.95% 的价值

还有另一个方式来看待冰岛这些年来毫无纪律可言的货币及财政政策立场。自 1939 年来，以平价交易，相对于其母币丹麦克朗而言，冰岛克朗的市值损失了 95.95%。当然，其原因在于冰岛的通货膨胀。几十年连续的高通货膨胀，一直而且全部都说明了政策之拙劣，机构之不稳定。经验表明，高通胀国家的海外债务上升，忽视经济增长的重要支柱，如外贸、教育、投资和良政，而且这些国家因此很可能比物价稳定时增长得慢一些。通货膨胀，通过鼓励消费就像把为未来做出的各种负责任的准备放到了冰块上一样，一般会创造出一种虚假的安全感，甚至是自傲。冰岛适合这种模式，即使其经济增长能够使其赶上丹麦。不过，1904 年以来冰岛的快速发展，并不是通货膨胀的结果。反而是因为汪洋一片的乐观主义潮流以及遵循"国内法则"的企业，1940 年后新技术的引入（这主要归功于在二战期间及战后美国在冰岛的存在），更多更好的教育，辛勤努力，1976 年后扩展到 200 海里经济管辖权限内大量的鱼类，1960 年以后两轮的贸易自由化，以及 1994 年冰岛加入欧洲经济区。但这还不够。

• 2007 年，中央银行外汇储备总额降低到只剩下短期外债的 7%，而商业银行的外债继续上升

为了把中央银行外汇储备总额拉回到高于三个月进口覆盖量（一种古老的经验法则），2006 年，冰岛政府借了 10 亿欧元。[8] 然而，政府毫无意图阻止相对于银行系统短期外部债务而言的储备下降。2006 年的中央银行外汇储备总额，保持在短期外部债务的 20%，随后在 2007 年，由于商业银行外债持续上升而下降到了 7%（见图 7-2）。根据所谓的盖杜

蒂—葛林斯班法则，中央银行的外汇储备总额，不应该低于国内银行系统短期外国债务的水平。如果不能保持外汇储备处于或高于这个水平，将导致投机者实施对货币的打击，正如 1997 年泰国得出的教训，但在总体上讲，在冰岛，这被有意地忽视了。

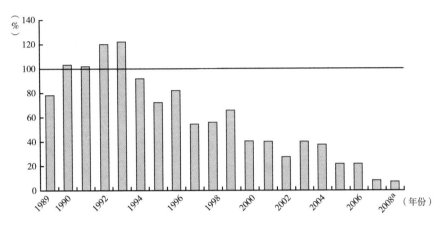

**图 7 - 2　1989 ~ 2008 年中央银行外汇储备（年末占银行系统短期外部债务的百分比）**

注：a 指的是 2008 年 6 月底。
资料来源：冰岛中央银行。

## 第三节　发生在朋友间的私有化

● 这两家国有银行都突然间以较低的价格被出售

现在让我们回到 1998 ~ 2003 年冰岛最大的两家国有银行——冰岛国民银行（成立于 1885 年）和冰岛农业银行（成立于 1929 年）的私有化过程，后者在几个月内被考普辛银行兼并，这是一家私有银行，自 1982 年起以投资公司身份开展业务。这两家国有银行都突然被出售，而且国家审计局认为它们卖出的价格过低，国家审计局指出，出售这两家银行时，政府本来可以提出更高价格。此外，与东欧国家卖给外国银行不同，例如在爱沙尼亚，外国所有权占 100%。而这两家银行被卖给了那些与当权政党紧密联系的个人。

正如波罗的海国家，由于当地缺少国际银行业务的经验和专业能力，同时从历史上看，其银行为外资所有，至少是部分程度的所有，这是自然而然的事情。许多探索性会议召开，把瑞典北欧斯安银行当作冰岛国民银行的潜在合作伙伴，但其他计划却占了上风。

● 在自由市场资本主义的旗帜下，很奇怪，冰岛通过一种与俄罗斯相似的方式把自己的银行都私有化了

### 专栏 7-2 父与子

独立党和进步党组成的执政联合政府中，许多主要参与实行私有化的人要么变富有了甚至是非常富有，要么在私有化后继续担任银行董事会成员，要么二者兼有。其中有一位政客，他在私有部门的经验是在 20 世纪 70 年代在地方上经营两家小型针织厂，不过也只有几个月罢了。自从获得了其中一家银行部分控制权后，他摇身一变成为亿万富翁，并进而购买了国有航空公司。另一个从银行私有化中受益的人叫伊尔顿·约翰，是作为生日礼物送上的。第三位曾经在 20 世纪 80 年代受指控，被判有条件的监禁（而且，后来在俄罗斯的圣彼得堡受到不利裁决），所以，为了安全起见，乐于助人的冰岛政府，特意在 2002 年银行法律上加入为其量身定做的"五年"条款，这就允许那些在过去五年内从未被证明有罪的人可以收购银行。这个人和他儿子一起收购了冰岛国民银行。

几年前，他们进入圣彼得堡的啤酒业，后来把厂房卖给了欧洲最大的啤酒厂喜力公司。后来，儿子因在保加利亚和捷克共和国电信公司私有化交易中获利颇丰而蜚声全球。2006 年，父亲把其金融和商业财产都投资购买英超足球俱乐部西汉姆联队（就在几个月前，居住在伦敦的被驱逐的俄罗斯寡头别列佐夫斯基刚刚收购这家俱乐部失败）。这位父亲通过购买《冰岛晨报》，进一步巩固了其在冰岛商界顶级精英的地位，《冰岛晨报》迄今为止是冰岛销量最大的日报，与这次冲击前的最大政党独立党有密切关系，而且他担任《冰岛晨报》董事会主席。[9]

简而言之，在自由市场资本主义的旗帜下，冰岛通过与俄罗斯相似的方式实施了银行私有化。但这并非第一次。之前在 1984 年发生过，当时议会决定对冰岛水域的渔业进行治理，主要内容是把具有超高价值的捕鱼配

额免费交给船主，即让冰岛的渔业资源根据法律属于公有财产[10]。2009 年年中，为结束父子双核控制模式，父亲宣布自己破产，成为各地有记录以来最大的个人破产案件之一（7.5 亿美元）。儿子依然具有强大的偿付能力。

这里的底线是，冰岛银行的私有化存在严重问题，和俄罗斯一样。在 2004 年的一篇颂扬首相的文章中，很可能在发表之前获得了首相的批准，《冰岛晨报》的主编表达了他对私有化过程的观点。这位主编写道，考虑到当时第二大政党进步党已经确保掌控了第二大国有银行冰岛农业银行，首相"认为冰岛国民银行有必要由那些与独立党至少保持电话距离的人掌控"。首相办公室近期披露说，收购冰岛国民银行的这对父子从冰岛农业银行借了很多钱，占了他们为收购这家银行而付给政府的钱的很大部分。作为回报，冰岛农业银行的买家从冰岛国民银行借了很多钱，当作购买资金的大部分。冰岛国民银行收购中的债务现在依然未解决，而且，由于复利，自 2003 年来债务已经翻了一番了。

● 私有化的主要目的本来应该是要切断政党与银行间的老关系

从历史看，私有化的主要目的应该是要切断政党与银行间的老关系，但事实却相反。所以，如果所谓新兴国家是指政治对市场的重要性至少与经济一样，这是一个普遍接受的定义，那么冰岛依然是个新兴国家，而且必须要这样归类才行。通过这种方式，冰岛仍然与其北欧邻国大不相同。在倒闭之前，这些冰岛银行在冰岛并不面临外国竞争，即使它们已经在许多的邻国建立分支，包括芬兰、挪威、瑞典，还有德国、卢森堡、荷兰和英国。外国竞争者的缺失，导致冰岛比北欧其他地方的银行业都更集中，它们都自我标榜在国内的借款利率和存款利率之间大幅延伸，正如其一贯所标榜的一样。

● 政府本来应该限制这些银行，但没有这样做

政党与银行间的紧密关系产生了另一个严重后果。事实上，这使得整个政治阶层和公职人员系统都认为阻碍银行是不对的。政府早就应该通过专门的税收来限制银行，但它却没有这样做。你不会向朋友征税，尤其是当朋友们直接或间接地资助你的政党时就更不会这样做了。[11]中央银行早就应该利用准备金要求来控制银行，但并没这样做。相反，2002 年中央

银行奉这些银行之命下调了准备金要求，这就像后来中央银行高级职员向公众坦白的一样，而且，令人吃惊的是，取消与银行在国外存款债务相关的所有储备金要求，这些债务在 2007 年信贷链条开始断裂时在互联网上越积越高。此外，金融监管局早就应该针对当地情况和银行资产的可疑质量实施更严格的压力测试，但是它也没有这样做。这些银行定期给金融监管局的人事部门提供待遇丰厚的岗位，让金融监管局流失了有经验的员工，并向剩余的金融监管局员工发出一个明确的信号，这种行为在美国证券交易委员会和其他地区也常听说。如果金融监管局的职员想要大幅加薪，他就会有明确的动机以一种能够赢得银行认可的方式来做他的日常工作。他们服务的主顾是银行，而不是纳税人。

● 银行系统的资产从 2000 年底达到国内生产总值的 100％，到 2008 年中期上涨到国内生产总值的 900％

一旦脱离政府管控，这些银行就像春天里的牛一样后蹄一蹬，展开一场前所未有的借贷和还贷狂欢，这使得银行系统的资产从 2000 年底达到国内生产总值的 100％，到 2008 年中期上升到惊人的超过国内生产总值的 900％。冰岛银行资产占国内生产总值比重的快速增长，使其步入世界排名前列，与瑞士大致相当（见图 7-3）。与瑞士银行及其悠久的历史相比，冰岛的银行在其他方面都无任何相似之处。它们的业务模式从本质上讲从国外引进，并由一些对国际银行业务无经验的人来运营，易于产生

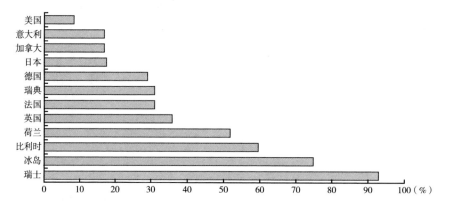

**图 7-3 2007 年底，银行资产占国内生产总值比率**

资料来源：瑞士央行（2008 年 7 月 3 日被《经济学人》引用）和冰岛央行。

"次级"行为。从未受到太多质疑的是，贷款部门的官员因其所做的旨在获得短期利润的贷款和其他交易的规模来获得奖赏。这些银行甚至能够说服大批不知情的顾客以低息借入外币，即使他们的收入都是用冰岛克朗计算。这些银行告诉顾客，根据估计，冰岛克朗只是被略微高估了，而且汇率下行风险很低。成千上万毫不知情的顾客签署了贷款，因此，他们赌上了自己的命运，却未意识到以 2007 年冰岛克朗的汇率计算，冰岛 2008 年人均国内生产总值估计将达到 7 万美元，相比而言，美国的人均国内生产总值才 4.2 万美元。换句话说，银行认为 2007 年冰岛克朗只是被略微低估了，这表明他们相信，把普通冰岛人说成是已经比普通美国人富裕的说法，只是略微夸张了一点而已。

- 在冰岛，冰岛克朗被高估早已成规律
- 如果通胀低一些，负债表平衡一些，保护主义少一些，就能够期待冰岛克朗的价格在今后几年内降低一些

由于很多原因，冰岛长期以来都是高汇率国家。考虑到几年来定期出现的长期现金账户赤字和货币贬值（见图 7 - 4），这并不令人意外。第一，高通胀率是价值高估的一个常见来源，因为通常情况下，汇率要调整到与价格相符会有所迟滞，即使是在浮动汇率下亦是如此。冰岛也不例外。这有助于解释冰岛的出口自 1870 年以来一直徘徊在占国内生产总值的 1/3 左右，而经合组织其他国家的出口都比国内生产总值的增长速度要

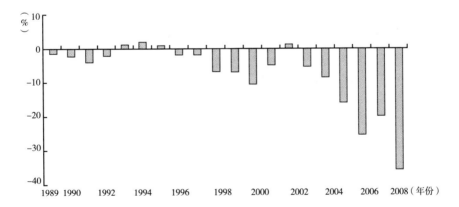

**图 7 - 4　冰岛 1989 ~ 2008 年活期账户余额占国内生产总值百分比**

资料来源：冰岛央行。

快。[12]第二，外债上升导致资金内流，这又推升了货币价格。危机前的套利交易将这种机制进一步放大，当时比利时的牙医和日本的家庭主妇都以低利率借入瑞士法郎和日元，用于购买冰岛克朗，并把收益放入高息账户上，这也就接受了涉及利息差额的交易中产生的货币风险。第三，广泛的保护主义降低了用外汇购买进口商品的需求，因此给货币带来一种上涨偏好。这是广泛的政府和农场支持渔业的结果，由于有了直接或间接的补助，渔业依靠较高的汇率来过日子，如果没有这些因素汇率也不会这么高。如果通胀低一些、负债表平衡一些，保护主义少一些，就可以期待在今后几年，与受到此次冲击前相比，冰岛克朗的价格会低一些。总起来看，冰岛克朗在2007～2009年贬值了1/2，这并不令人意外。

●这些银行宣称它们相信，虽然政府担保归全民所有却由这些银行享受，这种情况在这些银行私有化后依然存在

再回头来看这些银行。就像至少一家国际评级机构所认为的那样，有记录显示，这些银行也都公开认为在银行私有化后它们依然享受那些本来归全民所有的政府担保。例如，金融监管局允许自己在冰岛国民银行的宣传小册子上大写特写，冰岛国民银行要介绍在英国冰岛储蓄银行的被丑化的网络账户。这些高利息账户于2006年第一次被介绍给了英国储户，并在2007年成为银行资金的一个主要来源，2007年外国信贷开始逐渐干枯，这本应该向监管者敲响警钟才对。即使在冰岛中央银行、金融监管局以及政府都收到外国中央银行的严厉警告，而且至少一位外国政府领导人和外国及本国的专家警告说这些银行马上将倒闭，而且冰岛急需从国际货币基金组织寻求援助，相同的账户也于2008年5月被提供给了荷兰储户。

●冰岛国民银行在英国和荷兰用冰岛存款保险以"支行"的形式来经营网点，而不是"子行"的形式

在其存在的短暂时期内，冰岛国民银行在冰岛储蓄银行的账户，在英国吸引了30万储户，在荷兰及其他地方有10万储户。与格里特利尔银行和考普辛银行不同，冰岛国民银行把办事处当作"分行"在英国和荷兰经营，这些"支行"由冰岛储蓄银行提供存款保险，并非"子行"——如果在这种情况下，这些机构就受到了这两个所在国中存款保险的保障，并且也受所在国金融监管。冰岛国民银行毫不理会不断提出的的把英国和

荷兰的分行改为子行的请求，自以为这样能避免不受欢迎的外国金融审查，这种审查可能会干扰所有者不计后果的赌博。并且，金钱从子行流向总部的自由程度也不会与分行流向总部一样高。

● 冰岛国民银行成功地让冰岛 32 万人负担起英国和荷兰 40 万个人及单位的存款

这种厚颜无耻令人吃惊：通过这种策略，冰岛国民银行得以让冰岛 32 万民众对英国和荷兰 40 万个人和单位的存款负责，而银行所有者和经理们却占有了短期利润。法庭将决定这种行为是否继续对信任造成破坏，而根据冰岛法律，这将被判处 2~6 年的监禁。2008 年冰岛国民银行倒闭时，外国储户获得了英国和荷兰政府的补偿——虽然不是全部——根据三国政府达成的正式协定，英国和荷兰政府坚持冰岛承担赔偿的一部分（大约一半），经过 8 个月的激烈辩论，冰岛议会才以 33 票对 30 票批准了这个协定。不过，这并未解决问题，因为冰岛总统在共和国历史上第二次拒绝批准这项法律，因此根据宪法必须采取全民公决。

问题还有很多。银行习以为常的是，它们在外汇市场上以低息借取短期，用于对长期贷款进行融资，甚至包括 25~40 年的抵押贷款，因此在它们的资产负债表上创造了过度的到期不匹配，并且带来越来越多的对借贷转滚的需求。它们进入房地产市场，目的是要打败政府自己的房地产融资基金。它们向客户提供很多有吸引力的条款，许多客户似乎根本就不知道他们的抵押贷款是由短期贷款支撑，而且也不知道伴随而来的风险，即在黄金时期结束后他们可能要为本金的剩余部分支付巨额的更高利息或者全部付清。这是冰岛版的次级借贷。另外，这些银行让员工到处向持有捕鱼配额和农场生产配额的人兜售这些贷款，并以这些配额当作附属担保物。

### 专栏 7-3　关于冰岛储蓄银行的争论

● 冰岛国民银行倒闭时，英国和荷兰都认为有必要通过补偿所涉及的 40 万储户来保持国内信心，并且让冰岛返还所涉及处于危险中的总额的大约一半

冰岛储蓄银行倒闭时，英国政府和荷兰政府都认为有必要立即单方面向那些无法从冰岛国民银行下的冰岛储蓄银行的账户取出钱的 40 万储户提

供补偿，以此保住国内信心。随后，英国和荷兰要求冰岛再偿还他们，涉及总额的大约一半。三国政府谈判达成协定，规定冰岛必须在2016～2023年向英国支付23.50亿英镑，向荷兰支付约13.3亿欧元。这两个数字之和大约等于冰岛2009年国内生产总值的一半，而且由于具有了合理的资产恢复，似乎有可能大幅高估了冰岛所涉及的最终损失。冰岛政府希望能够恢复冰岛国民存款索求中的75%～95%。这种贷款的年利率为5.5%。

冰岛政府与英国及荷兰达成这个协定后，议会也批准了，一开始带有被英国和荷兰拒绝的单方面的保留，后来几个月后又产生让三国政府都接受的新内容。冰岛总统收到超过五分之一选民的请愿书后，拒绝批准该协定，因此，按照宪法规定，必须举行全民公投，时间被定在2010年的2月27日或3月6日。之前，总统拒绝批准一项法律的情况只发生过一次，那是在2004年，但当时议会撤销了该法律而并没有选择举行全民公投。[13]

作为进攻性策略的另一个例子，这些银行积极鼓励储户把储蓄从明确被冰岛储蓄保险支持的普通账号转移到现金市场账号，这些账户具有更高的利息，并承诺这些现金市场账户也同样得到保障，而事实上并非如此。这种被保留在银行磁带上的信息错误，或许被证明是非法的。而这些银行还向那些想在外汇市场上投机的特权客户提供没有附属担保物的贷款。不过，另一个关于这些银行"我赢头，你输尾"的心理以及一贯伎俩的例子是，他们向自己的高级职员出借巨额资金用于购买这些银行的股份，这些股份作为唯一的附属担保。而这些贷款在这场冲击发生后被抹掉了，这种行为充满争议，似乎有可能被法院质疑。其他有些交易正在接受调查，确保是否存在非法操控。[14]

● 大量内部人借贷被公布于众

另一个问题是大量的内部人借贷，这随着一份文件而公布于众，这个文件揭露了最大的银行考普辛银行向其最大的拥有者和相关方提供借贷。2009年中期，这份文件出现在一家网站上，这个网站（wikileaks.org）存有大量泄露文件，这份文件表明在受到此次冲击前，巨额贷款在很少或没有附属担保物的情况下发放给了考普辛银行的所有者，以及他们所拥有的公司，当然，这份披露文件表明存在违法行为，正如可能被揭露的其他内部人交易一样。

● 银行没有遭受任何抵抗：没有什么将其拉回

这三家银行相互复制营业模式。由于面对毫不重要的国内市场，它们的选择是，从根本上说"要么活（即实现国际化），要么死"。它们选择了国际化，最终反而还是死了，因为它们没有遇到任何抵抗：没有什么能把它们拉回来。通过快速变成国际金融机构，这三家银行迅速在 21 个国家的 31 家附属机构的国外业务中派生出收入，占其总收入的一半（2007 年 10 月）。凯恩斯绝不会感到惊讶。他曾写道："天哪，一个'优秀'的银行家，不是能够预测到危险并避免这个危险，而是当他自己被毁灭时，要同他的同事们一起以传统的、正统的方式被毁灭，从而没有人能够真正怪罪他。"[15]

## 第四节　不平等加剧及其他迹象

● 由于税负人为地从富人转到了其他人身上，于是在 1993～2007 年，可支配收入的分配不公平显著上升

繁荣时期弥漫于冰岛的幸福感并非所有人都有。当熙熙攘攘的私人飞机来来往往，吵得雷克雅未克机场附近的居民半夜醒来，街道上挤满了装有飞机轮胎的庞然大物般的越野汽车，许多冰岛人带着受到困扰的惊讶心情旁观这一切。在冰岛 18.2 万个家庭中，10 万多个家庭有很少的债务或者没有债务；很明显，他们没有被邀请参加这个盛宴，或者选择不去参加。在天平的另一端，2008 年年底，244 个家庭所负担的债务超过了 120 万美元，且是资不抵债。另外，440 个家庭的债务超出其资产 40 万美元——也就是说是负的净资产——亦或更多。在 18.2 万个家庭中，有 8.1 万个家庭的资产低于 4 万美元，而有 1400 个家庭的资产达到 120 万美元甚至更多。[16]这些数字表明了财富分配总体上的不平等，考虑到以下事实这种不平等不足为奇，这个事实是家庭可支配收入的分配不公大幅上升，从 20 世纪 90 年代中期相当于北欧国家的水平，上升到美国 2007 年的水平，这是有意把税负从富人转向穷人所带来的显著变化（见图 7－5）。危机爆发前，收入和财富差距拉大，成为表明冰岛正陷入困境的信号之一。不公平的上升也曾在 1929～1933 年美国大萧条到来之前出现。[17]

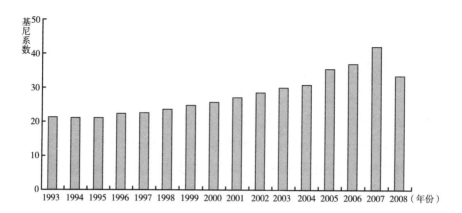

**图 7 - 5  1993 ~ 2008 年，冰岛的基尼系数所显示的不平等**

注：基尼系数从 0 到 100。0 表示所有家庭拥有相同收入（完全平等），100 表示所有收入集中到唯一一个家庭中（完全不平等）。

资料来源：根据冰岛国家税务总局的数据计算而出，www. rsk. is。

● 2001 ~ 2007 年，股价上涨了 44%，创下了世界纪录

另一个预示着困境即将到来的信号是房地产市场的繁荣。芝加哥大学金融危机专家罗伯特·阿里波尔说，数数起重机的数量就知道了。2007年他去冰岛访问，有人让他解释为何预测冰岛很可能将在一年后陷入崩溃，这是当时他的说法，而且危机的确发生了。[18]在 2001 ~ 2008 年，房地产价格年均增长率为 11%。另一个迹象是股市大繁荣，2001 ~ 2007 年，股票价格增长了 9 倍，6 年的年均增长率连续保持在 44%，创下世界纪录。2008 年，三大主要银行占有股市指数的 73%。简而言之，冰岛早就等着危机的爆发。后来，2008 年 10 月一周内，随着雷曼兄弟倒闭，冰岛的银行系统崩溃，国际货币基金组织受邀立即赶往现场，这是 1976 年以来，第一次由一个工业国家向国际货币基金组织请求援助，之前是英国。

## 第五节　向国际货币基金组织求助

如同惯例，自 2008 年 11 月以来，正在实施的由国际货币基金组织支持的经济结构改革和稳定化计划，强调货币限制，要求逐渐减少中央银行政策利率，但也包括一些不正常的特点。

● 国际货币基金组织的计划的主要特点是，具有严格但临时的资本控制，以保护冰岛克朗

这个计划强调对破产银行的重组需要透明。浮动的冰岛克朗受到严格但又临时的资本控制的支持，这有很多目的，但主要是阻止那些套利交易剩下的冰川债券的所有者急于抽出，套利交易约占国内生产总值的一半。如果他们随便抽出，那么冰岛克朗很可能会陷入新的深渊，而且其价值可能长期保持在被低估的状态，就像 1997 年后的印度尼西亚一样。此项计划的这一方面与 1997～1998 年国际货币基金组织在亚洲所支持的计划存在巨大区别。

● 国际货币基金组织的计划，在 2009 年消化了约占国内生产总值 14% 的政府预算赤字，对相机抉择的财政政策的限制推迟到 2010 年

冰岛的方案也与亚洲不同，主要是在 2009 年吸收了相当于国内生产总值 14% 的政府预算赤字，因此把相机抉择的财政政策限制推迟到 2010 年。这个计划面临大幅削减政府支出，从 2009 年占国内生产总值的 52% 减少到 2014 年的 43%，而且要增加财政收入，从 2009 年的 38% 增加到 2014 年的 44%。五年内财政紧缩相当于国内生产总值的 15%，这简直是难以完成的任务。

● 国际货币基金组织的计划得到了北欧国家、波兰和欧盟的支持

国际货币基金组织的金融资助在北欧国家、波兰和欧盟得以实施，俄罗斯除外。政府把三家银行置于行政管理之下，将其分为新银行和旧银行。新国有银行接收存款，并在国内提供不间断的银行服务，这在当时那种情况下属于不同寻常的壮举，并且收到了新资本的全新注入。根据这个计划，旧的私有银行只能接受那些危险的资产和外债。受委派来清算这些资产和债务的处理委员会，不得不把这些资产和债务大规模地抹掉，从而引起来自失望的海外借贷者、投资者和储户的大量诉讼。

● 这些银行第一次被重新国有化，而且后来其中的两家银行通过把债务交换为股份的形式再次被私有化

实际上，根据第六章和第十一章中 1988～1993 年银行危机时北欧政府的成功做法，[19]这些银行被重新国有化。通过债务转股份的方式把新的银行重新私有化的那些计划，最终接受外资的拥有权，这一实施过程非常快，例如考普辛银行和格里特利尔银行于 2009 年底形成了外资占多数的

所有制。然而，冰岛国民银行作为问题最大而且是这三家银行中最大的一家，必须在政府手里再待更长一段时间。政府没有计划要把其在冰岛国民银行的 81% 的股份卖掉。

## 第六节　制衡与信任

● 冰岛经济危机造成的破坏，大约相当于其国内生产总值的 7 倍

据估计，冰岛经济危机造成的破坏相当于其国内生产总值的 7 倍左右，资产恢复如果得到合理改善，那么这个估计数字可能会下降。给外国债权人、投资者和储户造成的损失大约是国内生产总值的 5 倍，而给冰岛居民带来的资产损失占了余下的部分。这些数字不包括冰岛债务增加带来的损失。由于名声受损带来的损失则难以估计。这怎么就发生了呢？

制衡的缺失，导致在强大的行政分支和较弱的立法和司法分支之间权利分配不平衡，长期困扰着这个国家，这使肆无忌惮的政客把新的银行交到盲目的所有者手里，这些所有者当时发现他们的处境是要扩大资产负债表，似乎明天就是末日一般。

比如：国家经济研究所已经有 10 多年历史，其成立的目的是要为政府提供独立公正的经济政策建议，人们发现它已经不够乐于助人，于是，在刚刚被私有化的银行中那些不会失败的乐观的经济部门，与其他部门相比，可以填补这个空白。在这种条件下，国家经济研究所被解散了。当几年前竞争委员会突袭石油公司办公室，此委员会草率地被抛弃了，转化为后来新的、更顺从的管理，而正是这些石油公司后来被发现参与了非法价格勾结，它们是有罪的。

这两个决定背后的首要动机是，1991~2004 年，冰岛首相任命自己为中央银行行长，而在发生此次冲击后，经综合考虑，他被赶下行长职位，随后很快成为《冰岛晨报》的编辑。这大致相当于让尼克松总统成为《华盛顿邮报》编辑，以确保对"水门事件"的报道公正而客观。

这些行为和事件，或许有助于解释当这些银行变得杀气腾腾时，为何金融监管局却持有不同意见。这或许也有助于解释为何冰岛统计办公室即冰岛统计会持有不同看法，而此时冰岛收入分配跳出了斯堪的纳维亚模

式，并且根据冰岛大学曾实施的一项研究表明，朝着美国模式发展。[20]冰岛越来越多地变得不再是微缩版的斯堪的纳维亚，而是意大利、日本和俄罗斯的组合，而一跃成为斯堪的纳维亚的领头羊。

● 没有北欧的支持，国际货币基金组织的方案获得的融资会更少，这就需要对公共开支和税收做出更严格的调整

冰岛的窘况，又重新提出了关于集体内疚和责任感的问题。很多人会问，怎能让纳税人对私人银行家的失败负责任呢？但是纳税人也是投票人：许多人把票投给了那些与这些银行家一伙的政客；为何不早就弃权或把票投给反对党？这很显然不是令人信服的借口。不论内疚与否，作为纳税人，很多人都感到负有责任，但并非所有人都这样。民意调查显示，大多数选民不希望议会支持冰岛与英国和荷兰达成的关于冰岛储蓄银行的协定，这个协定规定冰岛同意偿还英国和荷兰单方面决定支付给冰岛国民银行下的冰岛储蓄银行账户下的储户赔偿金总额的一半左右。[21]这个份额太高了，因为冰岛与国际货币基金组织达成的协议，似乎将参照议会对与英国和荷兰协定的批准。正如所表现出来的，即使这样也还不够，因为总统选择依据冰岛储蓄银行协定，将之诉诸全民公投。问题在于这关系到一项纪录，即协定中关于冰岛储蓄银行账户的规定，是应北欧国家要求，或者至少是其中几个国家，由国际货币基金组织提供支持的计划的一部分。没有他们的支持，这个计划获得的融资会更少，那将需要在公共开支和税收上实施更严格的调整。换句话说，如果不处理好冰岛储蓄银行争端，冰岛短期危机将进一步加剧。

2009 年，失业率蹿升到劳动力 9% 的水平时，从冰岛标准而不是欧洲标准看，这是相当高的水平了，国内生产总值降低了 7%，而且按照当地货币固定价格计算，也没有希望在 2014 年以前恢复到 2008 年的水平。如果用美元或欧元计算，人均国内生产总值想要达到与北欧国家相等水平还需要更长时间，因为冰岛克朗在未来很多年内都升值无望。由于向外移民，2009 年冰岛人口首次小幅减少，这是自 1889 年以来的第一次。未来几年内大规模向外移民，可能会弱化税基，从而对选择留下来的人的生活水平产生干扰。

鉴于此，冰岛现在最需要重建团结、信心和信任。冰岛人民也曾在政治上表达愤怒，在大街上响亮地敲打锅碗瓢盆，独立党和进步党一下子被

扫地出门，成为反对党，这也是历史上的首次。即使在此次危机之前，民意调查显示，只有30%的居民对议会或司法系统抱有巨大信心，其他人认为政治阶层是按照自己的模样建立司法体系的。[22]

许多人认为自己完全明白发生了什么：在政客的帮助和煽动下，银行所有者及其同伙在光天化日之下对民众实施了抢劫，这正是威廉·布莱克于2005年出版的书中所表达的，书名为《抢银行的最佳途径是拥有银行：公司执行官员和政客是如何对储蓄贷款行业实施抢劫的》。[23]而且，并非只是银行：一家最大的保险公司以及国有航空公司也遭受了同样命运，像银行一样在对纳税人造成巨大损失的情况下被国有化，而且毫无疑问其他领域也会跟着做。

广大民众都认为银行家、商界和政客应当对此次危机负责，而且现在必须受到调查，作家古德蒙德森敏锐地捕捉到这一点，他把这形容为一个坐在飞机头等舱的食人族。当服务员递给他菜单时，他看了看然后说："这里没什么能提起我的胃口。把乘客名单给我瞧瞧行吗？"[24]不过，很可能的情况是，当正在发生的事情的真相出现时，而且必定会出现，无论以哪种方式，人们就会想起电影《卡萨布兰卡》中的法国警察路易斯·雷诺："当他发现这里正在赌博时，惊呆了！"

## 第七节　前景展望

● 受这次危机影响，公共债务总额，不论是国内的还是国外的，将增加超过国内生产总值的100%

冰岛现在面临来自公共和私有部门沉重的外债压力，其总额相当于国内生产总值的300%，即使这已经是把相当于500%的私人债务免除之后的数字，堪称世界纪录。由于这些银行倒闭，据估计，公共债务总额，不论是国内的还是国外的，会增加超过国内生产总值的100%，也就是说从2007年底占国内生产总值的29%，达到2010年底国内生产总值的136%。2009年，政府在利息支付上的支出几乎等于在医疗和社会保险方面的支出，这是最大的公共开支项目。许多观察者警告说，这样的债务负担具有很大威胁，等于或超过第一次世界大战后协约国在凡尔赛强加到德国身上的负担，这带来的经济和政治后果无人不知。[25]还有一些人强调冰岛具有强大的基本面和反弹力，相信这个国家经过艰难的几年后，将重新站起来，并以很好的姿态重新加入北欧国家这个大家庭。

● 申请成为欧盟成员国，应该表明冰岛希望端正自己的行为

冰岛要想从此次危机中恢复过来，必须依靠两大支柱。第一，政府必须有效实施国际货币基金组织、北欧国家、波兰和欧盟支持的重建计划。此外，绝无他路。申请成为欧盟成员国，应该向外界发出令人鼓舞的信号，即冰岛将要端正自己的行为。第二，政府部门必须揭露并勇于面对倒闭原因，包括政策和机构的巨大失败以及制衡的缺失。

为了很好地执行，冰岛需要一家国际咨询委员会。不过，政府依然不情愿指定一个国际委员会，而是更喜欢自己国内议会的调查委员会，因此有加剧信任危机的风险，如果这个委员会不能完全揭露引起这场危机的腐败真相。许多人不相信国内调查，这个调查把这份报告的出版推迟到2010年1月底，而最初计划是在2009年11月出版。

在压力下，政府接受了伊娃·朱莉女士提供的帮助，她是法籍挪威人，著名调查法官，曾主持二战后欧洲最大的欺诈调查项目，这项调查涉及法国头号石油公司埃尔夫阿奎坦公司，结果这家巨头公司有四人被送进监狱，并受到严厉处罚。2009年11月13日，伦敦的《金融时报》援引了朱莉关于冰岛相关调查的言论："这要比埃尔夫阿奎坦公司的案子大多了，但不知道大多少。现在还不知道。"欧盟已经承诺要开展独立调查。英国严重欺诈办公室也已经对考普辛银行和冰岛国民银行在英国的业务展开调查。

● 如同民航业，金融业需要提供值得信赖的事故分析报告

美国国家交通委员会对美国每一起民航失事事件进行调查。在欧洲，各国民用航空事故委员会对这一关键职责负责。它们主要关心公共安全。而且，在商业飞机失事中，通常都有外国人在飞机上，于是政府也有责任把真相告诉外部世界。在冰岛或者其他地方，可以把民用航空的做法推广到金融领域。这就是为何当事情出了差错，需要有一个信得过的机制确保真相公布于众。如果国家政府犹豫，或许是因为它们需要隐藏什么，那么国际社会必须考虑寻找相互能够接受的方式来填补这个空白。如果没有准确地把历史记录下来，错误更有可能不断重复，带来负面后果。

## 第八节　十一条经验教训

为避免历史重演，（在冰岛以及其他地方）我们能做点什么呢？下面是从冰岛情况总结出的十一条主要经验教训，对其他没这么极端的情况，或许也有一定的相关性吧。

第一条经验，我们需要对掠夺性借贷提供有效的法律保护，就像我们长久以来早已建立的关于庸医的法律一样。其中的逻辑是一致的，而且是从信息不对称的概念引发出来的。问题的根本在于，医生和银行家都要比病人和客户知道更多复杂的医疗程序和复杂的金融工具。这种非对称性，产生了对提供法律保护的需求，这可以通过审慎的执照制度，也可以是其他方式来防范金融以及医疗上的不良行为，从而在强弱之间保护弱者。

第二条经验，我们不应该允许评级机构接受银行资助，因为这些评级机构成立的目的就是要对这些银行进行评估。目前的安排产生了明显而根本的利益冲突，需要得到矫正。同样，不应该允许银行去雇佣监管机构的人员，从另一个角度看，这由此向人们发出信号，导致留下的监管者或许也希望从银行获得待遇丰厚的职位。

第三条经验，我们需要对银行和其他金融机构采取更有效的监管，正如在第四章、第六章和第十一章中所谈论的原因；现在，这项工作正在欧洲和美国进行。

第四条经验，我们需要读懂预警信号。我们需要知道如何通过计算起重机的数量来评估建设中的风险和房地产泡沫（阿利伯法则）。我们需要确保中央银行持有的外汇储备总额不被允许降低到低于银行系统短期外债（格林斯潘法则）。我们需要对由资本流入导致的长期货币高估所带来的灾难保持时刻警觉，因为被高估的货币或早或晚会下跌。而且，收入分配也很重要。不公平迅速上升，正如1993～2007年的冰岛和20世纪20年代的美国，包括近期的情况，都应该警告金融监管者危险就在眼前了。

第五条经验，我们不应该允许商业银行的能力超过政府和中央银行作为债权方的能力，或者是债务方，政府和中央银行是最后依靠。原则上，这可以通过审慎的监管来实现，包括资本和储备金要求、税费、压力测试以及对相互持有和其他形式的串通进行限制等。

第六条经验，中央银行不应该出于保持低通胀而接受信贷快速增长——就像格林斯潘领导下的美联储和冰岛中央银行一样。它们必须采取一系列措施抑制潜在通胀的表现，尤其是资产泡沫和现金账户在支付余额上的巨大赤字。从区别方面来讲，它们必须区分什么是健康增长（基础好、可持续），什么是不良增长（由资产泡沫和债务支撑的）。

第七条经验，如果这暗含着要按照外国规定公开本国国内的存款保险计划，商业银行不应该被允许去国外经营分行而不是子行。这正是冰岛所发生的。在毫无警告的情况下，冰岛的纳税人突然间发现自己应该对40万英国和荷兰储户存在冰岛国民银行下的冰岛储蓄银行账户中的钱负责任。如果这些账户是由冰岛国民银行的子行而不是分行持有，那么这些钱或许早就可以由英国和荷兰当地的存款保险承担了。

第八条经验，我们需要强大的防火墙，把政治与金融分开，因为政治和金融无法有效融合。很多人都看到了私有化之前冰岛国有银行的功能障碍。这就是为何需要私有化，但事实上还是太迟了。腐败的私有化，并不会谴责私有化，而是谴责腐败。

第九条经验，出问题后，需要用法律来支撑这些要负责的人是值得信赖的，或者至少应该努力公开真相，并因此促成和解，重建信任。如果历史无法准确记录，总是遮遮掩掩，那么历史很可能会重演。

第十条经验，当银行倒闭，资产流失时，政府有责任保护就业和收入，有时可以借助第四章提到的巨大的货币或财政刺激。这或许需要政策制定者跳出事外考虑问题，并抛弃限制货币和财政谨慎等传统观点。很典型的是，一次金融危机会抹掉一小部分国民财富。物质资本（最典型的是国内生产总值的三到四倍）和人力资本（最典型的是物质资本的五到六倍）使得金融资本（最典型的是小于国内生产总值）相形见绌。因此，在一场危机中被抹掉的金融资本，通常只占全部国民财富的1/15或1/25，或者更少。经济体系能够承受失去最上层，除非金融破坏严重削弱了基本面。

第十一条经验，让我们不要直接跳到结论，别把孩子和洗澡水一起倒掉。

自共产主义运动受挫以来，混合市场经济早已成为城市里唯一的游戏。对很多人来说，当前这场金融危机已经沉重打击了自由市场和自由主义的威望，众多银行乃至通用汽车公司，都需要政府临时救助，甚至被国有化。即使这样，金融业和政治的混合也不合适，这依然正确。但是私有银行很明显需要恰当的监管，因为它们有能力给无辜的旁观者带来严重损失。

## 本章注释

1. 详见 Gramlich（2007）。Gramlich 曾于 1997～2005 年担任美国联邦储备委员会委员。

2. 人类发展指数是三个指数的平均值，主要代表了人均国内生产总值购买力、寿命预期和教育，以成人识字率（2/3）和学校入学率（1/3）的加权平均值来衡量。

3. 详见 http：//www. ggdc. net。

4. 详见 Gros（2008）。

5. 详见经济合作与发展组织（2007，表格 A1. 2a）。

6. 详见 Buiter 和 Sibert（2008），以及 Wade（2009）。

7. 对商业银行的再融资给纳税人带来的损失，占国内生产总值另外的 18%。

8. 这是一个在欧洲中期债券计划下的欧洲债券问题。偿还于 2011 年 12 月到期。

9. 并非只有冰岛国民银行这样做。其他两家银行格里特利尔银行和考普辛银行的所有者，也购买报纸，这是金融危机发生后的一个共同特点（详见 Kindleberger 和 Aliber，2005）。

10. 2007 年，作为国际社会关于人权的最高权威机构，联合国人权委员会规定，冰岛渔业管理系统，由于其歧视性的、包含侵犯人权的性质，并要求冰岛政府改变这一系统。冰岛政府官方的回应是，联合国人权委员会对此事有误解。联合国人权委员会将采取进一步措施。详见 Gylfason（2009）。

11. 在来自欧洲国家集团反腐败委员会的压力下，一项关于政党和候选人获取资助的法律于 2006 年获得通过。根据此项法律，冰岛国家监察办公室已经公布，在 2002～2006 年，该国四大政党中的三个，除了收到政府慷慨的资助外，还接受了私营部门同样多的巨额资助。2002～2006 年，进步党接受的私营部门资助，相当于在 2007 年的议会选举中投给该党的每一票价值为 202 美元，这还不包括给候选人个人的资助。独立党每票获得 77 美元，但根据公开的数据，这个数字仅仅包含了对该党中央办公室的资助，并不包含对该党其他部门或候选人个人的资助。社会民主党每票获得 65 美元，但不包括对候选人个人的资助。这三个政党最大的资助者都来自银行。左翼绿党获得的较少。根据规定，丹麦、芬兰、挪威和瑞典的政党不接受来自企业的资助。

12. 作为比较，芬兰和瑞典出口占国内生产总值的比重，由 1960 年的略高于

20%，上升到 2007 年的 45% 和 52%。

13. 冰岛上次举行公投是在 1944 年，当时冰岛人以压倒性优势同意终结 1918 年条约，与丹麦结束所有宪法规定的关系，这样冰岛成为丹麦王室下面的一个独立国家，只是外交权依然由丹麦控制，并且采取了新宪法，建立了共和国。

14. 在市场操纵案件中，雷克雅未克地区法庭做出的第一项裁决中，两个考普辛银行的交易人于 2009 年 12 月被判处无任何条件的 8 个月有期徒刑。

15. 见凯恩斯（1931）。

16. 来源：雷克雅未克，国内税收理事会，2009 年。

17. 详见 Galbraith（1988，第 177～178 页）。关于美国长期收入分配趋势，详见 Piketty 和 Saez（2003）。

18. 详见 Aliber。

19. 也可以参考 Jonung、Kiander 和 Vartia（2009）。

20. 来源：Stefán Ólafsson 教授和其他人的文章，详见 http：//www3. hi. is/ ~ olafsson/。

21. 根据冰岛储蓄银行协定，冰岛必须在 2016～2023 年向英国支付 23.5 亿英镑，向荷兰支付 13.3 亿欧元。这两个数字之和相当于冰岛 2009 年国内生产总值的一半，而且考虑到如果出现合理的资产恢复，所涉及的最终损失似乎很可能被过分夸大了。这项贷款的年利率为 5.5%。

22. 在此次危机发生后，2009 年 3 月，13% 的民众表达出对议会的坚强信心。详见 www. capacent. is/Frettir - og - frodleikur/Thjodarpulsinn/Thjodarpulsinn/。

23. 布莱克著作的书名曾被使用过，而且很有名。1928 年在柏林首演的《三便士歌剧》中，Berthold Brecht 让 Mack the Knife 说："抢银行与建银行有什么区别？"还可参考 Akerlof 和 Romer（1993）；这个题目再次表达出了所有意思。

24. 详见 Gudmundsson（2009）。关于在危机前后的详细描述以及所涉及的一些人物个性，请参考 Boyes（2009）。

25. 凯恩斯（1919）："让德国一代人遭受奴役，让千百万人民生活质量下降，剥夺整个民族的幸福，这样的政策令人憎恶，令人厌恶，……真可恶，真讨厌，即使这是可能的，即使这能使自己受益，即使这不会让整个欧洲的文明生活蔓延退化。有些人出于公正的原因推行这个政策。在人类伟大事迹的历史上，在各个国家复杂命运毫不曲折的情况下，公正绝非如此简单。而且，如果真是这么简单，各个国家不会得到宗教或自然伦理的授权，让父辈或统治者做的错事，由他们敌人的孩子来承担。"但是很清楚的是，其中是有区别的。欧洲文明生活在这里并未处于危险中。相同之处在于，冰岛身上的负担，应当由政府能够承担，由国家发展繁荣的能力来决定，这也有利于其贸易伙伴的利益。

# 第八章
# 欧洲货币联盟与危机：到底是加入好，还是不加入好？

● 北欧国家与欧盟建立的关系各不相同，采取的货币机制也各有区别

北欧国家虽然在很多方面很类似，而且几十年来一直为加强紧密合作进行政治磋商，不过，北欧国家最终与欧盟建立的关系各不相同，货币机制也迥异。挪威虽然至今一直身处欧盟之外，却是欧洲经济区的成员，而冰岛仅仅在经济和金融动荡中才提交申请成为欧盟新成员。丹麦和瑞典都是欧盟成员国，但都没有加入欧元区，而且具有不同的货币安排：丹麦的汇率盯住欧元，而瑞典实行带有通胀目标的浮动汇率。或许值得注意的是，丹麦在货币联盟中具有一项基于条约的例外（"选择退出"），而瑞典没有。北欧国家中只有芬兰既是欧盟正式成员国，也加入了欧元区。

● 芬兰与瑞典的比较——几乎跟在实验室做实验一样

考虑到北欧国家具有类似的社会文化背景和政治传统，这种在融入欧洲方面缺少共同途径，或许被一些人认为是可悲的。一方面，北欧国家作为一个集体要是能采取相互协调的路径，那么它们可能在欧盟决策中早就拥有强大的声音了，从而扩大北欧国家的利益，并影响未来欧洲一体化发展的方向。另一方面，这种在货币安排上的多样化，体现了一个很有趣的比较，将在本章讨论。瑞典和芬兰的比较，尤其切题，几乎就像在实验室做实验一样。这应该特别会强调以下问题：汇率机制是否重要？此次危机是否改变了单一货币损失与收益之间的平衡？此次危机中，由于其货币自由性，瑞典是否会比芬兰的损失少一些？果真如此，这是否以牺牲像芬兰这样的欧元区成员国的利益为

代价呢？当前丹麦货币安排的理据在哪里？这些问题将在下面的第二节至第八节中进行阐述，而第一节首先简单回顾过去，讨论为何芬兰和瑞典对于欧元采取了不同的选择。

## 第一节　为何芬兰加入欧元区而瑞典没有？

● 芬兰加入欧洲货币联盟不仅出于地缘政治考虑

芬兰加入欧洲货币联盟与加入欧盟有大致相同的原因：首先而且最重要的是，芬兰具有强烈愿望要一次性地解决国家的地缘政治认同。芬兰地处东方和西方之间，长期以来处于苏联或俄罗斯的阴影下，时常感到很尴尬。芬兰希望通过加入欧盟来被承认是西欧完全无争议的成员，并且是"核心"，因此也想加入欧元区。这种政治上的动机要比经济方面的考虑更重要，虽然经济方面的考虑也产生一定作用。

加入欧元区，意味着放弃货币自主性。如果非对称的冲击十分巨大的话，或许会带来损失，这主要增加了宏观经济的不稳定性，同时因为政策有效性从价格稳定性提供的可靠承诺获得支持。不过，就芬兰而言，正如芬兰银行所运行的那样，货币政策的经验最多被看成是混合型的：周期性贬值。随后而来的是从 20 世纪 80 年代初以后的盯住汇率的承诺，这种盯住政策在 20 世纪 90 年代初早已变得不可持续，不得不取消，并且所有这些都与严重的宏观经济不稳定联系在一起。就像在瑞典，20 世纪 90 年代中期实施的浮动汇率具有正面意义：经济保持增长，利率下降，并且物价保持稳定。虽然浮动的芬兰马克运行顺利，不过，人们感觉到，自主调节的货币政策保持了物价稳定。考虑到历史经验，要想建立一个强有力而可持续的信誉，或许早已成为一项颇具挑战性的任务。加入货币联盟，为货币信誉提供了更快路径。而且其对货币联盟中可预期的在微观经济或效率上的优势，也十分重视。[1]

瑞典本国加入欧盟，带有几分不情愿。而且其加入欧洲货币联盟被认为只是图方便罢了。当欧洲货币联盟一开始被提出时，瑞典时任首相（约兰·佩尔松）很不情愿推动本国加入该联盟，这与芬兰首相的态度（帕沃·利波宁）形成鲜明对比。

● 瑞典决定再等等看，或许稍后加入

一个由拉斯·卡尔姆福斯教授[2]担任主席的瑞典政府委员会把这个问题分为三方面：效率、稳定化和政治影响。这项报告承认共同货币能够带来效率优势，而且也认为成为货币联盟的正式成员将在欧洲事务上发挥更大影响。出于这些原因，这项报告指出，采用欧元将符合瑞典的长期利益。但该报告也列出了不对称冲击带来的风险，包括在工资制定和财政政策上的失误。尤其是，报告还认为20世纪90年代中期（在20世纪90年代中期严重的经济和金融危机发生后）瑞典劳动力市场和公共财政处境危险，导致当时不适合加入欧元区。因此，这份由卡尔姆福斯主持的报告得出结论，瑞典只能推后一些时间等到这些问题变得不再引人注目时再加入欧元区。瑞典可以再等等看。

● 在全面公投中，大多数人表示反对

随后，随着经济和财政问题逐渐减弱，这个问题于2003年被诉诸全民公投。虽然由所有主要政党组成的广泛政治联盟亲欧元立场十分坚定，虽然得到了来自劳动力市场所有主要机构的支持，但这些提议被明显的大多数人投票反对。从那以后，在瑞典，这个问题从政治上讲没希望了。

广大公众和政治家支持更紧密的欧洲一体化，因此这种政治态度在瑞典和芬兰都可以被视为一个重要因素，但由于态度不同，导致了结果不同。

另一个重要的考虑是，事实上，带有通胀目标的浮动汇率机制，要比预期发挥了更好的作用。在举行全民公投前后，瑞典当时要比欧元区整体具有更高增长率、更低通胀率和失业率，以及更好的财政水平（就像芬兰一样）。瑞典银行已经在目标明确和程序透明方面获得国际声誉，而欧洲中央银行却因在这些方面的失败而饱受批评。在这种背景下，瑞典选择采用欧元似乎不太具有吸引力。

## 第二节　欧元的第一个十年

欧元现在已经有十多年历史了。十周年纪念也伴随着许多对其表现的评价。[3]人们普遍对欧元所发挥的作用表示满意。

● 欧元在促进经济融合方面发挥了正面作用

欧元降低了交易成本和汇率不稳定性，使经济融合受益良多。欧元区内贸易平均要比与其他贸易伙伴的贸易多出很多[4]（但芬兰的情况不同），原因主要是欧元区的直接投资。金融融合进一步深化，资本市场流动性更强。欧洲货币联盟支持欧元区朝着成为经济联盟的方向发展，虽然各国在劳动力市场、税收体系和体制政策等方面具有显著区别。

● 欧洲央行早已成功地为其货币政策建立起信誉

物价保持稳定，利率要比以往显著降低。不仅采用务实风格，欧洲货币联盟还成功建立了货币政策的信誉，最好的证明是低通胀预期。欧元还没有成为挑战美元在国家间交易和储备货币方面的对手，但欧元已经成为一个越来越重要的国际货币。全球层面的货币政策合作越来越重要，而欧洲央行在这种合作中发挥了重要作用；如果还是众多单个的中央银行，这是绝对不可能实现的。

● 在欧元第一个十年中，欧元区内大国的增长微弱

这些国家整体的平均表现或许没有太多益处，而同时或许值得注意的是，那些相对而言的"圈外者"（瑞典、丹麦和英国）在增长、就业和公共财政状况等方面要好于圈内的。在欧元第一个十年里，那些欧元区大国的增长相对疲软，失业率居高不下。然而，普遍认为低增长是由结构性问题造成的，而非因为货币安排。就公共财政而言，很多国家的预算赤字超过了《稳定和增长法案》所规定的上限，不过平均要比实现货币联盟前的十年要小一些。欧元促进了政治合作，而欧盟展示出一些朝着政治联盟方向发展的迹象[5]（当欧洲货币联盟成立时，这既令人期待又令人担心）。

对欧元的批评尤其指向了欧洲央行的货币政策框架（所谓的双支柱框架），及其对物价稳定的定义（"低于但接近于2%"），这与英格兰银行和瑞典央行的政策形成鲜明对比，这两家银行允许围绕2%的目标上下波动。另一个关注点是，欧洲央行一开始就没有被赋予大多数中央银行的第二大任务：负责金融系统的稳定。此次危机的后果之一是彻底重新评估，这有可能让欧洲央行在欧元区乃至整个欧盟在监督和减少系统性金融风险方面发挥更重要的作用。

● 欧元加强了稳定性，但减少了对调整和结构改革的激励

此外，有人还关注到，欧洲货币联盟没有能够向政策制定者提供足够的激励，以维持预算纪律或寻求结构改革。对一个拥有自己货币的国家来说，汇率和利率会以一种迫使政策制定者必须回应的方式来对不平衡和政策进行反应，从而维持市场对未来国家稳定和增长的信心。然而，当汇率和利率由货币联盟作为一个整体的发展来决定时，这种反应，如果不是完全没有的话，也将变得非常微弱。

《稳定和增长法案》旨在让同行间的压力取代自动反应所存在的漏洞，虽然如此，有人议论说，这带来的结果是，欧洲货币联盟至今都是削弱了而非加强了预算纪律和实施机构改革的（政治上是痛苦的）意愿。

欧元第一个十年，处于前所未有的国际大好条件下——这种条件在欧元十周年庆后迅速发生巨大变化。因此，可以证明的是，正面的发展是因为积极的外部环境，而非欧元本身的固有优点。虽然对原因的分析存在困难，但把芬兰和瑞典的发展进行比较，看上去却非常有意思。这两个国家在经济结构和人均国内生产总值水平以及社会环境和政治机构方面都很相似。与瑞典相比，芬兰的经济命运有所不同，这因此为欧元实际的重要性提供了很多信息。这种对比到底说明了什么呢？

## 第三节  到目前为止，欧元并没有给
## 芬兰和瑞典带来太多不同

● 1998～2008 年，芬兰和瑞典的发展非常相似

简单的答案已经在本节的标题中给出：欧元似乎没有带来什么不同，这令人惊讶。在欧元第一个十年中尤其如此，第一个十年是本节讨论的重点（危机爆发以来的发展，随后再讨论）。第一个发现是生产率，这由人均产量和每小时产量来衡量（见图 8 - 1），芬兰和瑞典生产率的发展几乎是相同的。生产率的增长，事实上在两国要比其他欧洲国家更有利，不论是在欧元区内还是在欧元区之外的国家。芬兰的累积增长稍微高出一点，这或许被认为是追赶上来的一个表现；芬兰在 20 世纪 90 年代初期遭受的危机要比瑞典更严重。

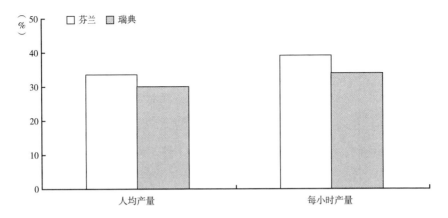

**图 8 - 1　1998～2008 年的生产率增长**

注：私营部门产量的增加，不包括金融中介和保险。
资料来源：经济合作与发展组织数据库，国民数据统计数据库。

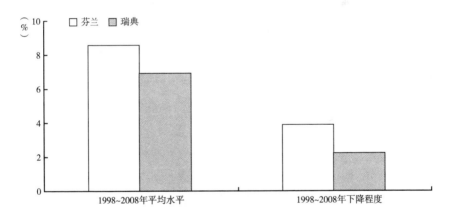

**图 8 - 2　失业率**

注：失业占劳动力百分比，这是通常使用的定义。
资料来源：经济合作与发展组织（2009 年）。

一开始，芬兰的平均失业率因为某些原因要比瑞典的高一些，但后来比瑞典的失业率下降更快，两国失业水平最终在当前危机到来前达到大体相同。通胀在两国之间具有可比性，在平均通胀及其方差方面，瑞典都稍微低一些（见图 8 - 3）。

两国都一直具有大量的政府财政总盈余，因此减少了净公共债务，不仅是相对国内生产总值而言，而且在绝对值上亦是如此。正如在第三章中

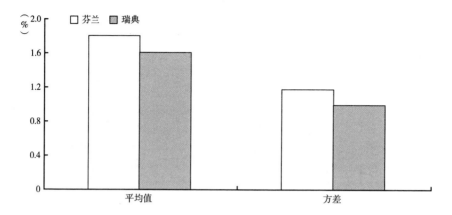

**图 8 - 3  1998～2008 年通货膨胀比率**

注：消费者价格经过调整后的指数增长，百分比变化。
资料来源：经济合作与发展组织（2009b）。

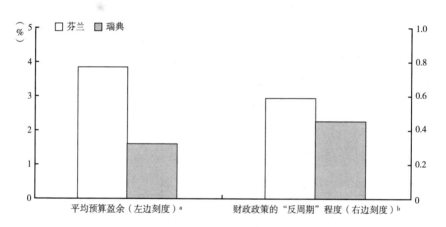

**图 8 - 4  1998～2008 年财政政策**

注：a = 政府财政总盈余，占国内生产总值百分比。
b = 产量差距和周期性调节的预算余额变化的相关系数值，占国内生产总值百分比。
资料来源：经济合作与发展组织数据库（2009a，2009b）。

已经谈到的，两国也都一直采取反周期的财政政策，就像产量差距与周期调整的政府财政总盈余变化之间的相关性所显示的那样（见图 8 - 4）。

● 两国的发展都比其他大多数欧盟国家更好

最后，图 8 - 5 表明，单位劳动成本的发展在两国相同，比大多数欧元区国家略微高一点。从累积总量看，相对于欧元区平均值来说，芬兰和瑞典大大提高了其竞争力。[6] 将芬兰相对于瑞典的表现背后的因素进行分解，就会发现芬兰的工资发展和汇率的负面影响早就被生产率更快增长所弥补，部分程度上与信息通信技术在芬兰制造业中占较大比重有关。

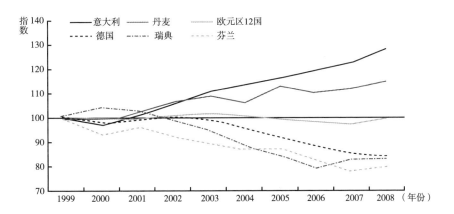

**图 8 - 5　1999 ~ 2008 年，制造业单位劳动成本（欧元），1999 年为 100**

注：欧元区 12 国 = 奥地利、比利时、德国、希腊、芬兰、法国、爱尔兰、意大利、卢森堡、荷兰、葡萄牙、西班牙。

资料来源：AMECO 数据库、芬兰经济研究院。

其他信息大都肯定了这样一种印象，即芬兰和瑞典的经济发展，一直具有优势，而且十分相似。即使有些地方可以找出不同，但这些不同都可以用其他条件来解释，而不是因为欧元。无须赘述，在分析部门发展时就出现不同。不过，从整体上看，情况相似而且一致。

● 对欧元的争论：过于吹嘘和散布谣言

人们应该如何看待看上去似乎不太重要的欧元及欧元区成员国资格呢？下面有一些可以接受的解释。比如：人们不认为有大区别，这存有争论。加入或不加入欧洲货币联盟的利弊，在当时被支持者（过分吹嘘者）和反对者（散布谣言者）都相应夸大了。实际上，效率上的提高要变为现实是很慢的；要让人们能看得见这些变化，或许需要几十年，而不是几年。

相似之处获得以下事实的支持，即芬兰和瑞典具有相同的"北欧模式"，这使得北欧国家受益于全球化和技术进步。[7] 两国实施的政策持续了很长时间，受到 20 世纪 90 年代初期多次危机经验的影响，这些危机导致更容易采取结构改革和以稳定为目标的宏观政策。

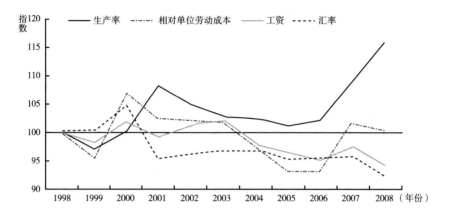

**图 8 - 6　1998 ～ 2008 年，瑞典与芬兰相对单位劳动力成本，1998 年 = 100**

资料来源：经济合作与发展组织、芬兰统计数据。

● 非对称性冲击并非大问题

就稳定而言，从效果看，两国的宏观经济政策在过去十年间十分相似。最重要的是，这里所讨论的这个时期，并不是以非对称性冲击[8]为特点，经济学家害怕这种冲击会给货币联盟带来问题。

● 货币政策相似，瑞典克朗对欧元大体上保持稳定

就利率制定而言，瑞典央行的货币政策在这些情况下与欧洲货币联盟的政策十分类似（见图 8 - 7），即使瑞典利率变化振幅在 2001 年后要

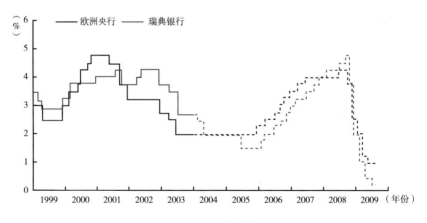

**图 8 - 7　1999 ～ 2009 年中央银行利率**

资料来源：欧洲央行、瑞典银行、芬兰经济研究院。

比欧洲央行的变动振幅略大一些。自那时起，瑞典克朗与欧元的比价保持在9.00～9.50，直到2008年中期爆发此次危机（见图8－8，但是请留意，这些数字表明了以欧元计价的克朗价值）。总的来说，在欧元的第一个十年内对芬兰和瑞典的经验进行比较表明，欧元对经济表现的影响相对较小。

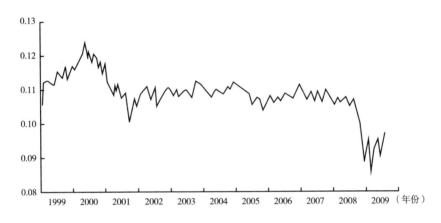

图8－8　1999～2009年瑞典克朗对欧元汇率

资料来源：欧洲央行、芬兰经济研究院。

## 第四节　危机与汇率：瑞典克朗为何贬值这么多？

欧元在第一个十年受益于全球经济增长和稳定，但第二个十年却开始面临金融动荡和危机。近期和将来的发展，很可能预示着欧元将在比以前更加困难处境下发挥作用。在这样的动荡下，芬兰和瑞典的经济发展与欧元有什么关系呢？当前的危机，对欧元区成员的损失和收益会产生什么影响呢？

●这场危机主要是对称性冲击，但是也导致瑞典克朗贬值

欧元区最佳纪录表明，汇率应该主要随着不对称冲击或宏观经济政策调整而变化。全球金融危机首先必须被看作是一种对称性冲击，它给所有国家带来类似打击。因此，不需要给欧元区内部带来任何特别的紧张，而且由于同样的原因，也无需给其他货币对欧元的汇率带来很大变化。不过，汇率在过去一年内发生了重大变化，尤其是，瑞典克朗对欧元的汇率

大幅贬值——就像英镑一样。由于汇率波动可能飘忽不定，还容易受到各种力量的影响，有多种可能的原因来解释这种贬值。

● 瑞典克朗的外部价值受到国际金融市场情绪的影响

此次危机的一个主要特点是风险溢价更高，这导致投资者从有风险的资产中抽身，包括那些由相对较小的货币决定的资产。正如图8-9所示，近期瑞典克朗贬值，实际上随着金融危机刚开始以及受此牵连的众多股票市场下挫就发生了。随后，随着股票市场的恢复，瑞典克朗汇率趋于稳定。在1999~2001年的高科技股市动荡时期（见图8-10），也发生过类似情况。这些观察都支持这样一种观点，即瑞典克朗易于受到国际金融市场情绪变化的影响；短期内，汇率由所选择的投资组合来确定，而投机性资本流动很大程度上与竞争力、财政稳定以及外部失衡没有太大关系。不过，瑞典克朗的外部价值在周期性贬值中不断下降，这应该有利于宏观经济稳定化。这在多大程度上会兑现，将在今后得到检验。

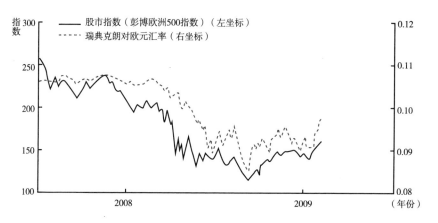

**图8-9　2008~2009年瑞典克朗对欧元汇率以及欧洲股票价格**

资料来源：http://sdw.ecb.europa.eu。

与瑞典克朗的风险评估相关的一个因素是瑞典银行向波罗的海地区信贷损失的敞口，波罗的海地区遭受到了此次危机带来的沉重打击。即使大多数观察者认为这些损失并未给银行的生存能力带来任何严重威胁，也没有对瑞典的公共财政稳定带来影响，但敞口范围所涉及的不确定性，或许早已降低了人们对瑞典经济及其货币未来的信心。

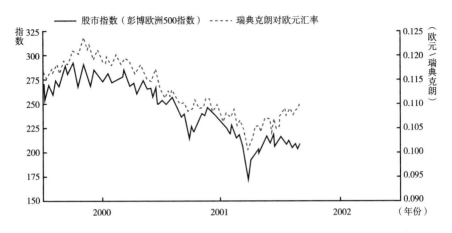

**图 8 - 10　2000～2001 年瑞典克朗对欧元汇率及欧洲股票价格**

资料来源：彭博、英格兰银行。

对克朗贬值有一种不同的解释是，瑞典出口由投资产品和消费者耐用品（包括汽车）占主导，而在当前危机下，全球对这种产品的需求大幅受挫，而且很可能长期保持这种状态。这次危机从其影响看似乎具有非对称性，[9]而对像瑞典（还有芬兰、德国和日本）这样经济严重依赖投资产品和消费者耐用品出口的国家，其影响更加严重。

● 对于克朗走弱，瑞典政策官员们沾沾自喜，兴高采烈

最后，虽然瑞典克朗的贬值并非属于官方经济政策的一部分，但瑞典政策官员似乎对这种情况相当满意。考虑到浮动汇率制度与货币政策一起有助于价格稳定，货币价值就由多种市场力量决定。不过，汇率一直受国内货币政策的影响，而且是通过央行提出的"公告操作"，在波动的环境中尤为如此。瑞典央行早已降低了利率，甚至比欧元降得还要低。并且，瑞典央行的一位副行长解释说，选择积极干预达到货币贬值，避免贬值风险，这是一个"极其简单的"方法，而财政部长早已表明，克朗贬值有助于瑞典出口，并扭转了工业衰退。

不论近期瑞典克朗贬值的原因是什么，这对政策提出了一些重要问题。尤其是，这是否会导致帮助瑞典度过此次危机所付出的代价要小于芬兰呢？芬兰人是否会后悔在十年前加入了欧元区，而瑞典人有充分理由对自己国家未加入欧元区而感到高兴呢？

## 第五节  贬值是否有用?

● 几十年前, 货币贬值在芬兰和瑞典经常出现

把汇率变化作为一种调节机制或当作扶持出口拉动型增长的一种方式, 已经成为政策辩论中的热门话题, 这不仅仅在芬兰和瑞典。自 20 世纪 40 年代至今, 芬兰不断出现货币贬值, 随后瑞典也这样做, 以此作为刺激出口和改善增长前景的手段。后来, 备受争议的是, 这种政策毫无用处, 而且只能引起通货膨胀和不稳定, 不仅只是因为未来的贬值已深深进入了私人和政府决策者的预期中了。结论是, 汇率不应该被用作实现对变化了的条件下进行调整或促进增长的工具。相反, 汇率应该被盯住 (盯住一种货币或一篮子货币), 这种盯住包含了一种对政策慎重的有效限制, 并作为压住通胀预期的基石。

● 20 世纪 90 年代初期, 汇率盯住不得不被放弃, 但是北欧国家选择了不同的货币机制

在 20 世纪 80 年代, 后一种观点在两国占据主导地位, 丹麦也如此, 丹麦于 1982 年采取固定汇率。不过, 这种汇率盯住越来越变得难以维持, 一方面因为这些盯住没有受到其他经济政策的支持, 而且当芬兰和瑞典面对 20 世纪 90 年代初期的严重危机时, 盯住政策不得不被抛弃。颇具争议的是, 固定汇率、货币自主和自由资本流动形成了经济政策中不可能的 "三难困境"。如今, 人们认为单边汇率盯住或多或少不太可能在自由资本流动的情况下持续下去。(然而, 这并未阻止已经获得欧洲央行一些支持的丹麦, 保持值得信赖的盯住欧元的汇率。) 欧盟成员国的主要选择是, 要么放弃货币自主, 加入欧元区, 要么采取自由浮动汇率机制, 希望把汇率作为一种有效的调整机制, 而不是成为不稳定的源头。

考虑到出口和生产的大幅下降, 近期瑞典克朗的贬值, 从经济政策角度看是讲得通的。不过, 货币贬值所能给经济整体上带来的帮助值得怀疑。下一部分将首先回顾一下历史经验, 从这些经验可以看出, 汇率变化和竞争力对出口具有重大影响。然后, 还将回顾近期发展并

进行预测，这些预测表明增长依然微弱，而且在近期，失业率将像芬兰和瑞典一样上升，虽然这些国家在竞争力水平上有很大不同。

## 第六节  克朗走弱：瑞典是否会受益？

● 对任何小型开放经济体来说，竞争力可能是一个关键问题

小型开放经济体关心其在国际市场上的竞争力，这其中重要的原因是：保持健康增长需要保有足够的市场份额。这表明，汇率对于像北欧国家这类经济体具有重要意义。相应的，宏观经济模式总是包括对外贸易均势，以相对价格或相对单位劳动成本作为解释变量，以达到获取价格竞争力的效果。无须赘言，出口的好坏取决于多种因素，包括国内需求和出口结构。而且，国家间的相对出口业绩，或许可以说明这些国家的相对竞争力水平，尤其是在芬兰和瑞典这样的国家，这些国家的出口市场相同，经常在相同产品领域展开竞争。

在其他方面都一样的情况下，与芬兰的出口相比，如果瑞典的竞争力相对于芬兰得到提高的话，那么瑞典的出口应该得到提高。正如图 8 – 11 所示，这种假设得到了对过去行为进行实证观察的一些支持：当芬兰的单

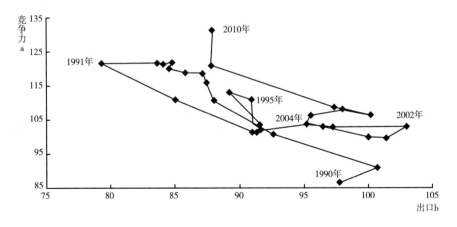

**图 8 – 11  1980 ~ 2008 年出口与竞争力**

注：a = 在同一年和上一年，全部经济中以普通货币计价的单位劳动力成本（同等权重），芬兰/瑞典，2000 年 = 100。

b = 出口总量，芬兰/瑞典，1999 年和 2000 年的平均水平 = 100。

资料来源：AMECO 数据库、芬兰经济研究院。

位劳动力成本低于瑞典时，芬兰的出口就高于瑞典，反之亦然。在 1982 年瑞典货币大幅贬值后的许多年里，瑞典的出口相对于芬兰增长更加迅速，而芬兰马克的外部价值在 20 世纪 90 年代初大幅下降后的很多年里，芬兰的出口发展得更加强势。

从这个图表可以看出，两国的相对竞争力水平之后从 1997～2008 年在较小的幅度中变动。[10]

历史经验表明，近期瑞典克朗外部价值下降，应该对瑞典经济增长有所帮助，但也会带来一些通胀压力。以此类推，芬兰或许经受更加严重、更加漫长的衰退。未来将告诉我们事实是否如此。就目前而言，关于近期发展的所有信息都十分稀少，而且不易解读。

● 相对于芬兰和欧元区，瑞典的成本竞争力因克朗走弱而获得提升

经合组织的评估表明，2009 年瑞典克朗对欧元的汇率要比 2008 年低约 10%，而且据预测 2010 年的汇率还要再降低 5%。从双边角度看，这些假设意味着瑞典竞争力水平大幅提升，同时芬兰的竞争力水平大幅下降，而且与其他很多竞争对手国（相似重量级的）相比也一样。汇率预测或假设具有高度不确定性。看起来可以放心地假设说，与芬兰和其他欧元区国家相比，由于克朗疲软，瑞典在这一时期内的竞争力将会有较大反弹。

● 与瑞典相比，芬兰受到此次危机的冲击更大

制造业的产量面临着激烈的国际竞争，并深受竞争力变化的影响。不过，欧洲近期制造业产量的发展并未表现出因竞争力变化带来任何大的影响（见图 8-12）：平行度是决定性因素。瑞典的产量降低要比芬兰小一些，而这种区别并不大，并且瑞典制造业产量（目前来讲）并未超过德国或欧元区的平均水平。不过，或许通过观察可以发现，正如在年均产量方面的下降一样，芬兰产量从峰值的下降幅度要大得多。

国内生产总值的发展与制造业产量的发展有较高关联度（见图 8-13）。从 2008 年年底至 2009 年初，芬兰国内生产总值的下降幅度要比瑞典大，而且年均降幅也更大。其中很大的原因在于制造业下降较大，净出口带来较大负面影响。平行度和时间上的巧合也说明了这种区别主要表明，芬兰具有更高的周期性敏感度（由于其出口结构）而不是竞争力的

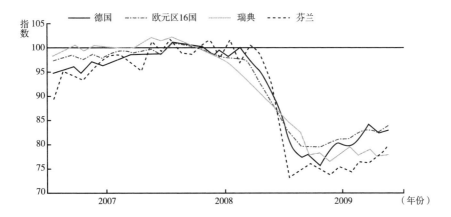

**图 8 - 12　2007 ~ 2009 年，1 ~ 6 月，欧洲制造业、生产指数，2008 年 = 100**

资料来源：欧盟统计局。

影响。截至目前，鲜有迹象表明瑞典的经济会比芬兰（或德国，或欧元区平均水平）恢复得更快。

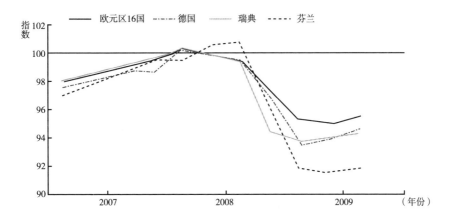

**图 8 - 13　2007 ~ 2009 年，1 ~ 6 月，以市场价格计算的**
**国内生产总值，2008 年 = 100**

资料来源：欧盟统计局。

● 但是，还不清楚是不是汇率造成了这么大的区别

令人信服的是，瑞典竞争力实现提升，还并未在已报道的数据中体现出来，而且这种提升随着时间会变得更大。考虑到预测的不确定性，这一

部分将把经合组织近期的预测作为对芬兰和瑞典未来经济发展的估计。经合组织预测的一些相关内容在表 8 - 1 中归纳起来。

表 8 - 1 2007～2011 年，芬兰和瑞典经济发展

| | | 2007 | 2008 | 2009 | 2010 | 2011 |
|---|---|---|---|---|---|---|
| 对国内生产总值增长的贡献 * | | | | | | |
| 净出口的贡献 | 芬兰 | 1.4 | 1.0 | - 3.4 | 1.5 | 0.7 |
| | 瑞典 | - 1.1 | - 0.5 | 0.1 | 0.5 | 0.7 |
| 最终国内需求的贡献 | 芬兰 | 3.3 | 1.2 | - 3.4 | - 0.6 | 1.9 |
| | 瑞典 | 2.9 | 0.6 | - 3.4 | 0.7 | 2.2 |
| 国内生产总值增长,百分比 | 芬兰 | 4.1 | 0.8 | - 6.9 | 0.4 | 2.4 |
| | 瑞典 | 2.7 | - 0.4 | - 4.7 | 2.0 | 3.0 |
| 失业率占劳动力百分比 | 芬兰 | 6.9 | 6.4 | 8.3 | 9.7 | 9.7 |
| | 瑞典 | 6.1 | 6.2 | 8.2 | 10.3 | 10.1 |
| 政府财政盈余占国内生产总值的百分比 | 芬兰 | 5.2 | 4.4 | - 2.3 | - 4.8 | - 5.2 |
| | 瑞典 | 3.8 | 2.5 | - 2.0 | - 3.0 | - 2.0 |
| 周期调整的盈余的变化占国内生产总值百分比 | 芬兰 | 1.0 | - 0.1 | - 2.9 | - 1.7 | - 1.0 |
| | 瑞典 | 1.4 | 0.2 | - 1.0 | - 1.3 | 0.2 |
| 消费者价格,百分比 | 芬兰 | 1.6 | 3.9 | 1.7 | 1.5 | 1.4 |
| | 瑞典 | 2.2 | 3.4 | - 0.3 | 1.4 | 3.2 |
| 出口价格,百分比 | 芬兰 | 0.5 | 2.9 | - 3.6 | 0.1 | 0.7 |
| | 瑞典 | 1.8 | 4.5 | 0.6 | 2.0 | 2.3 |
| 短期利率,百分比 | 芬兰 | 4.3 | 4.7 | 1.2 | 0.8 | 1.9 |
| | 瑞典 | 3.6 | 3.9 | 0.4 | 0.3 | 1.6 |

注：＊上一年占国内生产总值百分比。
资料来源：经济合作与发展组织（2009）。

竞争力方面的效果应该服务于提高出口和降低进口，从而推动国内产量增长。（从表 8 - 1 前两行看）可见，芬兰的净出口对 2009 年的国内生产总值确实带来了较大负面影响，而瑞典并未出现这种影响。据估计，这种影响很大程度上反映在出口结构上的区别，而不是竞争力上的区别。而且，经合组织指出，在前几年和未来几年，芬兰净出口的贡献率将更加乐观。2009 年，最终国内需求对国内生产总值增长的贡献情况类似，在前几年芬兰增长更快一点，而在未来几年瑞典将略微快一些。

●据估计，芬兰的产量增长较为微弱，失业率增长相类似

根据 2009 年的预测，瑞典在 2009 ~ 2011 年国内生产总值总增长将大幅加速，主要因为净出口更多，其次因为国内需求增长略微增强。不过，人们仍需记住，从历史上看，与瑞典相比，芬兰总是遇到更多周期性动荡，部分原因在于其出口更多地集中到一些关键部门：林业产品、工程、信息通信技术。2006 ~ 2011 年的五年间，总增长方面的区别是，瑞典具有 2% 的优势。预计，两国失业率将以相同速度增长，并达到同等水平。

据推测，在所讨论的这个时间内，欧元区的短期利率会比瑞典的略高一些。然而，2009 年欧元区实际短期利率要低于瑞典，而据估计 2010 年欧元区和瑞典的实际利率都是负增长。尽管如此，由于汇率下降，瑞典的货币条件大幅放松。就财政政策而言，或许应当留意 2008 ~ 2010 年芬兰政府财政总盈余恶化，这表明总体财政政策具有进一步扩张的性质，而且周期性调整的盈余的变化也传递出同样信息。这与加入欧元区前的经验形成鲜明对比，当时瑞典面对失业率上升，采取了更多扩张性财政政策。

从广义角度看，给人的印象是，瑞典和芬兰在发展上有很大相似性——虽然在汇率和竞争力方面具有很大区别。与瑞典相比，芬兰的竞争力增长受此次国际危机的冲击更大，但与其他因素相比，很难确定汇率的发展在这个背景下具有重要意义。瑞典国内生产总值的下降要比欧元区更多一些，其制造业产量表现不佳，据估计失业率会与芬兰一样上升。这里有些区别，但总的来说，区别似乎微不足道。

●瑞典克朗走弱带来的整体效果较小——或者时间间隔较长

经合组织或许错了，瑞典由于其强大的竞争力水平而获得比预计更高的增长。另外，在现在有条件下，汇率比预期的作用要小。从竞争力影响的经验推断汇率变低会带来强劲增长，这或许是个错误。固定但可调节的汇率所发生的任意变化，与浮动汇率的贬值大有不同。浮动汇率可能导致大幅快速贬值，但也可能快速升值。有理由认为，克朗近期走弱很大程度上是临时性的，因为这反映出上面我们讨论的对金融市场或其他临时性因素的情绪变化。瑞典的基本面似乎相对强势：在克朗走弱之前仍然保持良好竞争力，通货膨胀以及通货膨胀预期都比较低，公共财政可控，现金账

户盈余（相对于国内生产总值）比任何欧盟国家都大。所有这些都预示着克朗汇率将重返危机前水平。

- 浮动汇率下的贬值与先前的贬值大不相同

鉴于与贬值的临时性相似，公司或许会在基于当前汇率进行投资和做出招工决定时产生犹豫。相应地，考虑到要获取市场份额，公司或许不会降低价格，反而会乐于获取更高利润边际。因此，毫无意外，贬值在近期帮助瑞典股票的表现好于芬兰（详见图 8－14）。或许也应注意，瑞典的出口价格预计将在 2009 年上升，而且进口价格预计仅有小幅上升（这符合关于公司行为的"定价－市场"论）。以当地货币而论，瑞典的出口价格要比芬兰上涨更多，而且在 2009～2010 年，虽然货币贬值，但瑞典进出口货价比率实际上略微得到改善。

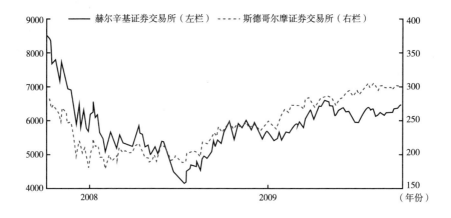

**图 8－14　自 2008 年 9 月 1 日以来芬兰和瑞典股票指数**

资料来源：彭博、芬兰经济研究院。

鉴于对瑞典克朗随后反弹和市场定价的预期，汇率下降或许对决定是否加入新市场、开展促进出口项目或增加就业和投资，影响更少（与更加根本性和永久性的因素相比小于先前）。铂尔曼等（2009）从理论和实际的角度指出，出口中的固定成本预示着，通过提高出口价格而不是增加出口量，才是帮助具有显著良好表现的企业应对贬值的办法。鉴于固定成本和波动的重要性，短期汇率变化或许要比以前影响小一些；有争议的是，大的汇率波动确实有可能，因为它们对实体经济的影响十分有限。如果是这样，汇率与其说是有效的调整机制，不如说是金融波动的一个源头。

● 瑞典克朗贬值给其他周边国家带来影响，这其中有很多故事

虽然产生多大效果存在争论，汇率肯定依然十分重要。比如说，甚至在短期内克朗走低会有助于瑞典旅游业的发展，改善与邻国间的贸易平衡。很多企业在芬兰和瑞典表现活跃，这些企业或许会临时从芬兰转向瑞典去活动，目的是从成本差别中获益。例如，斯道拉恩索集团决定关闭科特卡工厂的化学纸浆厂，增加了在瑞典尼莫拉工厂的纸产量。即使后来条件发生了变化，许多这种决定也不可能再变回来。这些贸易和生产的变换带来了得与失，即使这些得失要比以前小一些。

另外，汇率的不稳定性也可能妨碍长期规划，对于中小企业来说尤为如此，并因此也可能会对长期增长前景带来负面影响。[11]因此，在这个阶段不明显的是，瑞典可以从克朗大幅走低获取很多在增长和就业方面的收益（它也不可能经受滞后的通货膨胀压力）。而且若果真如此，那么由此产生的收益等类似问题就会引起欧元区的合作伙伴国深思了。

## 第七节　瑞典是否采取了"以邻为壑"的政策？

瑞典央行下决心要维持物价稳定和货币浮动。这种安排导致汇率由市场力量而非决策决定。那么，指责瑞典政府采取"以邻为壑"政策似乎讲不通，至少只要货币扩张没有导致通胀目标大幅过度就可以。然而，从更大范围讲，邻国仍然会强调瑞典克朗大幅贬值可能带来潜在的跨境危害。

● 瑞典拥有巨大现金账户余额和强大竞争力

有人认为，面对强大的公共财政、巨大的现金账户盈余、快速上升的失业率和反周期政策传统，当前瑞典的扩张性财政政策相对较为温和。毋庸赘言，预算水平因为有自动调节器而出现很大摇摆，但财政政策中相机抉择部分的规模似乎要比芬兰更微弱一些。值得关注的是，瑞典政府近期宣布将实施新的一揽子财政刺激政策，以求达到国内生产总值的1%，但这项行动很可能被视为与即将到来的大选有关，而不是为了改变宏观经济

结构（以支持克朗）而采取的一种举措。采取较为谨慎的立场，或许是因为未来对财政措施的需求存在不确定性，也或许是因为关心政府财政的长期可持续性，但这或许也反映出一种更愿意依靠宽松货币而不是财政扩张的偏好。如果真是这样，从瑞典看，如果财政乘数较小并且货币政策通过利率和汇率产生巨大影响，那么这或许可以理解。但从邻国的角度看，这种策略似乎值得怀疑。

● 瑞典更愿意采取货币扩张，而不是财政刺激

货币联盟是一种集体诉求。这需要各国间强有力的合作，以建立超国家的货币政策决策机制。欧盟的条约规定了成员国要努力加入货币联盟的责任，并且在达到加入标准后就加入这个联盟，那些有权选择退出的国家（英国和丹麦）除外。很明显，瑞典事实上已经满足条件，即使不是形式上的，而在中央银行立法上有些细微的部分尚未根据此条约的要求进行修订。

● 瑞典并没有脱离欧洲货币联盟的选项，从政治上而不是从法律上讲，这意味着瑞典宣布放弃其对欧盟的承诺

颇具争议的是，如果另一个选择是所有欧盟国家都采取浮动汇率政策，其潜在后果是对整个欧洲的稳定带来破坏，那么加入欧元区或许早已符合瑞典的利益。许多观察家认为，面对此次危机，如果欧洲没有欧元，或许欧洲的汇率很可能面临巨大且最有害的摇摆，带来极大的不稳定性。很显然，这种评估必须保持几分假设和高度的不确定性。不管怎么说，鉴于这个联盟决定建立欧元，如果这种单边决定可以被接受的话，不加入这个联盟或许更好。但是，从政治上而不是从法律上讲，不加入这个货币联盟，瑞典就放弃了它当时加入欧盟时的承诺。这在欧盟内部还没有引发任何较大的反对瑞典的政治控诉，因为其他成员国对其政治考虑有所理解。[12]要是硬把不情愿加入的瑞典拉入这个货币联盟（而且很难看到如何办到），这不符合欧盟最高宗旨。

很明显，汇率的变化情况依赖冲击的性质。对于非对称性冲击，依大多数或所有国家看来，汇率变化或许是有利的，因为这些国家允许非对称冲击所需要的差异化反应。如果这样，不管是在瑞典还是在欧洲其他地方，瑞典克朗保持浮动都应该令人满意而不是受到批评。然而，当前危机

很大程度上是对称性冲击的后果，不仅只是从瑞典和芬兰的比较出发的。这导致未加入联盟的货币相对于欧元发生大幅贬值具有不同意义，因为存在这种假设，即货币贬值国家的收益很可能是建立在欧元区成员国经济活动损失的基础之上。[13]

结论是欧元区成员国本来可以有理由对瑞典现行的货币安排表示不满。的确，欧盟可以调用相关条约规定，指明包括汇率在内的经济政策是"大众所关心的问题"，需要委员会内部进行协调。然而，对瑞典政策的批评，一直悄无声息或缺失。正如已经指出的，许多研究也表明，欧元区外的国家并未在欧盟决策上失去其政治影响力。假如这场危机一直持续下去而且欧元区外的出口会大幅受益，而这些又建立在牺牲欧元区成员国出口利益的基础之上，那么欧元区国家的态度或许会改变。不过，截至目前，鲜有迹象表明瑞典是在牺牲了邻国利益的基础上度过此次危机的。

● 欧元区早就应该考虑更严重的问题

如果危机真要进一步加深并持续很长时间，那么比起那些与瑞典克朗或英镑汇率下降相联系的问题而言，欧元或许会面临更严重的问题。尤其是，此次危机所强调的一个潜在的十分严重的问题是内部分歧，这在欧元区内早已存在，这个问题将在接下来的第九章讨论。

## 第八节　丹麦与欧元的关系如何？

● 丹麦货币机制的经济逻辑一直备受质疑

这一章主要讨论芬兰和瑞典与欧元的关系。不过，也会对丹麦与欧元关系进行分析。自1982年以来，丹麦一直采取固定汇率政策，起初盯住德国马克，后来是欧元。这种情况的政治逻辑简单明了：丹麦人在两次公投中都拒绝加入欧元区。但丹麦人这种选择的经济逻辑依然值得怀疑：众人皆知的道理是，相对于自由浮动汇率或加入一个货币联盟，如果这可行的话，盯住汇率而不是可调整汇率是个错误选择。近期由丹麦经济委员会（2009）提供了对经济逻辑问题的答案。很有趣的是，它们的分析似乎与瑞典上面所列出的观点一致而且互补。

● 丹麦早已以其汇率盯住欧元而著称

经济顾问委员会的一个主要结论是，相对于现在以欧元计价、采取永久固定汇率的丹麦克朗来解决问题而言，加入欧元区意味着净收益，虽然收益增加幅度不大。收益不多，因为固定汇率已经帮助丹麦从欧元拉动的贸易中获得收益。加入欧元区，将通过消除风险另外确保这些收益，即由于丹麦克朗受到投机打击（虽然这种事情不太可能发生），可能不得不抛弃当前的货币机制。

该委员会也在考虑另外的选择——就像瑞典一样——选择浮动汇率，为实现通胀目标而调整自主货币政策。这种比较涉及对难以估算的各种损失和收益进行评估，而该委员会并未得出结论认为丹麦应该选择这种机制。经过平衡，丹麦和芬兰似乎乐于与欧元共处，而瑞典乐于实施浮动汇率（就像挪威一样）。

● 丹麦人的选择具有期权价值

该委员会评估报告中的一个核心观点是，不加入欧元区意味着某种意义上的期权价值，这种意义是，如果后来的发展会增加与自主货币政策相联系的收益，那么丹麦因此保留了改变其货币机制的可能性。加入欧元区似乎并未对丹麦经济提出任何问题，但条件要是改变了，这将是一个不容易回头的决策。丹麦这种安排的关键在于，要保留在两者之间进行选择，就像芬兰和瑞典一样。

这种选择是相关的，例如，如果在欧元区缺少财政纪律，将迫使欧洲央行采取政策，而这种政策会导致较高且不稳定的通胀（与欧洲央行的法令相矛盾）。另一种可能性是巨大的非对称冲击，与欧元区相比，这需要丹麦采取不同的货币政策。该委员会认为这种发展非常不可能。而且也指出，由于具有与货币政策或实体经济变化无关的资本流动，货币动荡或许在现实中会加剧而不是抑制经济动荡。

● 底线：政治问题

该委员会评估结果的底线是，与固定汇率相比，加入欧元区会带来微弱的净收益。但这并非说明丹麦应该选择浮动汇率。该委员会的结论是，欧洲货币联盟的正式成员国面临的不是基于狭隘的经济考虑可以解决的问题，而是应当建立在对丹麦在未来欧洲合作中发挥的作用进行政治评估的基础上。

# 第九节　关于货币机制的总结

对汇率和货币机制的选择，是政府在宏观经济政策领域做出的最重要的决策之一。这就是为何存在与欧元相关的巨大利益，这也是为何应当注意相似国家采取不同的货币机制。从上面所做的芬兰与瑞典之间的比较可以得出一些观点，总结如下。

（1）从给欧洲带来贸易和稳定的意义上讲，到目前为止，欧元很大程度上被认为是成功的；然而，虽然是稳定的十年，时间依然太短。底线是：这是评判一种货币机制的政治区间。现在，欧元仅仅经历了动荡条件下的考验而已。

（2）对欧元的不同选择，似乎在欧元第一个十年内对芬兰和瑞典的经济表现影响不大。

（3）目前为止，鲜有迹象表明，在此次危机中瑞典通过使克朗贬值、牺牲欧元区成员国的利益来获得巨大的宏观经济优势。不过，如果危机还将持续几年，或许会增加货币自主的吸引力。

（4）芬兰、瑞典和丹麦当前的货币机制带来相对正面的升值，从这个意义上讲，路径依赖似乎占上风。这可能表明，选择这种机制不存在大的损失，也表明这些选择符合总体上支持欧洲一体化的政治态度。

● 瑞典和芬兰的比较显示出一个矛盾：加入还是不加入欧元区并非很多人想象的那么重要

对芬兰和瑞典之间的比较得出的最重要、或许是有点令人困惑的结果是，可以肯定的是缺少任何可以看得见的、由货币机制选择而带来的后果引起的重大区别，就目前观察而言，短期没有，长期也没有。这并不意味着宏观经济选择或货币政策毫不相干，或者总体上并不重要，虽然这的确意味着汇率变化在短期内对应对全球冲击没有带来多少保护。相反，其结论是，要想对良好货币和财政政策框架保持令人信任的承诺，可以通过不同方式达到，无论在欧元区之内或之外。虽然没有政策框架阻止冲击引起短期内产量损失和失业，而以稳定为导向的框架或许仍然有用，可以通过在不担心通胀的情况下保持低利率，而且也可以通过为财政政策留下足够的空间来减少失业，减轻影响。这些收益可以通过对浮动汇率机制下的低通胀的令人信任的承诺来实现，也可以通过加入欧元区来实现。从这个意义上讲，从实际效果看，这两种选择似乎更加类似，而非不同。

## 本章注释

1. 一些芬兰经济学家对欧洲货币联盟的评估，详见 Pekkarinen 等（1997）。

2. 详见 Calmfors 等（1997）。

3. 比如，可参见 Flam 等（2009），Pisani-Ferry 和 Posen（2009）和欧盟委员会（2008）。

4. 对贸易和投资效果的实证评估，请见 Flam 和 Nordstrom（2006，2007）和丹麦经济委员会（2009），其中指出与瑞典和英国相比，丹麦通过维持对欧元的固定汇率获得了与欧元区成员国一样的在贸易上的好处。

5. 偶尔也有议论指出，不加入欧元区将有助于减少对一个国家的政治影响，这个国家通过损害国家声誉和导致从非正式的网络中脱离而做出这个选择。然而，Naurin 和 Lindahl（2009）的研究表明，那些未加入欧元区的国家（英国、瑞典和丹麦），在网络资本方面排在前列。欧元区国家或许不喜欢这些未加入欧元区国家的选择，但并未把它们排除在合作活动之外。

6. 这种改善缘于生产力快速发展，不仅仅是电信设备的生产。相对应的是，这种设备的价格面临下降趋势，这也体现在生产国的贸易上。

7. 请见 Andersen 等（2007）先前的报告。

8. 2000～2001 年爆发的高科技泡沫危机，是一种非对称冲击，与其他大多数国家相比，给芬兰和瑞典造成的负面影响更多，但是，这次冲击走得很快，也没有引起大的宏观经济问题。

9. 相似的观点也可以适用于奥地利（深受东欧金融问题影响）、冰岛和西班牙（深受房地产泡沫影响），以及英国（金融业的规模）。

10. 虽然十分重要，但出口也并非是竞争力的唯一渠道；其他渠道包括，进口、实际及预期的盈利能力、在促进出口、研发或新生产能力上的投资等。通过直接和间接影响，许多竞争力方面的变化可能给总体经济发展带来严重影响。然而，很明显，因果关系也有其他方式：竞争力受很多因素的影响，包括汇率、工资和生产率提高等。随着时间变化，这些将主要随着产能利用水平和劳动力市场状况而发生演变。考虑到这些反应，总体宏观经济发展与竞争力之间的因果关系很难不再互相牵连。这种互相牵连是进行所谓的"贬值周期"分析的出发点，贬值周期指，经济增长的周期随着内源性竞争力动荡带来的后果而上升。详见 Korkman（1978）和 Jakobson（1997）。

11. 瑞典批评家经常争论说其货币机制存在一种风险，即瑞典的货币机制允许汇率在困难时期下降，给公司部门的机构调整带来很少的激励，导致对长期增长造成损害，从这个意义上讲，货币政策过于"软弱"。这种观点，预先假设了长期具有宽松货币政策趋势，这与维持价格稳定的（可信的）承诺相矛盾。

12. 让所有欧盟国家都加入欧元区，并非所有国家都对此感兴趣。对最佳货币文献进行分析，或许表明德国、法国、奥地利和比利时是货币联盟最自然的支持者。不论这种情况到底怎样，这个条约规定有责任努力实现某种成员标准。瑞典要比一些欧元区成员国（例如希腊或意大利）能更高程度地达到这些条件，这很少有人质疑。

13. 即使那时，如果可以宣称欧洲央行的货币政策太过于谨慎或太被动了，这些贬值或许得到基于整个欧洲角度的支持，并且如果汇率的变化被看成是向欧洲央行施压以进一步减少其政策利率的一种机制。Eichengreen（2009）曾指出，20世纪30年代竞争性贬值并没有害处，而是带来了益处，主要通过诱导货币主管部门把货币政策放宽松，这比本来的宽松程度更高。然而，在当前情况下，似乎不太可能得出类似观点。

# 第九章
# 财政政策能帮忙吗？

虽然不同制度的选择，尤其是汇率制度（第八章所讨论的）会导致货币政策的范围有所不同，而所有国家的政府却在原则上可以自由采取独立的财政政策。特别在货币联盟中"不可挽回的"固定汇率下，在国家层面上存在的宏观经济政策调控工具就仅有财政政策了。尽管如此，将财政政策作为稳定宏观经济的工具，人们经常认为其有效性是相当有限的。而为何如此，本章对其进行了调查并列举其原由，之后，分析了欧元区的财政政策行为，在这里绝大多数国家国债汇率的不同与危机亦有所联系。对近年来经验的分析，与欧元启用后前十年小额债券的传播造成的毁誉形成对比，并表明作为稳定宏观经济的工具，财政政策实施的范围的确越来越被公共财政的可持续性所牵制。

## 第一节　财政政策有效吗？

● 对于财政政策微调的范围曾有许多乐观看法

曾经在布雷顿森林体系、凯恩斯主义鼎盛时期，对于财政政策有许多乐观的观点。实际经验和实证研究似乎都可证明，审慎的财政政策微调可使经济保持全速全力增长而避免严重的负面影响。财政乘数很具有指向性，这意味着政府支出的微变或税率的微调也会对总的经济活动产生可观影响。审慎的财政政策和所谓财政自动稳定因素的运作都很重要。

● 审慎的财政政策措施与财政自动稳定是有区别的

这里的关键是审慎的财政措施与财政自动稳定因素的区分。财政自动稳定因素是指在没有政治因素的影响下，经济活动所引起的税收收入与公共开支的变化。经济活动的提振自然会使税收增加，并减少例如对失业救济的补助，反之亦然。因此，财政自动稳定因素是完全反循环的，随着所得税的提高与累积，以及社会安全网络[1]的水平提升与范围扩大，自动稳定因素的重要性也越发凸显。相反，审慎的财政政策指政府通过具体的决策进行干预，以改变公共支出和税率。

- 近来，对财政政策的行动主义有普遍的悲观看法

自20世纪60年代起，对审慎的财政政策的潜在性有了许多质疑[2]。随着质疑不断增加，出现了源于实际经验的新理论见解和计量经济学的证据。近20年来的普遍观点认为，与审慎的财政措施有关的困难意味着在通常情况下，最好也只能依赖所谓财政自动稳定因素的有效发挥。然而，当前的危机很明显是个例外，它引发了既异常又强劲的财政政策反应，包括审慎的开支增加与减税。

- 但是在2009年许多国家实施了大规模财政刺激计划

尽管对财政刺激规模的估计还很不确定[3]，但毋庸置疑的是2009年，甚至到2010年，欧洲大部分国家和美国（还有中国）都进行了可观的财政扩张。周期调整的变化和一般政府财政总平衡（用作反映财政势态的粗略指标）表明，在2009～2010年财政扩张的量级上，美国和欧元区大致相当，尽管美国在审慎方面（即周期调整平衡变化）更胜一筹（见表9-1）。德国的总体财政扩张（包括自动稳定因素作用）两年之和在量级上与美国相当，北欧国家的财政政策扩张甚至更加厉害（通过表格后两列绝对值数的相加可见）。

表9-1 2009～2010年度的财政扩张

| | 政府周期调整平衡总体变化 | | 政府财政平衡总体变化 | |
|---|---|---|---|---|
| | 2009 | 2010 | 2009 | 2010 |
| 美 国 | -3.1 | +0.5 | -4.7 | +0.5 |
| 欧元区 | -1.5 | -0.6 | -4.1 | -0.6 |
| 德 国 | -1.0 | -1.0 | -3.2 | -2.1 |
| 丹 麦 | -2.6 | -2.0 | -4.8 | -0.6 |
| 瑞 典 | -1.0 | -1.3 | -4.5 | -1.0 |
| 芬 兰 | -2.9 | -1.7 | -6.7 | -2.5 |

资料来源：经济合作与发展组织（2009）。

●财政政策乘数的大小并不确定且存在争议

尽管财政冲力的规模一直以来由周期调整平衡的变化所衡量（一种预示紧缩政策的变化），其效应却是难以估量的，且在一些方面仍保有争议。关键是"财政政策乘数"的大小，即相对于财政冲力规模 GDP 的变动量（都用偏离基线的百分比衡量）。一些经济学家称，若财政乘数大于1，则意味着政府的增加支出与减税将使 GDP 提高，大于政府措施的最初预计[4]。这与凯恩斯主义课本中的模型一脉相承，强调了政府支出与产出、收益间的积极互动，意味着由于收益引发的附加支出增加而引起的原始需求冲力"成倍增长"。其他持怀疑态度的经济学家则认为，财政政策乘数应小于1或接近于0（在某些情况下可为负数）。以上观点的差异不仅与经验估算有关，还源于对于适当理论框架的分歧。以下是该争论涉及的主要考虑。

挤出效应——由于各种原因，扩张性的财政政策挤出民间资本占用资金，否则民间资本投入会增加。比如，政府通过借款来弥补财政赤字，会引起利率上升，导致民间消费和投资减少。

期望——家庭和公司的前瞻性行为会缓和财政扩张产生的总效应。特别是，由于预算赤字引起的赋税增加可以预见，导致对民间财富的消极效应，从而使民间消费与投资被挤出。家庭也会通过提高个人储蓄来调整或减少未来的可支配收入，这也缓和或消除了政府赤字支出的扩张效应（"李嘉图等价设想"）。乘数效应的增加只在不现实的期望模型中进行争论[5]。

公共财政的可持续性——另一种类似但有些不同的观点是，只有对维护公共财政可持续性具有可信承诺的前提下，财政扩张才会有效而不会适得其反。这一考虑与一些国家尤为相关，这些国家有高负债或在财政表现有不良记录。

流动性约束——许多家庭无法借款，并期望着由政府的措施带来额外收入。这一考虑在信用紧缩时期尤为重要[6]。

货币政策——如果与货币政策相适应，财政扩张很显然更有助于提高产值。政府借贷的增加也使货币政策让利率不再升高（并持续一段时间）。

经济疲软的程度——在经济全力运作时，财政乘数显然应为零。而在出现大量闲置资源时，则意味着相当规模的萧条期。

以财政措施为重点——与转移或减税相比，政府投资支出会带来更直接的需求作用，因为其中一部分在正常情况下会得以存留。

开放——小型而开放的经济体会有更强烈的边际进口倾向，这意味着需求的大部分增长将"泄露"至海外并在其他国家促进生产需求的扩大。因此，与小型开放国家相比，财政政策在大国作为稳定政策工具会更加有效。同样，一些虽小但一体化程度较高的国家会更倾向于相互协调的财政扩张，以加强在各自国家实施的效力。此类政策协调的案例在欧盟、国际货币基金组织和 G20 的运作中都有所体现。

汇率制度——与其他具有浮动汇率的国家相比，欧元区国家的政策选择各有千秋。特别是，扩张性财政政策会对汇率造成上行压力，并引起货币升值减少出口。因此，在有人期望有浮动汇率的国家（如瑞典）依赖货币政策以达到宏观经济稳定的同时，欧元区的成员（如芬兰）在国家层面上只能依靠财政政策（见第八章）。

- 对于小型而开放的经济体，如北欧国家，财政乘数可能保持适中

很显然，财政乘数的大小取决于许多这样或那样的因素与状况，包括所考虑的时间长短。芬兰和瑞典的财政减税与公共开支乘数只是典型的简单计算，在短期内（一至两年）维持在 0.5 到 1 之间，但当支出用于建设，其数值将略微大于 1，边际倾向也会升高[7]。这些估计意味着财政扩张对产量与就业的影响相当温和，也会使预算相对显著减少。

不仅财政政策的效力是个极具争议的问题，其实际执行也是困难重重。理想化的财政措施应该是"TTT"（及时的、有针对性的和暂时的；timely，targeted and temporary），这意味着措施执行起来应该快速，以促进生产和就业的方式进行，且不造成长久的公共赤字。实际上的财政措施总会有"SSS"的风险（缓慢的，愚蠢的和持续的；slow，stupid and sustained），这就是说决策与执行延迟较长，资金花费在效率低下的项目上，且措施对公共财政造成了长久的负担。毕竟，政策的变化并非立刻可以实施（如同货币政策）。公共机构拨款的变化与税率的改变通常也只有在下一个预算年度开始执行。这便是为何现实中审慎的财政政策措施的步调会或多或少显得顺周期，扩张措施在周期回升开始后也凸显效果的原因，紧缩措施则启动延迟，加重并拖延确保周期下行。

● 财政政策通常取决于"政治失败"

同样，财政政策的采纳取决于那些欲取悦选民以赢得选票的政客，而非政策谋划者。现任政府会利用当前位置，在下次大选前争取财政扩张，否则便会无法保证选票；同时，选举一胜利便实施财政紧缩政策，以这样的方式营造着政治商业周期。国会中的狭隘利益集团支持以牺牲纳税人的代价换取的针对性公共开支，以此赢得胜利（普遍问题）。当将离任的政府觉得下一届获胜无望，便会通过庞大的公共开支（或有针对性的减税）支持其选民的利益，将大量的公共债务问题留给下任政坛对手（所谓的战略行为）。大量的此类问题在实证研究中都有所记载，它们的存在依靠的是对投票人目光短浅的现实假设。投票人自身的力量无法"惩罚"不受欢迎的战略行为，单张选票也很难通过对过去表现的判断或赋予将来承诺的优先权。

● 财政自动稳定因素应允许运作

总而言之，关于财政政策的实施有许多不确定性，都在执行中遇到困难，且深受政治因素影响。然而，这并不妨碍财政政策在稳定经济中扮演有用的角色。例如，政府对建筑修缮、租赁房屋或基础设施项目建设的支持会使国内需求增长，并扩大就业，同时对扩大教育与培训的措施亦有所呼吁[8]。考虑到周期因素，减税（或增税）的时机可被利用并实施，以达到反周期而非顺周期的效用。至少，财政自动稳定因素通常应允许其充分发挥作用[9]。这不仅可减少萧条期需求的下滑，也可使"社会契约"受到尊重，即社会保险将继续为失业个人或家庭提供保障。

虽然在产量与就业方面，财政政策的效力还有限，但这并不一定对政策本身造成大问题。也许有人认为，这只是需要强硬措施去达到预期的结果的论证。然而，决定政策也仍需要考虑它们的不利条件。关于财政政策，有以下两个问题尤其需要注意。

● 严重赤字引发代际公平的问题

财政扩张会导致严重赤字与大量债务，在代际收入分配问题上倾向当代而损害后代的利益。尽管合适的代际收入分配很难抉择，同时也可转移部分将来（富人）的收入至当代（穷人），但对于公平的考虑限制了预算赤字的规模。

●在公共财政保持可信且可持续的条件下，财政政策的效力才可发挥

如果使赤字上升并削弱公共财政可持续的信心，财政扩张风险便会失灵。债券利率的风险溢价会使利率提升，甚至严重损害投资与增长的幅度。这一考虑限制了财政扩张的规模，甚至将代际分配的后果搁置一边。这同时意味着，在政府承诺采取措施，维护公共财政长久可持续的情况下，扩张性财政政策的规模在短期内也可被扩大。

●精心设计的财政目标、规则和制度能够支持公共财政的可信度

在现阶段，财政扩张的主要困难确实存在，即公共财政没有在可持续的基础上。部分原因是与危机相关的，预算赤字更多则是由于人口结构的改变（老龄化人口）导致的预期未来赤字。这便是北欧国家的现状，更是大部分欧盟（EU）国家和经济合作与发展组织（OECD）国家的情况[10]。财政政策可信的框架与制度可以提升家庭的信心，减轻金融市场的紧张情绪。该框架可包括债务与赤字目标、财政政策规则，或模仿瑞典建立一个独立的财政政策委员会，对政府的政策进行评估。下一节将谈到，欧元区近期的经验表明，较弱的公共财政将对财政政策产生制约作用。同样，在迫切需要财政扩张或接受巨额的预算赤字时，该制约在危机面前会更加如影随形。

## 第二节 欧元区的财政政策

●欧元区国家无法通过开动印钞机来弥补赤字

单一货币的一项主要特点是，欧元区国家没有自己的货币政策（或汇率），财政政策是保持宏观经济稳定的唯一工具。然而，这也意味着与其他非欧元的欧盟国家相比，欧元区国家的预算限制更加苛刻。如果公共债务过于庞大，那些拥有自己中央银行的国家保留开动印钞机的选择权（以导致通货膨胀），而这在欧元区国家是行不通的[11]。那么，对于欧元区财政政策的分析就变得极具启发性，它讨论了公共财政可持续与财政政策规模二者的关系。

如第二章讨论过的，欧元区的财政政策一般说来是顺周期的，这在对其财政上政府不太有进取心的国家尤为如此。本节对欧元区财政政策行为做了三点额外调查。第一，在欧元区成员国中，经济发展与政策行为已经

在一些重要方面分离了一段时间。第二，国债利率的风险溢价已经显现，在国际金融市场和公共财政状况方面，它们对风险规避程度极其敏感。第三，近期经验表明，在危机到来时，高负债国家认为自己几乎没有财政刺激的余地，即使自己国内的产量减少和失业增加。因此，欧元区的发展证明了这样的观点，良好的公共财政是可行有效的反周期财政政策的先决条件。

● 持续的分歧是欧元区发展的特点

如第五章所谈到的，欧洲货币联盟（EMU）在最初的十年间并未遭受过严重的不对称冲击。尽管如此，成员国在许多方面的做法都各有差异。一般情况下，各自特殊的发展不会给欧元区或成员国带来任何问题，但当这些差异关乎竞争、增长与财政平衡，且持久累积时，则是会不断加强。有人称，分歧是欧元区的固有倾向。一些南欧国家公共财政较弱，它们在加入欧元区后通过（"进口"）更低的利率获得巨大实惠。可是，这些国家并没有利用该实惠来加强其公共财政，反而放松了政策，这也是为什么分歧持续且不断加强的原因之一。之前也希望对仍实施宽松财政政策的成员国施加外部法规。实际上，相反的一面已显现。对于欧元区发展的担心包括以下几个方面。

——1998 ~ 2008 年，在意大利和西班牙的经济总量中，劳动生产率几乎没有提高，而德国则有显著提高，芬兰也提高了近 20%；

——1998 ~ 2008 年，爱尔兰的平均年消费价格通胀率是 4%，西班牙、葡萄牙和希腊都高于 3%，而德国、法国和芬兰都在 2% 以下；

——在同一时期，意大利和西班牙的单位劳动制造成本增长了 30%，而在德国和芬兰则下降了 15% ~ 20%（图 8 - 5）；

——南欧国家一般政府的财政赤字之大有目共睹（意大利、西班牙、希腊、葡萄牙），这些国家的财政赤字预计在 2009 年将是 GDP 的 6% ~ 12%。而北欧国家（德国、荷兰、比利时、奥地利、芬兰）预计所占比重仍将小许多；

——西班牙、希腊和葡萄牙的经常项目逆差所占 GDP 的比例在 9% ~ 15%，而北欧国家除比利时外都存在巨大盈余（占 GDP 的比重为 1% ~ 9%）[12]。

大体上说，欧元区的分离与差异通过南北方显现，而爱尔兰经济命运的急剧恶化属于其自身的案例。

● 危机提高了风险意识，也强化了风险差异

欧元区这样的分歧与差异已持续了一段时间，而危机则使与之相关的问题更加突显。当危机爆发并逐渐恶化，上升的风险溢价促使其金融市场转向质量与安全，这不仅广泛打击了企业借贷而且伤害了那些公共财政状况不佳的成员国家主权借贷。

● 债务在爱尔兰、葡萄牙、意大利、希腊和西班牙蔓延并升高

图9-1显示，自欧元启动起，与德国国债相对的利率总额在接近零后从2008年年底急剧上涨，其他国家利率也有与之相似的情况。借方的风险溢价在南欧国家和爱尔兰急剧升高，这些国家的主权信用等级也被降低。随着市场回归正常，这一蔓延趋势才得以缓解。但风险溢价不仅高于危机之前，还将随着财政持续的问题和对金融市场情绪的波动再次升高，正如希腊那样。应指出的是，瑞典的债券利率（此图未显示）曾一度低于德国，最有可能是因为其健全的公共财政与对瑞典克朗升值的预期。

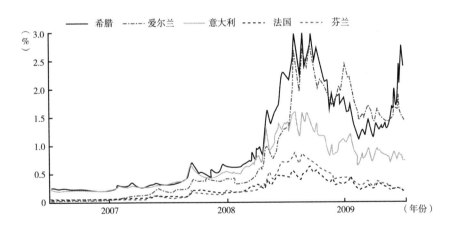

**图9-1　十年间公债的波动 vs. 德国，2007～2009年**

资料来源：Bloomberg，ETLA。

● 较弱的公共财政是高额债券利率背后的主要因素

尽管影响信誉度和主权借贷风险溢价的因素有很多（包括与银行问题的接触），而主要的因素之一还是会自然地投向公共财政的状况。如图

9－2 所示，持有较弱公共财政的国家，它们的长期公债利率的确比较高，尽管这一联系并不很强。根据公共财政状况，大国（如德国和法国）似乎应有较低的公债利率，部分差别也在于市场的流动性较好（对于汇率升值的期望也可使瑞典和英国的公债利率降低）[13]。可以看出该联系是非线性的，这意味着如果公共财政恶化至一定程度，风险溢价会迅速升高。这样的观点已被 Haugh et al.（2009）做了验证。

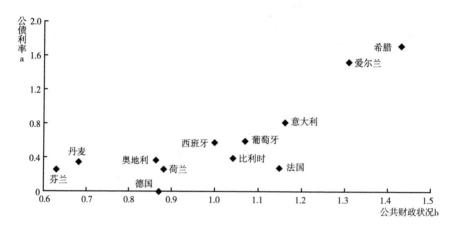

**图 9－2　公债利率与公共财政状况**

注：a = 2009 年第四季度长期公债利率。

b = 公共财政状况指数，计算如下：0.5 × 2008 年年底公共债务总额占 60% GDP 同意上限的比率 + 0.5 × 2009 年一般性政府总盈余占 3% GDP 同意上限的比率。

资料来源：OECD，经济展望，2009 年 11 月，第 86 期。

- 高债务国不会也不能实施财政扩张政策

高债务国家在采用财政政策时余地较小，对应对负面冲击带来的伤害也力不从心。如图 9－3 所示，2008 年年底债务较高的国家，预计在 2009 ~ 2010 年所实施的财政刺激规模会明显缩小。负债与 GDP 比率相当或大于 100% 的国家，实际上在全球经济下滑过程中被迫实施了紧缩财政措施。这也与公共财政风险较弱会使得借贷利率较高的论断相符合，从而也限制了政策调整的空间。

- 人口老龄化使维持财政可持续性更加困难

为了缓解风险，并提升未来遇到经济下行时财政刺激的应对潜力，政府应当采取措施改善长期公共财政的可持续性。尽管在提高公共财政可持

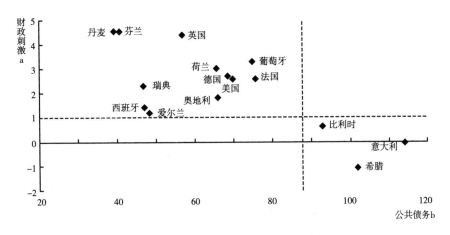

**图 9 - 3 财政刺激和公共债务**

注：a = 一般政府周期调整赤字，GDP 百分比，预测，2008 ~ 2010 年的变化。

b = 一般政府财政总负债，GDP 百分比，2008 年年底。

资料来源：OECD，经济展望，2009 年 11 月，第 86 期。

续性方面有许多方法，主要的困难在于应认识到人口老龄化的重要性，从而采取措施延长工作年限以提高实际退休年龄，这是解决该问题的重点（详见第十章）。这是北欧所有国家仍需注意的问题，并应采取相应措施，尤其是该地区有着最低实际退休年龄的芬兰[14]。

● 分歧也会导致货币政策的紧张

日益恶化的公共财政不仅对财政政策造成威胁，也对货币政策构成挑战。就欧洲中央银行（ECB）的货币政策而言，上升的风险溢价可能制造或加剧欧元区的紧张，维持其货币政策的合适地位并与公共财政高度相统一就更加困难。特别是，一些公共财政较弱的国家越来越主张无保证的货币宽松政策，以减少其对利率的压力。或者，如果出于对传染效应的惧怕，市场预期他国政府对近乎违约国进行救助，那么债券利率的风险溢价在欧元区就可能会上升（通过政府债券的损失）。以上也是《稳定与增长公约》（*Stability and Growth Pact*，SGP）旨在保护的方面，以避免其危害，但《稳定与增长公约》的执行机制并不足够有力，导致其目标无法实现[15]。

● 金融反馈机制虽有问题，却能够支持《稳定与增长公约》

很难预测这一日益突出的分歧将如何发展，并最终怎样解决。可以想象的是，通过使公共财政宽松的财政成本更加显现，逐渐升高的国家风险溢价将改善财政机制。金融市场的反馈也可以帮助《稳定与增长公约》按其预期方式运行。另外，还存在一种显而易见的风险，即金融市场的反馈具体化过慢从而对突发事件难以管理。从长远来看，在一些负债累累的成员国经受过惨痛的财务困境之后，金融市场行为表现出不同的风险溢价或许促使《稳定与增长公约》发挥财政纪律机制的作用。为此，关键是成员国应对各自的公共债务负有责任，即尊重欧盟条约中无救助条款[16]。

● 公共财政可持续性对财政政策的效力至关重要

总体来说，特别是在金融危机期间，国家间的利率差异反映出公共债务与赤字的问题。近期高负债国家没能采取扩张性财政政策，却不得不削减开支或提高税率。公共财政稳定性之所以重要，不仅在于代际原因，还因为在真正需要时，它是反周期性财政政策实际可行的前提。

## 本章注释

1. 在美国，Auerbach（2002）推算，在 GDP 中每一美元的减少会有财政赤字中 35 美分的抵消增加，即 0.35 的预算弹性。在瑞典，Floden（2009）的推测则是 0.53 的弹性。在广义的预算弹性概念中，包括积极劳动力市场项目的支出，该数字升至 0.63（这仍比 1999 年 van den Noord 所估算的 0.79 低很多）。

2. 对于财政政策的潜在性的观点变化，若寻求更多元的叙述与见解，请参考 Blinder（2004）。

3. 例如，见 Saha and von Weizsacker（2009）对于欧洲 2009～2010 年刺激计划的估算。

4. Romer and Bernstein（2009）测定的美国财政支出乘数为 1.6。鉴于他们对财政刺激规模的预估，这意味着 2010 年第四季度的 GDP 相对于基线增加 3.6%，可能增加多于 350 万份工作（Christina Romer 为现任总统经济顾问委员会主席，Jared Bernstein 是副总统办公室高级经济学家）。

5. 见 Cogan（2009）and Cwik and Wieland（2009），他们利用一些"新凯恩斯主义"模型分别评估了财政政策在美国和欧洲的影响。该模型将前瞻性期望和工资刚性做了典型结合。

6. 例如 Barrell and Liadze（2009）或 IMF（2009）。然而，由于信贷紧缩带来的不确定性也通过增加预防性储蓄削弱消费。

7. 见 e.g. ETLA（2009），Floden（2009）and Van den Noord（2000）。

8. 关于芬兰的解释性计算，请参考 ETLA（2009）。

9. 然而，该建议并非显而易见。在收益层面上，税制的层级与积累会缓和宏观经济动荡中对于可支配收入的影响，关于这点并无异议（不用说，对于税率审慎的调整也会更多帮助减轻动荡）。但在支出层面上，在失业补助与积极劳动市场项目的支出，无条件地比教育或基础设施的更高支出可取，这点并非明明白白。"让财政自由稳定因素发挥作用"的标准说法在解读时应有所注意。

10. 见 Andersen al.（2007）。

11. 这点 McKinnon（1995）曾强调过。

12. 不必为巨额经常项目顺差感到忧虑，因为这可看成是国际分配的有效激励或倾向。比如，它们可能反映了实际资源从低预期回报投资的国家，向有着更高的资本边际生产率国家转移。同样，老龄化国家会有高额的经常项目盈余，用实质金融资产的积累来弱化人口结构改变带来的影响。但是，还没有任何迹象表明欧元区存在巨额经常项目赤字的国家属于上述类型。

13. 在理论上，政府公债利率的不同反映了汇率预期或风险溢价，流动性溢价和信用（违约）风险溢价。汇率风险可在欧元区被忽视，而流动性溢价则是政府债务市场规模的应变量。关于重点对流动性溢价的分析及其对金融波动的敏感度研究，可参考 Beber et al.（2009）。

14. 关于延长工作年限和提高实际退休年龄的重要性及其方式，可参考 Andersen et al.（2007）。

15. 参考 Calmfors（2005）。

16. 政治家们倡议，欧元区应团结起来应对分歧。还特别指出，欧元区国家应发行"联合欧元债券"，这意味着北欧国家通过支付与公债相同的利率来补贴南欧国家。这或许能够提高欧元债券市场的流动性，但也通过道德风险对政治活动的影响，增加破坏财政制度的可能性。

# 第十章
# 财政整顿与增长

北欧国家通过寻求适应性和扩张性财政政策，弱化了危机带来的影响，不仅使财政自动稳定因素发挥了作用，同时也采取了审慎措施以刺激经济。在赤裸裸的衰退和之前相对小规模的公债面前，这一政策反应显得合情合理。然而，这次危机不仅伴随着其他挑战，还暗示着长期公共财政前景将大幅疲软。芬兰的情况尤为如此，因为该国老龄化所带来的影响会比别的国家更快地突显出来。考虑到代际公平（Intergenerational equity）①的因素，加之需要保障今后经济下行时自动稳定因素的发挥空间，今后公共财政的可持续性差距亦应得到重视。然而，关键在于财政整顿的实施应以不威胁或不破坏经济的健康运行方式展开，这就意味着将面临既要持续增长又要改善公共财政状况的双重挑战。

●财政整顿的三种路径：减少开支、提高税基和升高税率

本章就围绕如何进行财政整顿、如何实现增长以促进而非阻止经济政策目标的实施等问题进行分析。原则上，共有三种路径可削减预算赤字：减少开支、提高税基和升高税率。前两种方法已在早前的报告《北欧模式》中详细讨论过，见 Andersen et al.（2007），因此接下来只简要谈及，而为促进经济增长税收政策所起的作用将在以下章节中重点讨论。

---

① 代际公平的概念最早是由塔尔博特·R. 佩奇（T. R. Page）在社会选择和分配公平两个基础上提出的，主要涉及的是当代人和后代之间的福利和资源分配问题。可持续发展概念中特别强调，当代人的发展不应损害后代人发展的能力。

## 第一节　减少开支与提高税基

● 削减公共开支是项艰巨任务

大多数国家在控制公共开支增长方面都困难重重，这既有政治因素的考虑（见之后章节讨论），也源于影响公共服务供求局面的两个趋势。第一个趋势通常被称为"瓦格纳法则"（Wagner's Law），说明了许多传统上由公共部门提供的服务，如教育、医疗和老年护理等，其需求的收入弹性较大，这便无法彻底削减此类服务的供应。第二个趋势即所谓的"鲍莫尔病"，称相对于工业制造业，服务业的劳动生产率会降低且难以提高（弦乐四重奏无论何时都需要四个人演奏）。在工资增长相同的情况下，公共服务部门的生产单位成本会增长更快，因此在公共服务供应不变或扩大的情况下，通过税收融资的需求便会增加。

● 在增强公共服务提高效率方面，仍有诸多方法

如之前所讨论过的，开支带来的压力促使采取相关措施，也定义了福利国家的核心项目，为政府应对谁负责做了限定，并提高公共服务供应的效率。如果在不利条件下有调整养老金减少机制的支持，规定养老金缴款上限，或从固定福利转向定额分担制度都是有所帮助的（可参考瑞典养老金制度）。通过引入选择性提供外包或凭证使用和使用费等手段形成竞争，公共服务的效率便得以提高。同样重要的是，在相关技术平台内部兼容的前提条件下，现代信息通信技术（ICT）的潜在效力被完全利用，这些平台也用于公共行政和其他公共服务，特别是医疗保障，这些都需要中央政府有力的领导。目前，公民在医疗和养老这些公共服务领域有何期待，弄清这一点也会有所帮助，因为它自然会使个人和公司都来考虑非公共部门的解决方案，以及作为补充这些方案的需求与规模。在控制一般开支的同时，北欧国家对社会保障覆盖率的提高、人力资本和青年人技能投资等方面应继续保持其雄心与愿望。

● 在预期寿命延长的同时，通过提高工作年限来增加就业是关键问题

人口年龄结构的改变使得开支压力增加，长远地看这也是造成公共财政恶化的主要因素。因此，解决这一问题的主要途径是减少福利依赖同时提高

就业率。随着人们预期寿命的不断延长，养老金与税收政策应鼓励老年人增加工作年限。晚退休的想法及退休金制度对于寿命的指标化需要强有力的激励才能实现。人们的平均寿命延长，老年人的健康状况也比几十年前大有改善（教育水平也有所提高）；因此提高普通公民的工作年限也是有可能的。不仅如此，还应该鼓励年轻人在大学期间提高学习效率，并早些进入社会参加工作。关键是将注意力转向提高劳动力市场的运作和缩短失业期限，例如通过具体措施和有效的工作福利来减少辍学，且不再使移民边缘化。

虽然北欧国家的人均工作年限在国际上算是较长的，但仍有延长的可能与需要，尤其是在芬兰。如图 10-1 所示，从历史上看芬兰的养老抚养比率急剧增加，在瑞典也相当突出。由此可见，与瑞典、丹麦或挪威相比，经济合作与发展组织和欧盟委员会认定芬兰在公共财政的可持续性方面问题较大也不足为奇。退休金福利与缴费基础的指数化大大帮助瑞典实现了养老金制度的可持续性。

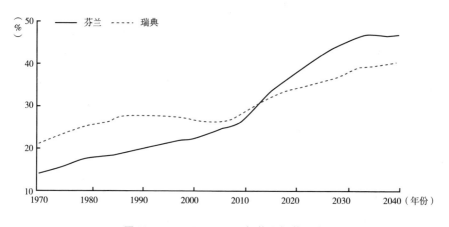

**图 10-1　1970 至 2040 年养老抚养比率**

资料来源：芬兰统计局，ETLA。

● *政府应有财政整顿的实施计划与方案*

尽管如此，政府对立即采取措施提高退休年龄或削减公共开支有着强烈需求。在高失业率的情况下，更高的法定退休年龄限制与实际退休年龄几乎没有关联，而持续的经济低迷仍表明，任何财政紧缩的重大举措都带有过早实施欠缺考虑的风险。然而，关键在于，长远来看公共财政的可持续应具有可信的基础。党派间关于今后采取措施逐步改进节制开支、提高工作生活水平方面应有强有力的政治承诺，加之实施立法决策，才能使得这些得以实现。这些决策应尽早采纳，尽管只有在经济持续复苏的情况下才能得以实施。

## 第二节　通过减税提升经济？

● 在小型开放经济体中，竞争政策与需求管理相对更为重要

与较大但欠开发的经济体相比，财政政策作为工具对小型开放的经济体（SOE）需求和产出的影响显得不太有效。对于提高供给方竞争力所采取的政策措施而言，同样如此。供给方政策的影响对于小型开放经济体来说会相对较强，这是因为其在国际市场上对竞争的依赖度过高。因此，如果只以加强竞争为目的而非仅仅扩大国内需求，财政措施会促进实施的效力。就这点而言，采取措施提高教育和研究质量、优化基础设施投资是至关重要的。同时，税率对经济活动也有刺激性作用。本节将分析的案例是，小型开放经济体作为生产地在以移动生产要素为特点的国际环境中，利用税收政策作为促进小型开放经济体吸引力的一种方式。

### 1. 税收竞争：虚构还是现实？

● 税收竞争是个有争议的话题

生产要素的国际化移动性越来越强，计税基数也会这样。每个国家都愿意通过税率的制定将可移动的因素吸引至本国。特别是在保证对于国际固定项目没有大的税收收入流失的情况下，小型经济体可以通过降低税率从邻国（或稍远的国家）吸引税基，而在较大且更封闭的经济体中，对于国内公司的税收收入损失却相对显著。因此，与德国和法国相比，税收竞争在卢森堡和爱尔兰等国家已受到积极的看待。税收竞争的话题存在争议，也引起了国际协调等问题，本节将从国家视角重点讨论税收政策所扮演的角色[1]。

税收竞争虽然重要，但总体来说并不是普遍现象。该论点通过图10 - 2中的数据可得到阐明。图中数据将不同国家的总税率与它们的总体经济开发度联系起来，并由综合指数测量，该指数特别将贸易往来和相关法规考虑进来[2]。有观点认为，税收竞争会促使税率下降，且越是如此其经济开放程度越高，这也是那些认为税收竞争会导致"向下竞争"（"race to the bottom"）的人们所担心的，从而损害税收收益迫使福利国家瓦解。然而，这一观点并不是由该数据推出的。相反，总税率与经济开放度之间似乎有着一种正面联系（只是在此所列举的国家中）。尽管该关联背后的原因并不明显，但一些可信的解释仍包括以下几点。

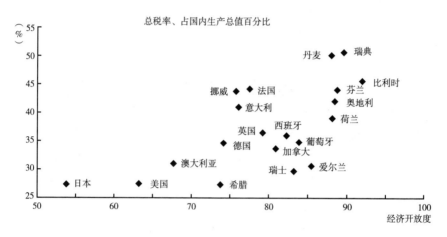

**图 10 – 2  税率与经济开放度，2005 年**

资料来源：OECD（2005），KOF，经济全球化指数（2005）。

● 但几乎没有证据可支持"向下竞争"

开放度与人均收入水平倾向于正相关。在欧洲，收入水平与公共部门的规模也呈正相关，这也大概反映了福利国家中许多服务的高收入需求弹性，例如教育和医疗。因此，开放度与税收水平的关系也反映了两者与人均收入水平之间的正关联[3]。

● 北欧模式表明，开放度与高税收是共存的

开放度会给公司和个人带来更大风险。随着风险规避意识的普及，选民们会提出要求，而政客们也会加强社会保障建设并处理好收入再分配[4]。

这与之前论证中的因果关系会有部分相反，即社会保障网络和更广义的福利国家会增加公民对风险的接受度和对变革的开放度。这在另一方面，使国家获得了全球市场和新技术所带来的益处。这一积极关系在图10 – 2中有所体现，反映了开放度与风险分担的良性互动。这样的互动有利于生产力的良好发展。这样自然可以推测出，税收的合理利用可以加强公民的风险应对，从而提高他们应对外在状况变化的能力[5]。

尽管在税收水平和开放度间的积极关系背后，还存在着极大的争论，这里的综合数据还是能够表明，在税率和公共开支方面并没有明显的"向下竞争"。关于降低税率，包括税务竞争的影响有充分的论据，但这些论据并不足以保证福利国家在决定其自身福利与公共领域规模时，有足够回旋的余地。

● 有些税基比其他的更灵活

当然，讨论中税基的不同，情况也会发生变化。许多税基在国际上是固定的，自然资源和不动产都如此。但更重要的是，对于大多数劳动力来说，它们的移动还没有达到能够严重限制税收政策的程度。然而，对于资本和公司来说，情形则有很大不同，也不必怀疑税收竞争是重要的考虑因素。如以下将讨论的，也应值得注意的是许多国家在过去的十年中，降低了劳动收入的最高边际税率，这主要是因为税收竞争及其他高税率的不良影响。

根据来源地原则，公司税的征收以公司所在国家为依据而非按照公司所有者的国籍，居住地原则却正好相反。在以居住地原则为基础的资本税体系中，对公司利润的征税是其中一项组成（这在对资本征收总税中是重要的部分）。而在现实中，居住地原则的全面实施往往较为困难。许多雇主，尤其是国外机构或公司只缴纳国内公司利润的公司税。因此，公司税毫无疑问成为雇主和经理们在决定为公司选址中的重要因素之一。

● 对公司来说，国际竞争是现实

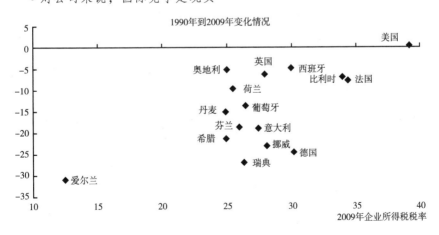

**图 10 – 3　公司税税率**

注：a = 法定公司所得税税率。
资料来源：OECD，税收数据库。

在过去的二十年中，法定公司税率大幅度降低（如图 10 - 3）。将经合组织作为一个整体来看，法定平均公司税率从 1990 年的 40% 以上降到 2000 年的 33.6%，至 2009 年的 26.3%。同时，税基也被拓宽，税收收益也相当不错。仍需要注意的是，公司税税率在高度开放的经济体中往往偏低。尤其是按照国际标准，北欧国家和奥地利的公司税税率都处于低位，爱尔兰则更是如此。德国和美国的公司税税率则较高。这与小型开放经济体在税收竞争中获利更多的观点保持一致，与欠开放经济体相比，税基的积极作用很可能会放大。

● 在工人层面，公司所得税税率有效下降

以对小型开放经济体中的公司所得税实行低税率为原则，的确有这样的案例。得到该原则的事实是，在新投资方面公司税税后的所需回报率，即无风险利率加适当的风险溢价，是从外部获得的，它应当与在国际金融市场上替代投资的回报相当。提高公司税税率对所需的税后回报率并不构成影响，反而会造成资本外流和国内公司资本存量的逐步减少。要想阻止投资的下滑，必须降低工资以提高国内投资的税前回报率（同时保留先前的税后回报率）。这意味着公司税的征收范围是基于国际上固定的一些因素，如劳动力[6]。

显而易见的结论是小型开放经济体中的公司根本没有征收所得税。但是，实际上所有国家都在不同程度地征收公司税。公共领域以生产性基础设施的方式使公司收益，这是实行征收公司税的原因之一。其他原因还包括，许多公司获得高于正常范围的利润，或收取由于地理位置的国别优势带来的"租金"。只要固定因素存在，对这样的租金征收税费是可行的，这意味着低税率会给外籍所有者和所有者居住地国家的税务部门带来更多的好处。尽管这样，税收竞争在公司税收领域仍是重要的问题。

如果把目光从税收转向劳动力，很显然劳动力和资本相比其移动性要弱很多，因此税收竞争的关注度也没那么强了。然而，要想在高学历劳动力选择就业位置时更具有吸引力，那些国家则应考虑对"人才"，即高学历的劳动力的征税问题。这也是为什么芬兰、瑞典和丹麦都有各自的特殊税收计划，旨在减轻"外国"专家在有限年度内的纳税负担。然而，关于对高收入者的高边际和平均税收等问题，特殊的税收计划是无法解决的。

●近期，大部分国家的最高边际税率降低

尽管国际税收竞争或许不是唯一或关键的原因，但事实是在过去的十年中，大多数国家的最高边际税率降幅显著（图10-4），尽管在北欧国家中不是那么明显。虽然预算赤字增加，但在许多国家依旧对工资收入实行减税（包括丹麦和瑞典）。人们相信，今后人力资源的重要性会更加凸显，全球化的程度也会提高，这将对劳动力收入低于平均和边际税率造成压力。尽管各方的出发点不同，无论对于高收入还是低收入，高税收都是个问题。低收入者视低平均税率为关键，使得他们去寻找工作而不是坐享救济；同时低于最高边际的税率会增加高收入者的应纳税收入，也会使他们工作更加努力[7]。高收入者的低税率政策也会增加他们的流动性，使合格的劳动力更合理地被分配，还可吸引海外移民。然而，在这些税率的影响规模方面，实验性证据还很稀少。

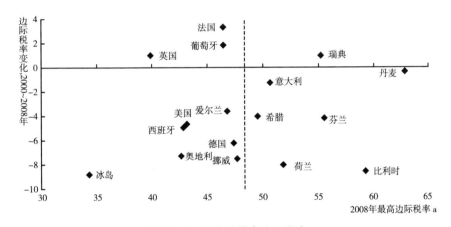

**图 10-4 工资的最高边际税率**

注：a=个人的最高边际税率（包括受雇人的社会保险缴纳）。
资料来源：OECD，税收数据库。

如图10-4所示，北欧国家的特点仍是较高的最高边际税率，尽管近十年挪威、冰岛和芬兰已经降低了不少。同时在北欧国家，还对相当低的收入水平实施了最高税率（与其他大多数经济合作与发展组织国家相比）。在2000年那些存在最高税率的国家中，在2000~2008年呈现税收减少的趋势，且越来越明显，但这样的趋势是否反映出税收竞争或其他高税率的不良影响，目前还很难得知。

### 2. 北欧国家的双重所得税模型

早在 20 世纪 90 年代初，瑞典、芬兰和挪威已引入双重所得税制，并作为个人税制的基本设置[8]。在该税制下，个人收入被分为劳动收入与资本收入，它们受制于不同的税制而非一项综合的税基。劳动收入适用于累进税率表，其最高边际税率是相当高的，而对资本收入的税率则相对较低[9]。然而，在公司和个人的资本征税融合程度上，还是存在差异的。瑞典有针对红利的经典双重税制，以减轻股东人数有限的公司的负担。芬兰则对那些非上市公司的红利受益者实行更广泛的减轻制度，挪威是给雇主发放津贴，因为他们的红利甚至达到了"正常"利润率。

由于双重的所得税制，北欧国家成为在国际上对劳动力实行高税率，但对公司实行低税率的典型。尽管如此，应该说明的是，考虑到对雇主资本收入的征税，北欧国家国内资本收入的总税收也相当高（冰岛例外）[10]。

● 有许多现实论据可以支持北欧的双重所得税模型

双重税制模型的支持者，总能找到有利于自己的理论和现实论据。理论上说，对于劳动收入和资本收入的税率没有理由相等。对于资本收入的最优税率很可能比劳动收入低，在一些假定下还可以是零。同样，对于资本收入的最优税率还可能是单一的[11]。

事实论据则更为重要，也是最重要的。双重税制模式反映了税收竞争的现实。从这点来看，首先，小型开放经济体不必担心税收的巨额损失，可以对劳动收入征收高税率而不是对公司或资本收入；其次，相对低的税率可看成是考虑到通货膨胀的隐含方式，这就意味着按实值计算的资本收入税率或许会较高，即使名义上的税率较低；再次，从政治角度讲，低税率会更容易帮助实现覆盖广而多的税基；最后，统一的税率也与行政简化的好处有关。综上所述，取消对资本收入的累进税制意味着，以上好处比再分配的损失更加明显，也更显得重要。

总的来说，关于双重税制的北欧经验令人满意。然而，现今的经验也引起人们关注一个特殊的问题，即收入所得转移，也被 Birch Sorensen（2000）认为是该制度中的致命要害。这样便刺激了很多经济代理为了少缴税，将征税较高的劳动收入转化成征税较少的资本收入[12]。这样的问题在股东人数有限的公司尤为突出，因为其在上报收入是工资还是公司利润或红利上，更有余地。

### 3. 总体税率与税收结构的比较

关于税收对经济增长影响的研究还没有得出明确的结论。其中的一个主要原因很明显，即高税收政策的影响取决于税收收入的利用方式。如果税收在基础设施建设和人力资源投资方面能够有效分配并利用，这无疑能够以税收相对低的净价来促进经济增长；相反，如果花费在津贴补助和官僚机构的管理，或是提供效率低下的公共服务上，就很可能阻碍经济的发展了。

● 一些税种更不利于经济增长和创造就业

虽然税收的总水平对于效率与增长的影响很难说清，但就税制的结构及相关问题而言，还是能得出很多结论。正如在许多经济合作与发展组织国家强调的那样，对生产活动征税，比如劳动税和公司税，要比对消费和不动产征税更会阻碍经济的发展，这点已论据确凿。同样，税基的浮动也会使不动产和间接税（相比于直接税）的税收竞争没那么激烈。尽管间接税是总的劳动税收楔子构成中的一部分，它们对来自转让收入、资本收入或财富的消费造成了负担，却或多或少减轻了对于劳动力供给的不良影响[13]。因此，可以给出的建议是，将税收由公司税和劳动税转向消费税和不动产税，以促进增长。（如以下所言，公司税与所有者资本收益税之间需要做出区分）。

● 公司税和劳动税是最不利的税种

对于劳动收入的建议相对直接，但操作起来同样困难，这是因为工资税在税收收入中十分重要。从刺激经济增长和保持高就业率的角度看，今后还是应该想办法尽可能降低工资税，而不是提高。如前所论，这应该在工资税的全部范围内实行。对低工资的税收应该降低，以鼓励劳动参与，让工作有价值，从而增大劳动供给。对高收入者的低税收也同样能鼓励劳动，并逐步积累竞争力。降低对高度熟练的劳动力税收也可看成是政策的一部分，以提升国家的吸引力，使其成为高质量活动，如研发及跨国公司总部的所在地，这同样也能减少逃税现象。接下来将谈到的公司税，情况会更复杂，因为要同所有者资本收益税一同进行分析。

### 4. 降低公司税税率：怎样做？为什么？

● 国有企业选择低公司税对经济环境有利

公司税（作为一种税源）在税收竞争中具有特殊的重要性。但是，本国的企业拥有者在作投资决定的时候，会考虑到公司税和所有者资本收益税两项。典型的双重税制计算方法是，先对公司利润征税，然后在所有者层面上对红利和资本利征收资本收益税。尽管这样，对公司及其国内所有者的联合税率是很高的，这也存在着问题，因为会导致所有制结构的倾斜，使其过度偏向非本地居民（或机构），同时也可能使供给小公司的资金减少，它们便无法进入国际资本市场。

对公司和所有者征税有很多方式，无论在公司层面还是所有者层面减轻他们的双重赋税也有很多办法。在公司层面，两种主要选择值得注意：第一就是简单地降低公司税税率，第二则是实行所谓的 ACE 模式[14]（公司股票津贴，allowance for corporate equity）。

● 降低公司税税率是直截了当的办法

很显然，降低公司税税率一定能引起所在国经营公司的注意，因为低税率意味着公司有更多的获利或所有者拥有更高的红利。低税率对任何一家公司都是有利的，它还能鼓励来自"内边界"和"外边界"的投资。"内边界"以所在国公司增加投资的形式体现，因为边际投资的税率降低了。"外边界"则以海外新公司的进入形式体现，它们也受到较低的平均税率的诱惑（增加税收收入的另外一个渠道是跨国公司收益于低税率，使其总体税赋减轻，它们的更多利润会转移至对象国）。此方式带来的主要弊端便是税收收入的损失，除非有足够的国外新投资进入来抵消。此外，即使作为典型双重税制内的一部分，降低的公司税税率也并不能保证投资的中立性和融资决定。

● 同时 ACE 模式与吸引人的中立属性有关

引入 ACE 模式意味着在计算应纳税利润时，公司可根据其股票数量给予一定的津贴，这与给债务利息减税类似。该津贴以公司股票的估算返回为依据，与"正常的"无风险回报率相当，并反映在如政府债券利率上。津贴的实施本身降低了税收收入，但若高于回报率或租金仍应纳税。ACE 模式体现了很多中性的特质，具有吸引力。如同现金流量税制度，它保证了在边际投资方面没有税楔。因此，该津贴也刺激并带来更多投资。

公司在股权与债务间的融资决策上，ACE 模式能保证其税收的中立性。当前由于税收原因，债务成为融资的选择倾向，其利率还能降低。与当前这样的情形相比，ACE 模式则会刺激融资方面股本的比例增加。这可能对整体的经济运行带来好处，因为较强的金融结构也会增强公司及总体经济应对困难的适应性。如果与资本收益的企业所得税中的权责发生制相结合，ACE 模式也可给予净利润和其他融资选择之间的中立性[15]。中立性的提升不仅对经济效益有帮助，也能避免过度杠杆的出现，这也是导致当前经济危机的因素。

- 遗憾的是，ACE 模式的实际经验有限

在公司税率不变的情况下，引进 ACE 模式会有降低税收收入的风险，其减少规模取决于津贴的数目与对投资的影响。作为当前实施运行 ACE 模式的唯一国家，比利时的经验表现出严重的隐患，即跨国公司会利用不同辖区税制的差别与不对称性来减少自己的赋税。在短期内，可通过设定用于股息津贴为零的最初股本基数使税收收入不至于大幅度削减。这一税制模式会有效地累积为新的股本。显然，津贴的影响还取决于对其本身的正常税率的定义。

- 减少公司税对税收收入的影响也并非那么严重

尽管每种减轻公司税负担的方式都有优缺点，但问题的关键是其对投资和经济活动以及税基的影响。关于公司税对公司法律形式选择的影响、债务与股权融资的选择、跨国公司投资、选址与利润转移的决定等已有大量研究进行实证分析。这些研究表明，税制带来的多种影响也相当有力，这在跨国公司在利润分配和公司经营选址上体现尤为突出。Clausing（2007）研究显示，公司税保持在 33% 可使税收收入最大化，同时也证明了随着时间推移，资本流动向税收转移的趋势逐步增强。在一项大样本调查和综合分析中（涵盖了对税收弹性超过 400 种估计），de Mooij and Ederveen（2008）[16] 的结论是，利润转移产生了税基弹性的最大化，但国际投资层面的反映也是本质性的，并通过边际投资和谨慎的选址决定表现出来。该结果与某些观察一致，这些观察发现随着政府参与强烈的税收竞争来吸引跨国公司利润与流动资本的同时，平均有效税率也在下降。

- 尽管有国际税收协调的案例，但还是无法成为现实

税收竞争越来越显现的重要性可以为这样的论述提供证据，即如果政

府能够在保障公民利益最大化的前提下，对税收协调的支持可控制税收政策跨国的溢出效应。相反，如果政府对赞同过高税收和庞大的公共部门（"Leviathan"）抱有偏见，那么税收竞争或许预示着对滥用政治权力的欢迎支票。然而，无论国际税收协调有怎样的好处，它几乎都不可能变为现实。即便是在紧密联系的欧盟，其成员国都很难做出让步与妥协，因为那样会削弱自身对税务控制的权力[17]。

由此可得到这样的结论，财政整顿削减了总需求的增长，并可能对经济增长与就业的前景带来负面影响。然而，在财政整顿与经济增长相结合的方面还是存在努力的空间，包括通过实际行动提升就业率，以及以促进增长的方式转变支出与税收的组成比率。这应该是北欧国家经济政策核心要素，其国际竞争或供给方面比国内政策带来的需求影响更加重要。更长时间的工龄和更高的有效退休年龄是增长就业率和扩大税基规模的主要渠道。提高公共服务供应效力至关重要，同时扩大公共责任范围也是有所帮助的。如同之前谈论到，税制结构可向鼓励经济增长与创造就业的方向倾斜，这就意味着减轻公司和劳动力的税务负担，同时能够接受尤其是对消费与不动产的更高赋税。

**本章注释**

1. 有观点认为，需要税收协调来处理与国家税收政策有关的跨境外部性。这些都是在欧盟和经济合作与发展组织广泛争论的议题。然而，税收协调的进展甚为缓慢，而就税率达成国际协定的前景也依然渺茫。无论税收协调的好处有哪些，它都不太有可能形成。关于税收竞争的探讨，请参考如 Birch Sorensen（2000）。

2. 关于经济开放指数，参见 Dreher，Gaston 和 Marten（2008）。

3. 此关联在欧洲可被辨识出来，但在盎格鲁－撒克逊国家似乎不能；参见 Korkman et al.（2008）。

4. 参见 Rodrik。

5. 这里关于"北欧模式"的解读在 Andersen et al.（2007）中有详细阐述。

6. 参考 Birch Sorensen（2009），Griffith 和 Hines（forthcoming），他们阐明了税务负担甚至"更能全面转向"劳动力。

7. 在"外部边缘"选择方面，平均税率的降低对低收入者来说至关重要。"外部边缘"选择即对参加劳动或寻求救济的选择。见 Kleven 和 Kreiner（2006）。Holmlund 和 Soderstrom（2007）的研究也可证明，瑞典的最高边际税率的降低从广义上讲对税收收入不会造成影响，甚至还有可能增加。

8. 在丹麦，资本收入某种程度上受累进税制的制约。在冰岛，资本收入的税率曾一度降到10%（工资所得税的平均税率为37%），该税率被新政府提高到15%。

9. 经常的情况是，一些形式的收入会被特殊对待或大部分不被征税。对于那些占有住房、享有养老金和资本收益的拥有者/雇主更是如此。

10. 对大多数经济合作与发展组织国家资本收入征税的一般比较，包括公司税制和对红利和资本利得征税的影响，已由瑞典的 Aktiespararna 做过。

11. 见 Birch Sorensen et al。

12. 该问题已经在挪威、芬兰和瑞典引起注意，尤其是冰岛。因为在冰岛，资本收入与工资之间的征税比率的差距比其他地方都大。

13. 在对经济活动与增长方面的影响上，关于替代税基排序的叙述有所保留。例如，对不利于环保产业的税收显然更能达到重要政策的目标。同样，精算公平受益可以带来负激励效应，与工资税相似。

14. 其他的方法包括一些极端的建议，例如支出税或现金流动税制，以及其他在所有者层面减轻对红利双重征税的多种方式。在后者中，一种很有趣的方法是挪威的"股东模式"，即根据无风险资产的"正常"回报率，给予所有者在红利部分一定补助。

15. 见 Birch Sorensen et al。此外，在 ACE 模式中高于正常收益率的边际税收比平均税率高，这不利于对收入转变的激励（从劳动收入转向资本收益）。ACE模式的另一优势是何时采取折旧提成对结果并无影响，同时还可避免对资本弱化规则和债务使用限制的需求，以防止跨境利润转移。

16. 同样参见 Devereux 和 Lockwood（2006），Bellak 和 Leibrecht（2008），Bellak，Leibrecht 和 Riedl（2008）和 Benassy-Quere at al.（2003）。

17. 因此各国政府都竭力寻找次优选择，限制在别国的税收结构下的国际税收套利。

# 第十一章
## 建立更强健的金融体系

从当前全球经济危机的起源、20 世纪 90 年代初期北欧国家危机的经验和冰岛的故事的解读中，我们都得到了一些政策性结论，它们让金融体系降低走向严重危机的可能性。这些结论并不新颖，但依旧重要。在增强金融稳定性方面，本章将阐述我们认为必不可少的关键问题与行动路线。

### 第一节　过度的杠杆与风险承担

所有的危机，包括许多金融危机，很显然导致其发生的核心导火索——金融机构承担了过度的风险，其具体承担形式也不完全一样。然而，它们都与向非金融实体提供快速增长的信贷，以及金融机构违背债务工具职能的借贷有关。这些造成了金融机构和许多非金融借款方的高杠杆，这很具有典型性。

- 过度信贷增长是金融危机的关键组成部分

信贷扩张过程中一个必不可少的部分是积极的反应机制，即"金融加速器"，通过它更多的信贷提升了资产价格，而更高的资产价格使得非金融实体和金融机构的资产负债表看起来更强劲，更能显示它们的财务实力和信誉度，从而导致进一步的信贷扩张。在最近一次的危机中，大部分信贷扩张堂而皇之地发生在传统银行机构外（即影子银行），其工具与金融结构也变得相当复杂（多层次的证券化、不同种类提升信用衍生品的爆炸性增长、大型金融机构广泛的跨境交易等）。如此发展带来的结果是，市场参与者与监管者都严重低估了财务机构潜伏着的风险。

对于导致风险的确切机制和不同因素相对重要性的分析尚不完全。我们认为关键的问题是债务为过度贷款提供资金，即金融机构变得十分杠杆化。在金融的中介过程中，股权通过三种方式正好起到帮助金融稳定的作用。首先，它使中介的代价更加高昂，以起到阻止信贷扩张的作用；其次，当风险出现时，高资本缓冲可使债权人的损失没那么严重，减轻他们的恐慌；最后，足够的股本限制了利用纳税人的资金对"复活赌注"的追求。

## 第二节　金融监管的行动路线

**● 资本需求应在一些领域进行改革**

资本需求须在以下方面进行再评估：总体水平、资本构成、机构覆盖率、业务与工具和对顺周期性的要求等。当前以风险为基础的要求显得过于松懈，使得大量股本权益之外的要求通过其他类型的工具得到满足。所谓的影子银行，基本上都不在资本需求之列，它们也应服从普通银行类似的需求标准。尽管有困难，但也必须设法降低资本需求的顺周期性。

严格的资本需求是有代价的，即金融中介会越来越少，这意味着对社会有益的经济活动将无法实现。同样，规则本身也会激发其创新，以逃避规则的代价与带来的限制。尽管如此，这些代价与动态结果是无法为软性的规则辩护的。它们更应成为规划适当改革的理由，在需要时再次审视规则，以期对只通过监管改革能获取到什么成果有着现实的看法。

**● 资本需求应有广泛的机构覆盖率**

制定有效、可行的资本监管方案很复杂，我们这里也不做具体的建议。然而，对所有参与金融中介的机构设立足够的资本需求似乎尤为重要，这些中介业务涉及信息密集的借贷和创造被投资者和储户认为是安全且可流动的负债。尤为重要的一方面是之前提到的影子银行，它们以购买证券的形式存在，由购回债券提供资金并得到有风险的贷款支持。对这些影子银行适当的资本需求限制不应放松。当前国际上对资本监管改革的思考似乎正在向大体正确的方向发展，可参考国际清算银行（BIS）的例子（2009b）。

流动性的规定也值得注意。中介证券化已成定局。尽管当前危机崩溃，金融机构的流动性，即它们能够得到的支付手段，将取决于出售市场化证券的可能性（将其售向更高的程度）。这些市场流动性的潜在消失是没有将监管考虑到的问题。在确保中介对危机的应对性并影响债务工具的流动性方面，应寻求监管的办法。

风险评级的质量是金融体系中的一个特殊问题，它使市场化证券得到广泛使用。资产投资者和监管者都依赖于评级公司对风险的评估。毫无疑问，当前的危机表明，时下的评级体系还有缺陷。从不同立场讲，评级都严重低估了真正的风险。关键的问题是证券的发行者为了自己的评级更高而给评级机构支付费用。评级机构同时还建议证券发行者设计出适合且复杂的金融工具后，再给他们评级。若无别的情况，这也鼓励了新的金融工具的设计与诞生，从而忽略对其最低边际风险标准的制定。很显然对于这些问题的解决办法是，禁止证券发行者给予评级机构好处，禁止咨询与评级同时进行。这些都应该慎重且严肃地考虑，尽管这些禁止有可能会使证券化的中介减少。

- 对高管薪酬加以法律限定并不能取代其他有效的措施

当前公众争论的焦点是对高管的补偿。高管们常常因为极差的业绩而拿到丰厚的补偿。尤其是银行高管的高额补偿使得立法机构也变得愤怒，因为这些银行是在用纳税人的钱渡过难关以及打点高管。很显然，与业绩关联的补偿制度并没有起到作用并正常实行。而问题的关键是这些对业绩的测量并未从长远的角度看。这样，董事会也无法在这方面照顾股东的利益，而这需要用监管手段来解决。此外，禁止股份或其他形式的补偿，这对保证今后的金融稳定也未必能起到积极作用，因为当下的补偿方式跨度有数年之久。同时，对补偿包的大小进行法律限定，也找不到合适的理由。无论怎样，对高管薪水进行法律限定并不能看成是对足够资本需求和其他监管的替代，这对承担风险的程度有直接影响。

跨国金融体系整合的高水平，要求金融与其他类型的监管应在密切的国际合作中不断发展。欧盟的金融监管水平与和谐度不断提高，但显然也是不够的。类似的规定应在所有金融中心加以实行。这样的要求也显示国际清算银行、金融稳定委员会、20 国集团和国际货币基金组织之间的协调过程十分重要。正是重视了北欧小国的利益，机构间的合作才得以展开并听到了这些机构发出的声音。

● 监管不仅要提高，还应有足够的权力

只有在执行有效的情况下，监管才起作用，这就意味着有效监管。在金融危机的背景下，很容易找到监管的漏洞与缺陷。除了与能力和诚信有关的问题外，我们认为有三方面值得特别关注：对机构个体与整个体系的专注、不同监管机构在同一国家与跨国间的行为连贯性和在过度风险监测下有足够能力和权力介入。在国家与欧盟层面的管制革新的准备阶段，实际上它们也将解决以上至少前两个问题。

欧洲系统性风险委员会（ESRB）的成立在提高宏观审慎分析方面提供了帮助，该分析主要针对越来越一体化的欧洲金融体系。通过将宏观经济和金融行业分析相结合，并覆盖所有欧盟国家，欧洲系统性风险委员会有能力识别整个体系内对金融稳定造成的威胁。然而，也应认识到随着金融体系的发展与更新，即便是最完美的宏观审慎分析都有可能无法识别新的稳定威胁。当然，单靠完备的分析也是不够的。考验我们的是，如何在需要行动时把握时机。欧洲系统性风险委员会并没有对成员国施加约束的权力，这意味着无法保证能够采取适当行动。

欧洲金融监管体系（ESFS）则能够做出合理反应，做到更好的协调与监管，以及对欧盟各成员国的危机管理。欧洲金融监管体系通过三个欧洲监管当局（ESAs）展开，它们分别负责银行、保险与养老金机构和证券市场。每家监管局（或委员会）有权力要求各国监管机构在特定情况下采取具体行动。从理论上讲，欧洲监管当局在危机到来时可以做出有效反应，并产生不同凡响的跨境效果。在实际操作中，协调的规模是有局限性的。保障条款指出，在欧洲监管当局做出的决定侵犯成员国财政责任时可无须执行。考虑到金融危机通常涉及偿付能力问题，该条款的执行有可能决定欧洲金融监管体系在危机状况下的实际效力。

仍旧会有人问，监管当局在需要时是否有足够权力介入，并在不干涉的情况下让被监管方承担责任。法规的适用意味着只要金融中介履行其正常职责，对资金、流动资产等进行监管，那么干涉其金融活动的可能性就会小。与此同时，若整个体系的稳定性受到威胁，尽早介入与干涉是极有帮助的。解决这个难题的办法之一是，在金融体系作为整体的基础上，使干涉在一定条件下得以实现。因此，如果有能力的监管当局认定潜在系统风险已形成，他们可以为做决定的个体机构规定行为规则，即便这在当时的政策下、法律上是行不通的。

- 这里存在"规制俘虏"的风险

这里有个高度相关的问题，即"规制俘虏"问题（regulatory capture）。规制俘虏是指监管者在做决定时，照顾的是被监管机构的利益而非公共利益。要想减少其可能性，则应该有段法定的"转换期"（transfer period），起到约束作用，即监管机构的雇员若转向去私人金融机构工作前应有个过渡期，且继续受监管机构监督。与其他地区比较后，3~5年比较合适。我们也意识到这样的过渡期规则很有可能使提高监管机构的补偿水平成为必要，但花这些钱是值得的。

加强国际监管协调与配合也意味着，单个或特定小国在这个方面会力不从心。若想确保有效监管，其结果自然大部分取决于国家层面的选择。然而，许多小国在国内金融监管方面往往较难发挥成效，面临局限，因为绝大多数中介服务是由国外金融机构的分支提供，在该国的监管范围之外。很显然，若所在国的监管部门能够获取并搜集信息，并对机构的重大跨境业务所采取的措施有发言权，这自然是保护了所在国的利益。

- 跨境银行业务存在特殊挑战

当前的危机表明，跨国银行业务的确威胁着金融稳定。瑞典的银行当前在波罗的海国家有潜在的过度暴露，而不是在本国或芬兰、德国，这部分是由于对波罗的海国家新的表象不太熟悉，这样的结论很容易得出[1]。从原则上讲，解决这一问题应从法律上进行要求，而不仅仅是鼓励，银行在海外应以子公司的身份运营，而不是分公司。二者的区别在于，子公司在法律上属于所在国当地的实体，而分公司则仍旧受到原籍国规定与制度的要求。这一区别是至关重要的，比如冰岛的纳税人突然发现他们要对在冰岛银行在英国与荷兰分行的存款负责（如第七章所描述的）。如果冰岛银行对不断将分行改为子行的恳求有所回应，这样的问题是可以避免的。若在英国和荷兰的监管下，冰岛银行有可能不会如此热衷于吸收海外高利率存款，他们不幸的存款也会由英国和荷兰的7700万居民支撑，而不是仅仅依赖于 32 万冰岛人民。应承认的是，子公司地位的要求与服务的自由移动理念并不匹配，而这却是欧盟政策的中心要素。

此外，金融中介的市场结构也会影响金融稳定。当前的危机便预示着若想让庞大且高度关联的金融机构倒下是很困难的。庞大金融机构"大而不倒"的观点在大部分国家已根深蒂固，这同时也使得金融机构不愿采取审慎的做法。抵消隐含的道德风险问题和减少大机构承担的过多的风险需要新的措施。从行政角度限制机构的规模会显得专断且不实际。更自然的做法应是对机构规模的功能进行监管性要求。例如，资金需求对大机构来说比小机构更严格。

应对大而不倒的问题应采取另一种有趣的方式，即对那些足够大的机构实行"生前遗嘱"（living will）或可操作性的方案以在必要时迅速对机构继续分解。该方案不仅降低了不救助的成本，还促进了更好的风险评估与监管。方案应当包括一些债务工具向承担风险资本的转换（之前所规定的）。

许多评论者建议立法机构应该对机构进行限制，并对其进行具体管控，这样有益于公共安全网络。这类建议最极端的提议是，只对"狭义银行"（narrow banks）进行公共保护，它们同意接受来自公众的流动存款并提供支付服务。此外，这些银行还要求将其资金投资于政府债券或其他相似风险等级的资产。当然应该确保银行百分之百的存款担保，使其正常运行，同时资产的安全性也减少了担保人的损失。除此外的其他机构便不在管控范围内，对他们的借贷人也便没有规定。

- "狭义银行"的选择是行不通的

我们还是觉得这样的提议有些误导。原因很简单，这会致使相当部分的金融中介易于受经济严重波动的影响，从而打击整体经济。在金融危机到来时，仅仅保住那些提供货币与交易媒介的机构安全，并不能够避免对宏观经济的影响。应该注意的是，大部分缺少监管的影子银行在为经济运行提供有效业务的同时，也同样承担着大量过度风险。雷曼兄弟并非存款银行，但其破产却是灾难性的。同样，保险巨头美国国际集团（AIG）的倒闭在雷曼破产后马上也造成了灾难性的影响。如果认为在危机中，只有除了"狭义银行"外的机构即将破产，政策制定者都会无动于衷的话，那是极其狭隘的。因此，最好的办法是提前准备以减少失误发生，对其他经济部门的破坏影响也没那么厉害。

对于小国，大而不倒的问题尤为严重。相对于经济规模，它们的银行系统通常被为数不多的大型机构所控制。对于这些国家而言，要想减少对大型机构的依赖，其唯一实际的选择是引入国外竞争者。这可以通过全部所属的子公司、分支机构和跨境提供服务得以实现。在许多小国家，被外国机构控制的金融服务业实际上已显得十分重要，这在欧盟的几个新成员国中尤为如此。

然而，对国外金融机构的依赖也会使其经济在遭受冲击时变得脆弱，这些冲击往往源于国外。在当前的全球经济危机下，已有迹象显示国外机构不得不对外围市场做一定程度的收回。在某些情况下，所在国政府通过政策手段使得这一趋势实际上被加强。例如，对国内市场扩大信贷供应的要求，包括金融援救和一系列鼓励政策。因此，这实际上变为在限制对国内几家机构的依赖与避免外围市场在危机中受打击之间的一种取舍，国内这几家机构也必是大而不倒的。也意味着对于小国来说，最活跃的经济体系应该是国内与国外机构的相得益彰。

## 第三节　宏观经济政策的重要性

宏观经济政策的失败往往导致金融危机的发生，失败程度往往影响危机深度。在应对处理危机方面，逐步形成了广泛的共识，即货币与金融政策应该以减轻总需求突然下降所造成的影响为目的。然而，在此基础上，对总体政策至今并未有什么建议。

最有效的政策结合往往在实践中才能找到。例如，20世纪90年代初发生在北欧国家的危机凸显了利用高利率维持固定汇率制的问题，而该固定汇率制是不可持续的。在其他一些情况下，当货币没有被严重估高且其他因素可以支持当前平价的可信度，则更应该把重点放在财政刺激上。然而，高额的公共债务会有效限制扩张性财政政策宽松的潜力，在危机时期严重的可持续性问题甚至会迫使酌情使用的财政紧缩，正如当前的冰岛和爱尔兰。

●识别"过度"信贷增长和之前的资产价格泡沫是有困难的

更加引起争议的问题是宏观经济政策有多少能够对之前的金融稳定负责，即通过控制危机前经济增长阻止危机的发生。主流观点曾经认为，货币政策最好也只能通过针对稳定与低通胀保障金融稳定。同样，财政政策应主要通过所谓自动稳定器的运行，减少短期内的经济振荡。尤其应注意的是，靠货币和财政紧缩来阻止资产价格泡沫的增长是不可取的。没有人真的知道如何发展会成为泡沫。此外，通过财政与货币工具来试图故意压缩被看成的泡沫，也被证明是徒劳的，这样也会导致原本不会出现的危机发生。

在当前的经济危机下，这样的论证观点显得过于正统。尽管在泡沫形成的过程中能够被识别很困难，但也仍应当进行尝试，并做到相应的预防。信贷增长与快速飙升的资产价格同时发生，这很显然是警示信号，正如个体机构的风险溢价和快速变化的风险部位。尽管在消除泡沫方面几乎找不到简单的法则，比如"泰勒规则"，但某种程度的"逆向干预"应该可以保障。那些最近经历过暴涨暴跌循环的国家在危机前时，他们的政策制定者会对采取先发制措施的需求与可能性持更积极的态度，以限制信贷与资产价格的暴涨，这也许并非偶然[2]。

对于欧盟成员国和那些将其货币与欧元有效联系起来的国家，很显然只有财政措施能够应对各国的泡沫。鉴于调整开支的频率过快且有困难，可考虑利用税收手段限制泡沫膨胀。但是能够及时采取酌情措施是要求很高的。或许保证金融稳定的财政政策最好的方式是加强自动稳定因素。这样一来，所得税和综合社会保障网络便显然有用，尽管高额的累进税和慷慨的福利体系也会造成问题，如激励不够、避税和国际税收竞争。

**本章注释**

1. 尽管这是个被摒弃的结论。例如，加拿大的银行在加勒比海地区的岛国的经营历史很长，且较成功，如巴巴多斯等国。他们在本国和外国都未遇到严重的问题和麻烦。

2. 参见瑞典央行行长 Stefan Ingves 于 2007 年在美国杰克逊市的协调。

# 第十二章
## 脆弱性和恢复力

尽管世界经济已趋于稳定，但复苏仍旧缓慢且乏力。当前的这场危机对整个社会与经济发展都会有长远的影响，高的失业率和公共债务的阴影今后也仍将笼罩。

危机也改变着对于规则的角色和宏观经济政策的政治理念。当前，尽管在金融市场效率与创新方面会付出代价，但仍旧存在着加强金融市场监管与监督的意愿。有观点认为，除财政自动稳定器和针对稳定价格的货币政策外，也偶尔有对宏观经济政策的需求。政治家们希望提升国际性组织，如国际货币基金组织的力量，同时加强 G20 集团内部的合作。在危机之后，全球框架和国家的经济战略都得到了重新考量。

北欧国家在这次经济危机中受挫尤为严重。由于这些国家的经济策略，受到影响并非巧合而是必然结果，致使它们以利用全球化的过程来提高生产力和收入。在贸易领域，该经济战略持续了很久，绝大多数北欧国家也赞成在自由贸易的框架下进行全球的细分化。自 20 世纪 90 年代起，这样的观念也逐步向金融市场扩展，便可看到进出自由的资本流动。然而在受益的同时，全球市场也充斥着风险与问题，当前的危机也有力地证明了这一点。

● 世界经济在今后也许比过去更加不稳定，这引起了关于政策角色的根本问题

危机爆发前的几十年间，全球经济保持稳定，危机后已无法保证是否还能回到那时。但可以确定的是，前景比过去会更加的不稳定，特别是因

为金融技术的复杂性与国家之间的相互依赖。因此，是否需要对经济政策战略进行全面的审视？这样的再次评估对政策结论意味着什么？在经济政策战略方面，北欧国家在这次危机中希望得出的教训是什么？

本章将依次讨论这些问题，并对其中答案的部分因素进行总结。具体将讨论到任何冲击都无法逃避影响，但通过合适的政策可将受影响的程度减轻，从而经济的恢复力会增加。最后，将对当前危机下的北欧模式进行点评，并重申在全球范围内采取行动的必要性。

## 第一节　阻止全球增长？

全球化进程给世界各国带来好处，北欧国家当然也不例外，今后也将会是这样。在过去的几十年，北欧国家的开放度显著增加。更广泛地说，当前世界经济的相互依存度证明没有一个国家可免于全球振荡的影响，其影响通过实体经济与金融渠道广泛蔓延开来，欧洲的小国更是这样。当重要的政策问题显现出来，它们可以说是关于缓和或减轻冲击带来的影响的方法，而不是免于受影响的机制。在 WTO 欧盟内部的规则中，保护主义或半保护主义的方法不可取，歧视性和反竞争的措施也与之抵触，长远看来都只有坏处。全部参与国际劳动分工带来的好处是经济繁荣的关键先决条件。

发达的资本市场原则上应帮助经济主体应对冲击，尤其是通过允许长期的平衡消费和通过保险和多元化降低风险。进入与流出北欧地区的国外直接投资以及跨境股票资产增长迅速。然而，资本市场也可成为焦虑的根源，或者恶化由宏观失衡所引发的波动。在现实中，一些公司或家庭在流动性上受到限制，无法在困难时期贷款或借资，从而在信贷体系尤为需要的时候反而运作糟糕。金融体系的相互联系可以很大程度加剧焦虑的影响，并扩大影响范围。

● 没有复杂的金融体系带来的服务，我们什么也办不成

尽管资本市场的稳定性很难保证，但对发达的金融体系的需求是切实的，因为其对公司与家庭提供的服务至关重要。金融体系提供支付系统，将储蓄转向投资，使长期的消费得以平衡，使风险多元化并使公司效率得

到监督。任何国家都无法放弃复杂的金融体系带来的益处，其金融监管的参数也逐步在全球层面上得以确定。

● 不可能完全不受影响，但必须寻求减少脆弱性与提高恢复力的办法

因此，第一个结论便是全球化与复杂的金融体系仍要保持，且是可取的，但其中带来的振荡也会继续发生。问题并不是避免影响，而是尽可能减少影响，降低频率和缩小振幅，减轻对国内经济造成的不利结果，从而提高今后处理问题的能力，并尽可能顺利快速做出调整。

## 第二节　一些受冲击更厉害

● 各国的出口都在下降，尤其是小型经济体

危机爆发时尽管所有国家都受到波及，但很显然有些国家受的打击更为严重。表 12 - 1 可看出它们的区别，并展现了 2009 年出口和投资对GDP 增长的直接贡献。对于小国来说，出口的负面影响尤为突出，这并不奇怪，芬兰的降幅最为严重。然而，我们还需要考虑出口与进口间往往有密切的联系，该联系通过将生产环节的部分产品外包得到了加强。这就表示净出口的数字更为有用。同样在该情况下，芬兰还是遭到尤为严重的负面影响，德国也是这样[1]。瑞典的出口减少量小很多，这也引起了瑞典克朗同时贬值的效应问题。然而，如之前第八章讨论过，芬兰出口的大幅下降可能由其出口结构导致，而不是竞争的影响（通常也需要时间显现出来）。

● 各国的民间投资也在下滑

在总体民间投资方面，其对 GDP 的贡献在所有国家都是负的，那些国内金融市场中还要应对房屋泡沫，即拥有高杠杆家庭的国家影响尤为严重。冰岛、爱尔兰和西班牙尤其如此，这些国家的住宅投资比重可观。受净出口和民间投资双重冲击而深受其害的国家有芬兰、德国和日本，尽管其重要影响来自于非住宅投资。

鉴于带来不良影响的冲击经常会发生，真正的问题是如何提高应对能力，并以尽量低的成本使经济运行抵抗冲击，以及如何使经济从危机中复苏，提高其恢复的能力。

表 12 - 1　2009 年出口和投资对 GDP 的贡献，GDP 的百分比

| | 出口 a | 净出口 b | 民间投资 c | 住宅投资 |
|---|---|---|---|---|
| 芬　　兰 | - 14.4 | - 3.4 | - 2.5 | - 0.4 |
| 比 利 时 | - 10.6 | - 0.9 | - 1.0 | - 0.2 |
| 奥 地 利 | - 8.3 | - 3.4 | - 1.4 | - 0.2 |
| 荷　　兰 | - 7.5 | - 0.5 | - 2.6 | - 0.7 |
| 瑞　　典 | - 7.4 | - 0.2 | - 3.7 | - 0.6 |
| 德　　国 | - 7.3 | - 3.7 | - 1.9 | - 0.1 |
| 瑞　　士 | - 7.2 | - 3.4 | - 0.8 | 0.0 |
| 意 大 利 | - 5.7 | - 1.2 | - 2.6 * | - 0.3 |
| 丹　　麦 | - 5.5 | 2.0 | - 2.9 | - 1.1 |
| 加 拿 大 | - 5.2 | 0.6 | - 2.5 | - 0.5 |
| 西 班 牙 | - 4.1 | 3.7 | - 4.3 * | - 1.7 |
| 日　　本 | - 4.0 | - 2.4 | - 3.1 | - 0.4 |
| 希　　腊 | - 3.6 | 3.1 | - 3.1 | - 1.6 |
| 挪　　威 | - 3.6 | - 0.1 | - 1.1 | - 0.5 |
| 法　　国 | - 3.2 | 0.0 | - 1.4 | - 0.5 |
| 英　　国 | - 2.9 | 1.1 | - 3.3 | - 1.1 |
| 爱 尔 兰 | - 1.8 | 3.7 | - 6.2 | - 2.9 |
| 美　　国 | - 1.3 | 1.0 | - 2.8 | - 0.7 |
| 新 西 兰 | - 0.3 | 6.1 | - 3.5 | - 0.8 |
| 冰　　岛 | 0.3 | 1.3 | - 9.3 | - 2.1 |
| 澳大利亚 | 0.5 | 3.0 | - 1.0 | - 0.5 |

注：a. 货物与服务的出口总量。

b. 总出口减去总进口。

c. 民间总固定资本构成。

* 总固定资本构成，包含公共投资。

资料来源：OECD 经济展望 No. 86。

## 第三节　更少的脆弱性

在应对外部的冲击时，各个国家在减少全球需求波动方面无能为力。然而，在面对国内投资与房屋泡沫方面，情形还是不同的。泡沫会由于全球金融振荡最终破灭，但其大部分问题还在国内，以拖延杠杆的生成和基于对大兴建筑活动的过于乐观的形式显现。事后看来，像爱尔兰、冰岛和

西班牙等国纵容了泡沫的生成并观其破灭，这点是很清楚的。尽管困难重重，但还是有可能降低此类泡沫的风险，不仅通过逆向干预的货币政策，而且要确保税务制度在处理业主自住房、家庭借贷和公司的负债融资而不是股权融资方面并不过于慷慨。通过对税务和转移体系合适的刺激，并确保金融市场妥当的法规和有效监管，政府部门在改善私营部门行为方面还是有一定空间的。

不仅从降低金融冲击带来的风险角度，还是从调节对货物与劳动的需求反应角度，适度的杠杆或公司和家庭强劲的资产负债表都是所期望的。有充裕金融缓冲的家庭不大可能因为收入低而急剧减少消费，同时有强劲资产负债表的公司在资金流下滑和经济前景恶化的情况下，也并不那么需要取消投资或削减就业岗位。

● 公司强劲的资产负债表对降低现金流减少带来的影响有所帮助

值得注意的是，此次危机中芬兰和瑞典在产量的下降比 20 世纪 90 年代初危机第一阶段更加剧烈，但失业率并未升高多少，在芬兰尤其如此。导致这样不同的因素，当然是与 20 世纪 90 年代初相比公司强劲的财务状况。高杠杆意味着更强的脆弱性，同样，更多的股权融资由于弱现金流降低了公司破产的风险。芬兰的一些相关阐明性数据见图 12 - 1。

与之前的几十年相比，芬兰的公司已有更多的股权比率，而且 2009

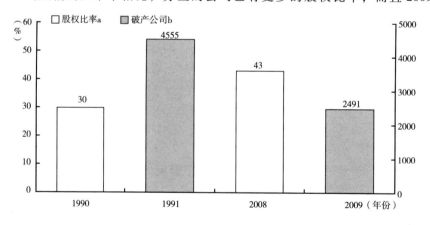

**图 12 - 1　芬兰公司的股权比率和破产情况**

注：a. 芬兰最大的 500 家公司股东产权占资产总额的比例。
　　b. 当年前三季度破产公司数量。
　　资料来源：芬兰统计局，ETLA。

年破产公司的数目只是 1991 年的一半（受影响的雇员只有 40%）。是因为吸取了教训，与 20 世纪 90 年代相比，公司才会有更强劲的资产负债表，当然和对企业收入和股息的税收大幅减少也有关系。因此，一项相当直截了当的政策暗示便是，对资本税的设计可以减少公司的脆弱性和对整体经济的影响，即改变过分倾向债务而非股权的现象。

● 强大的公共财政使财政措施成为危机时期的第一道防线

很显然在爆发危机时，金融缓冲是很有用的，对于公司、家庭如此，政府也是这样。在政策方面，应对经济不稳定的第一道防线便是寻求以健全的公共财政为目标的财政政策。正如前面几章讨论过的，这对于财政自动稳定器的运行有很大益处，从而减轻对家庭、公司和整体经济的冲击。强大的公共财政也使政府可以采取可支配财政措施，从而增加总体需求并应对具体需要解决的问题。例如，在萧条期对政府采取行动降低长期和青年失业率的特殊需求，以便弱化对个人与社会长期的负面影响。

● 对财政政策的适应使社会契约得到尊重并有时间调整

或许会有反对的声音，称财政政策对总体需求和就业的影响有限，尤其对于小的经济体而言，即财政乘数由于各种原因可能很小（见第九章）。这种观点尽管没有错，但在一定程度上忽略了一点，即在萧条期调整财政政策的目标，尤其是使自动稳定器运行起来，不仅是降低失业率及其影响，也能确保（暗含的）"社会契约"得到尊重，并保留公众的信心。对于政府来说，替代的选择是要么大幅削减福利，要么提高税收，这都会侵蚀公众的信心。强大的公共财政在暂时的冲击到来时，能够保证有一定时间去应对，同时不影响公众信心，或在长期危机情况下，有条不紊地采取措施应对，因此显得极为宝贵。

● 浮动汇率并不能保障经济不受冲击

令人感到足够有趣的是，灵活的汇率似乎并不能像在大多数关于最优货币区谈论中暗示的那样，成为有效的机制使经济避免外部冲击的影响，或大幅降低小型开放经济体的脆弱性（见第八章）。因此浮动汇率还是有可能提高恢复力的，即经济体在被冲击后恢复和重新获得劲头的能力[2]。

尽管汇率制度无法保证一个国家的经济不受冲击，但这也并不是说欧元有清白的历史。在成本发展与公共财政方面持久的分歧是潜在的严重问题，这也在第九章讨论过。实际情况应该是各国须对其机制进行调整，以尽量确保平衡，否则就会有越来越难以应对的风险。一些欧元区国家的高债券利率也正验证了普遍的忧虑，即缺少运作良好的调整机制。

## 第四节　更强的恢复力

强劲的金融缓冲资产（finanual buffers）可以成为有用的第一道防线，但也只在暂时的危机并无持久影响的情况下。然而实际上，甚至是暂时的危机才会有长久的影响，萧条时期失去的职位或许在多数情况下都回不来了。要想经济恢复，对成本和相关价格的调整至关重要，从而能促进劳动与资本替代使用间的再分配。这是应对危机的第二道重要防线。有再分配需求的可以是广泛的领域，比如可交换与不可交换商品的生产，或影响特定的几个部门和部分经济。这样的区分对政策有一定重要作用，尽管很难实际操作。

● 如果竞争成为问题，货币贬值可以促进调整

如果在国家的开放领域进行调整会相对来说比较直接，也不存在竞争，但结果也会因为调整力度太小而与外部平衡无法匹配，达到令人满意的程度。导致此类情形的或许是不对称的外部冲击，或国内过度的通货膨胀。在开放领域关于其他国家或非贸易部门，应对普遍竞争力不足的最直接的机制是让货币贬值。这就应该增加净出口和投资（出口或生产与进口比拼），以提升整体经济并促进积极的贸易发展。当然，货币贬值替代选择可以是降低名义工资（正在试图去实行，例如拉脱维亚已做出该备用方案并得到国际货币基金组织的支持），或减少单位劳动成本，后者也通过结合调节工资和提高生产率来完成。鉴于通常情况下的名义工资刚性，货币贬值是提高竞争力的最快途径，这点似乎比较显而易见。（与此同时，如果今后几年将继续进行工资调节，那么即使对工资成本的逐步减少也足够支持商界的信心）。

尽管瑞典克朗的贬值并没有确保瑞典不受经济危机的影响，它还是保持了其开放领域的赢利，也促进了出口与投资的恢复。正如第八章所讨论的，多亏了浮动汇率，时间会告诉我们瑞典是否能比其邻国芬兰恢复得

更快。

- "内部贬值"的规模不大

有时也有这样的建议，即有些国家在不能选择贬值本国货币的情况下，同时工资变动也不够灵活，他们需要采取"内部贬值"。向雇主征税并要求其缴纳社保转为向工薪阶层和家庭（直接或间接）征税，这样的转变是将内部贬值看作直接贬值的替代。政府采取这样的措施以促进公司企业部门的外部竞争力，尽管并不常见，但税收转变的规模很显然有所局限，且税收结构在其他层面上仍需评估。

- 在欧元区，没有其他办法可取代充分的工资调节

由于这些限制，一些小国并不能由于相对成本调整而依赖汇率，它们对总体工资的调节显然很重要。那些有坚强联盟的国家，如北欧各国，若没有正式或非正式的工资协调，以上也很难达成。

在许多情况下，问题也许并不是开放经济体作为整体的竞争水平不足，而是在整体经济中结构转变和"创造性的破坏"的过程，导致了普遍存在的各项活动中对于成本调整的需求。在该情况下，汇率的变化成为正确的回应就不那么明显，因为许多相对成本和价格也有变化的需要，也包括部门内部与资源之间的转变。这样，最关键的是工资的形成应允许相对价格的变化，并确保资源如劳动与资本，在部门和公司间的动态移动。

- 更长的工作时间可以通过削减公司成本维持经营，同时不减少薪资收入

尤其是在公司面临困难，选择关掉工厂或转移生产至国外的情况下，一种有趣的想法是延长每周或每月的工作时间，而不增加薪资。这便导致单位小时成本降低，而工薪层的收入却没有变化[3]，这可能是一种减少单位工资的更可接受的办法，因为并不影响工薪层的购买力。在过去十年，许多德国公司都通过延长工作时间提高了利润率，同时偶尔承诺不改变就业率并增加新的投资。

- 如果出现暂时需求短缺，缩短工作时长会有所帮助

在危机到来时，很显然许多国家并没有增加工作时长，反而做法相反，这时公司为了避免裁员也采用了临时下岗和缩短工作时间的办法。由于需求缺乏，这样被认为临时的做法会对现实有所帮助，也会得到政府补

贴。需求不足的情况和对成本水平做永久调整的担心，它们之间并不存在矛盾。虽然在公司层面，对工作时间的安排有一定灵活性，但也需要建立时长标准的协调性，尤其是考虑到公司对工作时长做决定时，会由于税收因素过度倾向于缩短工作时间（工资收入是要征税的，而休闲则不用）。

● 工资机制应提高资源再分配，转向盈利多的经营活动

普遍来说，经济的恢复力要求薪资的形成以分散的方式运作，同时向雇主和雇员发出正确的信号，即在从低利润到高利润的经营活动中促进对生产要素进行重新分配，这并非与具体的政策工具有关的问题，而是对机构的条件性设置与广泛的政策领域，包括劳动力市场、对税务与转移的管理与竞争政策的问题。以上应本着为成本灵活性和资源流动性的观点进行设计。正是出于在大多数情况下这样有利的观点，北欧国家的劳动力市场依靠的是组织间的谈判与协定，而不是像欧洲别的地区那样进行就业保护。然而同样关键的是，在公司层面上应对制定工资有足够的空间。当然，工资形成并不意味着盈利少的公司其工资就低，或盈利多的公司工资就高，这也会阻碍"创造性破坏"的过程，其对生产率增长也是必不可少的[4]。

● 具有良好教育背景的劳动力适应性更强，也更容易进行再次培训

人力资源是一项高层次的投资，同时也是有帮助的，这也是北欧模式的特征之一。具有良好教育背景的劳动力能够轻松适应不同的环境，同时在需要时通过培训提高自身的业务技能。萧条通常与结构性的改变相关，劳动力的再培训显然也很重要。北欧国家意识到了这点，在它们的政策中规定对再培训项目进行大力财政支持。

在结构更新的能力方面，增长在很大程度上是有条件的。政府对研究和创新政策的强有力支持受外部环境所激励，同样能够促进生产的发展和新的增长机遇。北欧国家，尤其是瑞典和芬兰，在这些领域尤为活跃。

● 政府经费在研发的投入是有所帮助的，但总行政层面上很难"选出佼佼者"

其中的一个问题是政府官员对怎样使用科研与创新经费并不了解，他们不知道如何对这些项目经费进行合理分配。他们很有可能选不出杰出的研究人员，但将经费分散给所有领域也恰恰达不到一定规模的成果（以

通过多种项目生成积极的"溢出")。近日一个国际专家组建议，芬兰的研究与创新政策应该以卓越与国际化为目标（通过跨国间流动与网络），瑞典的报告中也有类似的观点[5]。此外，研究和创新政策应关注于创造新知识，为新的商业活动注入活力，而不是从属于其他的目标比如支撑就业或地区性发展等。

另一个问题是，对研发的大量投入并不一定能转化成货真价实的创新。要想改变，研究领域与商界需要有足够的动力使有远见的创新商业化。很显然，鉴于尤其是高税率和对承担风险的谨慎态度（包括对商业失败的社会观念），北欧国家也面临着巨大挑战。

## 第五节　北欧模式的危机？

● 北欧国家更易受全球冲击的影响

如之前所述，北欧国家受到危机带来的巨大冲击：所有国家的出口和投资都受到严重影响（挪威除外）。这并非巧合，用相对积极的观点看便是在全球化的过程中，这些国家在很长一段时期受益良多。可以清楚地看到，这些国家受全球经济波动的影响之强烈，它们比起别的国家更易受到打击。

● 但它们有支持恢复力的共同特点

与此同时，北欧国家也展现了在危机面前强大的恢复力。同样，这也不是巧合。正如安德森（2007）阐述的，北欧模式的实质是将开放与全球化相结合，加之用以承担风险的所有机制技术，包括劳动市场组织的角色、公共领域维持的保障网络和对人力资源投资的高支出率。这些和其他的北欧模式机制特点，以上都阐述过，都帮助公民形成了对于国际开放的积极观点，及市场经济能够反过来对自由市场所导致的问题起到保护作用。

● 基于集体风险分担的保障网络在危机时刻是很有价值的

保障网络不仅包括失业津贴和其他社会保障，还有积极的劳动市场、教育和培训政策，其目的是增强劳动力在地域间和职业间的自由流动。就此而言，北欧模式是充满活力的，权益在资本市场发展上并非直接条件性的，风险也在社会上广泛存在。相比之下，盎格鲁撒克逊国家的许多人受到很大冲击，他们不仅丢掉了工作，其公司为基础的医保和退休金也受到牵连。

- 公共财政的可持续性应得到保护，这需要有强硬的政治决断力

一方面在面对暂时冲击时，福利国家所提供的益处如靠垫极是极有帮助的，但当冲击来得较为长久，便不能确定。这样的风险冲击给公共领域带来大量的预算赤字，在没有强大的既得利益反对下（或不违反明知的社会契约下）也不可能减少。因此，北欧模式需要巨额公共财政去支持，需要时间来应对冲击，当然还需要政治决断力与能力做出决定以确保公共财政稳定，其方式有退休金制度的改革、延长有效退休年龄、削减利益或提高税收。这些决定必定具有争议，因为它们被认为是以公平为代价换取效率。

- 广义上说，竞争力即区域性吸引力，是关键

总体来说，小型开放经济体应追求可以保持其在国际市场上竞争力的政策。尽管竞争力在短期并不能保证免于风险冲击，但也还是可以避免不致陷入长期停滞或增长缓慢。竞争力的含义远远超过了工资水平或相当单位成本，首要的要求是该国对体现人力资本的员工有足够的吸引力，其公司也有能力创造价值以支付高学历和高薪员工的费用。像基础设施、治安、语言能力、距离、气候、文化和税收等因素构成的区域性吸引力也能够提高竞争力，其中某些因素显然更经得起当局行为的考验。

- 相反，北欧模式并非障碍

鉴于北欧模式能够激发必要的政治决策，以保持竞争力和公共财政的可持续性，这点来说还存在有利的证据。北欧福利国家、劳动力市场和教育体系并不是当前问题的根源，同时也丝毫不抹杀北欧模式作为经济恢复的先决条件的特点。北欧模式一旦实行，它便成为解决问题的一部分，而并非问题本身。

- 市场的原教旨主义已经过时，过度的政府干预也是

更概括地讲，危机引发了关于社会经济模式和国家角色的争论。危机的爆发说明，认为市场能够安全运作并自我修复的看法是站不住脚的。政府要支持银行，凯恩斯激进主义也成为央行采取措施的有利补充。然而，在紧急形势下这些措施则属例外，它们不是也不应是国家经济运行中更显著和干涉角色的回归。虽然如此，正如第六章和十一章谈及过的，金融市场的规则及对其的监管需要进行改革，以更好地防止当前危机初期所显现的过度行为。

## 第六节　全球经济不仅仅需要地区政策

● 宽松货币政策和财政刺激可维持经济增长一段时间，但并不长久

2008 年秋天，世界进入的不仅是全球危机，也是全球化的危机。最初，显现出的不仅是个别国家金融市场的过度行为，而且存在着全球宏观经济持久的不平衡，其影响在金融反弹中恶化（见第三章）。过去十年长期的繁荣很大程度上源于发达国家的消费意愿，尤其是美国消费者的借贷与支出，但这一过程已经失去平衡无法持久。一旦危机爆发，全球经济便由宽松货币政策支撑，以及政府借款的意愿以期保持需求维持经济活动。然而，鉴于公共赤字的规模，财政扩张很快便走向穷途末路了。若国际合作能够达到对重点国家经济政策的再定位，以促成世界经济需求的更加平衡与可持续增长，全球化过程中不一致的风险也就没那么严重了。在金融管理与监管领域，合作也同样重要。

● 全球经济需要的不仅是地区政治

尽管小型开放经济体在降低脆弱性和增强恢复力方面有很大发展空间，很显然到最后，部分窘境还是老生常谈的话题，即全球经济与地区政治的对抗。很长时间以来，世界一直在不断变小，各国的相互依存度比以往都高。但是，大多数政策仍旧由国家政府制定，而它们对其选民负责。许多公民无法领会跨国间外部的利益攸关，这点可以理解。政府也压倒性地由国内层面的事务选出，而不是基于它们对国际问题与全球合作的看法。在实际的全球相互依存和国家身份的定位与公民团结之间，很难搭起互通的桥梁。

可以推测的是，当前的危机在加强全球体制和国际经济合作的政治进程中将起到一定推进作用。这会使所有国家受益，因为实际上没有任何一国强大到可免受全球经济变化的影响。尽管全球合作不可能消除冲击化解问题，虽然可以改进，但它至少可提供一个理性争论与谈判的框架，以期应对那些在全球层面上才需要解决的问题。世界需要更强的全球性制度，对于像北欧国家的小型开放经济体而言，一个运作良好，全球化的多边机制与体系是尤为重要的。

**本章注释**

1. 然而，当考虑到净出口时，应当记住进口与总体经济活动密切相关，这意味着经历严重衰退的国家会倾向减少进口，这样对 GDP 可做出积极贡献。

2. 在蒙代尔－弗莱明模型传统关于最优货币区的文献中，给出的结论是拥有自动浮动汇率的小型开放经济体对外界的振荡不受影响（对其出口），因为其汇率调节可弥补对经济活动的影响。不用说，汇率并不能消除振荡而是抵消了对产量的影响。这一区别假定其作用起效有一定的延迟。

3. 参见 Calmfors，L. et al.（2005）。

4. 在公司内部，工资灵活性通过激励影响对生产率提高有促进作用，但也会减缓劳动力的再分配过程，即从劳动率低的部门到劳动率高的部门（"创造性破坏"）。

5. 参见《芬兰国家创新体系评估报告》全文（2009）和瑞典全球化委员会。

# 参考文献

Adrian, T. and Shin, H. S. (2008): "Financial Intermediaries, Financial Stability and Monetary Policy," in *Maintaining Stability in a Changing Financial System*. Symposium sponsored by The Federal Reserve of Kansas City at Jackson Hole, Wyoming.

Aghion, P. and Banerjee, A. (2005): *Volatility and Growth*, Oxford University Press, Oxford and New York.

Andersen, T. M., Holmström, B., Honkapohja, S., Korkman, S., Söderström, H. T. and Vartiainen, J. (2008): *The Nordic Model-Embracing globalization and sharing risks*, Taloustieto Oy, 2007.

Ahlström, G. and Carlson, B. (2009): Vägval i valutafrågan: *Sverige och Bretton Woods*, Stockholm SNS.

Akerlof, G. A. and Romer. P. M. (1993): "Looting: The Economic Underworld of Bankruptcy for Profit," *Brookings Papers on Economic Activity* 2, pp. 1 −73.

Akerlof, G. and Shiller, R. (2009): *Animal Spirits: How human psychology drives the economy, and why it matters for global capitalism*, Princeton University Press.

Aliber, R. Z. (forthcoming): "Monetary turbulence and the Icelandic economy".

Auerbach, A. (2002): Is There a Role for Discretionary Fiscal Policy?, *NBER Working Papers* No. 9012.

Barrell, T. F. and Liadze, I. (2009): Fiscal Policy Effectiveness in the Banking Crisis, *National Institute Economic Review* No. 207, January 2009.

Barro, R. J. and Ursúa, J. F. (2008): "Macroeconomic Crises since 1870," *Brookings Papers on Economic Activity*, Spring, pp. 255 −350.

Beber, A., Brandt, M. W. and Kavajecz, K. A. (2009): "Flight-to-Quality or Flight-to-Liquidity? Evidence from the Euro Area Bond Market", *Review of Financial Studies* 22 (3).

Bellak, C. and Leibrecht, M. (2008): "Do low corporate income tax rates 5 attract FDI? − Evidence from Central and East European countries", *Applied Economics* 2008.

Bellak, C., Leibrecht, M. and Riedl, A. (2008): "Labour costs and FDI flows into Central and Eastern European counties: A survey of the literature and empirical evidence", *Structural Change and Economic Dynamics* 19, pp. 17 − 37.

Bénassy-Quéré, A., Fontagné, L. and Lahrèche-Révil, A. (2003): "Tax Competition and Foreign Direct Investment", *CEPII Working Paper*, No 2003 −17, Paris.

Benmelech, E. and Dlugosz, J. (2009): "The Credit Rating Crisis," in *NBER Macroeconomics Annual* 2009, ed (Acemoglu, D., Rogoff, K. and Woodford, M. eds). National Bureau of Economic Research, forthcoming.

Birch Sörensen, P. (2000): "The Case for International Tax Coordination Reconsidered", *Economic Policy* 31.

Birch Sörensen, P. (2009): *Dual Income Taxes: A Nordic Tax System*, Economic Policy Research Unit, University of Copenhagen.

Birch Sörensen, P., Griffi th, R. and Hines, J. (Forthcoming): "International Capital Taxation", Forthcoming in the Mirrlees Review: *Reforming the Tax System for the 21st Century*, to be published by the Institute for Fiscal Studies, London.

BIS (2009a): "An Assessment of Financial Sector Rescue Programs", *BIS Papers* No. 48.

BIS（2009b）："Strengthening the resilience of the banking sector", Consultative Document, Basel Committee on Banking Supervision, December 2009.

Black, W. K. （2005）：*The Best Way to Rob a Bank Is to Own One: How Corporate Executives and Politicians Looted the S&L Industry*, University of Texas Press, Austin, Texas.

Blinder, A. S. （2004）："The case against the case against discretionary fiscal policy," in Richard W. Kopcke, Geoff rey M. B. Tootell and Robert K. Triest（eds.）, *The Macroeconomics of Fiscal Policy*, MIT Press, Cambridge, Massachusetts, pp. 25 −62.

Boyes, R. （2009）：*Meltdown Iceland: Lessons on the World Financial Crisis from a Small Bankrupt Island*, Bloomsbury, United States.

Braunerhjelm, P., von Greiff , C. and Svaleryd, H. （2009）："Utvecklingskraft och omställningsförmåga-En globaliserad svensk ekonomi", Slutrapport från Globaliseringsrådets.

Brunnermeier, M. （2009）："Deciphering the Liquidity and Credit Crunch 2007 −2008", *Journal of Economic Perspectives*, 2009, Vol. 23 （1）：77 −100.

Buiter, W. H. （2009a）："The Limits to Fiscal Stimulus", CEPR No. 7607.

Buiter, W. H （2009b）："Reversing Unconventional Monetary Policy: Technical and Political Considerations", CEPR No. 7605.

Buiter, W. H. and Sibert, A. （2008）："The Icelandic banking crisis and what to do about it: The lender of last resort theory of optimal currency areas," *CEPR Policy Insight* No. 26, October.

Caballero, Ricardo, Emmanuel Fahri, and Pierre Olivier Gourinchas （2008）, "An Equilibrium Model of Global Imbalances and Low Interest Rates," *American Economic Review*, p. 36.

Calmfors, L. （2005）：" What Remains of the Stability Pact and What Next?" *SIEBS Report*, 2005：8.

Calmfors, L., Flam, H., Gottfries, N., Haaland Matlary, J., Jerneck, M., Rutger Lindahl, R., Nordh Berntsson, C., Rabinowitz, E., and Vredin, A. (1997): *EMU-A Swedish Perspective*, Kluwer Academic Publishers.

Calmfors, L. et al. (2005): Report on the European Economy 2005, European Economic Advisory Group at CESifo, chapter 3.

Cecchetti, S., Kohler, M. and Upper, C. (2009): "Financial Crisis and Economic Activity", CEPR No. 7495.

Cheng, I., Hong, H. and Scheinkman, J. (2009): "Yesterday's Heros: Compensation and Creative Risk-Taking", draft, Department of Economics, Princeton University.

Clausing, K. A. (2007): Corporate tax revenues in OECD countries, *International Tax and Public Finance* 14, pp. 115 -134.

Cogan, J. F., Cwik, T., Taylor, J. B. and Wieland, V. (2009): "New Keynesian versus old Keynesian government spending multipliers", NBRE Working Paper Series No. 14782.

Coval, J. D., Jurek, J. and Staff ord, E. (2009): "The Economics of Structured Finance," *Journal of Economic Perspectives*, Vol 23 (1): 3 -25.

Cwik, T. and Wieland, V. (2009): Keynesian Government Spending Multipliers and Spillovers in the Euro Area, CEPR Discussion Paper Series No. 7389.

Dang, T - V., Gorton, G. and Holmstrom, B. (2009): "Opacity and the Optimality of Debt for Liquidity Provision," current draft, November 2009.

Danish Economic Council (2009): Dansk ökonomi, forår 2009, chapter II on Denmark and the euro.

Davis, E. P. (2008): "Liquidity, Financial Crises and the Lender of Last Resort - How Much of a Departure is the Sub-Prime Crisis?" In Bloxham, P. and Kent, C. (eds.), "Lessons from the Financial Turmoil of 2007 and 2008", Reserve Bank of Australia Conference, H. C. Combs Centre for Financial Studies, 14 -15 July 2008.

De Long, J. Bradford (1997): "Slouching Towards Utopia? The Economic History of the Twentieth Century", www.j - bradford - delong. net/tceh/Slouch_ Keynes20. html.

de Mooij, R. A. and Ederveen, S. (2008): " Corporate Tax Elasticities. A Reader's Guide to Empirical Findings", Oxford University Centre for Business Taxation, WP 08/22.

Devereux, M. P. and Lockwood, B. (2006): *Taxes and the size of the foreign-owned capital stock: which tax rates matter?* Mimeo University of Warwick.

Dreher, A. , Gaston, N. and Marten, O. (2008): *Measuring Globalization - Gauging its Consequences*, New York, Springer.

ECB (2009): *Financial Stability Review*, June.

EEAG (2005): *Report of the European Economy.*

Eichengreen, B. (2009): "Competitive Devaluation to the Rescue", *Guardian*, 18. 3. 2009.

Englund, P. and Vihriälä, V. (2009): *Financial crisis in Finland and Sweden: similar but not quite the same.* In Jonung, L. , Kiander, J. and Vartia, P. (eds.): *The Great Financial Crisis in Finland and Sweden*, Edward Elgar, Cheltenham, UK.

ETLA (2009): Suhdanne 1, *vuosikirja* 2009: 1.

European Commission (2008): EMU@10: successes and challenges after 10 years of Economic and Monetary Union, european Commission No. 2.

EU Commission (2009): " DG Competition's review of guarantee and recapitalizations schemes in the financial sector in the current crisis".

"Evaluation of the Finnish National Innovation System", Full Report, 2009.

Fahlenbrach, R. and Stulz, R. (2009): "Bank CEO Incentives and the Credit Crisis," Working Paper 2009 - 13, Fisher College of Business, Ohio State University.

Flam, H. , Fatas, A, Holden, S. , Jappeli, T. , Mihov, I. , Pagano, M. and Wyplosz, C. (2009): EMU efter tioår. Skal Danmark, Sverige och

Storbritannien ansluta sig? SNS Förlag.

Flam, H. and Nordström, H. (2006): "Euro Effects on the Intensive and Extensive Margins of Trade", CESifo Working Paper No. 1881.

Flam, H. and Nordström, H. (2007): "Euron och utrikeshandeln: "Hur mycket handel förlorar Sverige årligen?" ("The Euro and International Trade: How Much Trade Does Sweden Lose Annually?"), Ekonomisk Debatt 2/2007.

Floden, M. (2009): "Automatic fiscal stabilizers in Sweden 1998 – 2009", Studier i finanspoliti.

Galbraith, J. K. (1988): *The Great Crash 1929*, Houghton Miffl in Company, Boston.

Gorodnichenko, Y., Mendoza, E. and Tesar, L. (2009): "The Finnish Great Depression: From Russia with Love," NBER Working Paper 14874.

Gorton, G. (2008): "The Panic of 2007," in Maintaining Stability in a Changing Financial System, proceedings of the 2008 Jackson Hole Conference, Federal Reserve Bank of Kansas City.

Gorton, G. (2009): *Slapped by the Invisible Hand: The Panic of* 2007, Oxford University Press: Oxford (forthcoming).

Gorton, G. and Metrick, A. (2009): "Securitized Banking and the Run on Repo," NBER Working Paper No. 15223.

Gramlich, E. M. (2007): *Subprime Mortgages: America's Latest Boom and Bust*, Urban Institute Press, Washington, D. C.

Gros, D. (2008): "Iceland on the brink?", CEPS Policy Brief No. 157, April.

Gudmundsson, E. M. (2009): Hvíta bókin (The White Book), Forlagid, JPV útgáfa, Reykjavík.

Gylfason, T. (2009): "Iceland warms to Europe," VoxEU. org, 21 July 2009.

Haugh, D., Ollivaud, P. and Turder, D. (2009): "What Drives Sovereign Risk Premiums? An Analysis of Recent Evidence from the Euro

Area," Economics Department Working Papers No. 718, OECD.

Holmlund, B. and Söderström, M. (2007): "Estimating Income Responses to Tax Changes: A Dynamic Panel Data Approach", Working Paper 2007: 25, Department of Economics, Upsala Universitet.

Holmstrom, B. (2008): "Discussion of 'The Panic of 2007' by Gary Gorton," in Maintaining Stability in a Changing Financial System, proceedings of the 2008 Jackson Hole Conference, Federal Reserve Bank of Kansas City.

Holmström, B. (2009): Discussion of "The Credit Rating Crisis," by Benmelech, E. and Duglosz, J. in NBER Macroeconomics Annual 2009, eds. Acemoglu, D., Rogoff, K. and M. Woodford, National Bureau of Economic Research, forthcoming.

Holmström, B. and Tirole, J. (1997): Financial intermediation, loanable funds, and the real sector, *Quarterly Journal of Economics*, p. 112, pp. 663 – 691.

Honkapohja S., Koskela E., Leibfritz, W. and Uusitalo, R. (2009): *Economic Prosperity Recaptured: The Finnish Path from Crisis to Rapid Growth*, Cambridge, MA: The MIT Press.

IMF (2009): *World Economic Outlook*, Spring 2009.

Ingves, S. (2007): "Housing and Monetary Policy – a view from an Inflation Targeting Central Bank", speech in Jackson Hole on 1/9/2007.

Jakobson, U. (1997): Den svenska devalveringscykeln, Ekonomisk Debatt 25 (3).

Jonung, L. and Hagberg, T. (2005): "How Costly Was the Crisis of the 1990s? A Comparative Analysis of the Deepest Crises in Finland and Sweden Over the Last 130 Years," European Economy, Economic Papers, No. 224, March, European Commission, Brussels.

Jonung, L., Kiander, J. and Vartia, P. (eds.) (2009): *The Great Financial Crisis in Finland and Sweden: The Nordic Experience of Financial Liberalization*, Edward Elgar, Celtenham, Gloucestershire, and Northampton, Massachusetts.

Keynes, J. M. (1931): "The consequences to the banks of the collapse of money values," reprinted in his Essays in Persuasion, W. W. Norton, New York, 1963, pp. 168 – 178.

Kindleberger, C. P. , and Aliber, R. Z. (1982): *Mania, Panics, and Crashes: A History of Financial Crises*, 5th edition, John Wiley and Sons, Hoboken, New Jersey.

Kleven, H. J. and Kreiner, C. T. (2006): "The Marginal Cost of Public Funds: Hours of Work versus Labour Force Participation", Discussion Paper Series No 5594, CEPR.

Korkman, S. (2008): The Devaluation Cycle, *Oxford Economic Papers* 30 (3).

Kotlikoff , L. J. and Sachs, J. (2009): "The Geithner-Summers plan is worse than you think," *Financial Times*, April 6, 2009.

Laeven, L. and Valencia, F. (2008): "Systemic Banking Crises: A New Database," IMF Working Paper WP/08/224, November.

Lundberg, E. (1968): *Instability and Economic Growth*, Yale University Press, New Haven, Connecticut.

Maddison, A. (2003): *The World Economy: Historical Statistics*, OECD Development Centre, Paris.

McKinnon, R. (1995): "Intergovernmental competition in Europe with and without a common currency", *Journal of Policy Modelling*, vol. 17, issue 5.

Milgrom, P. and Roberts, J. (1992): *Economics, Organization and Management*, Englewood Cliffs, New Jersey: Prentice Hall.

Mobarak, A. M. (2005): "Democracy, Volatility, and Economic Development," *Review of Economics and Statistics*, Vol. 87, No. 2, May, pp. 348 – 361.

Naurin, D. and Lindahl, R. (2009): "Out in the Cold? Flexible Integration and the Political Status of Euro-Outsiders", *Sieps European Policy Analysis*, December 2009.

OECD (2007): *Education at a Glance* 2007, Paris.

OECD (2009): *Economic Outlook* 86.

Pekkarinen, J. et al. (1997): "Rahaliitto ja Suomi-talouden haasteet" ("Monetary Union and Finland – the challenges for the economy"), Report on EMU by a Finnish group of experts.

Philippon, T. and Schnabl, P. (2009): "Efficient recapitalization", CEPR Discussion Paper No. 7516.

Piketty, T. and Saez, E. (2003): "Income inequality in the United States 1913 – 1998," *Quarterly Journal of Economics*, Vol. 118, No. 1, February, pp. 1 – 39.

Pisani-Ferriy, J. and Posen, A. S. (2009): "The Euro at Ten: The Next Global Currency?" Peterson Institute for International Economics, Bruegel.

Ramey, G. and Ramey, V. (1995): "Cross Country Evidence on the Link Between Volatility and Growth," *American Economic Review*, Vol. 85, No. 5, December, pp. 1138 – 1151.

Reinhart, C. M. and Rogoff, K. S. (2009): *This Time Is Different: Eight Centuries of Financial Folly*, Princeton University Press, Princeton, New Jersey.

Rodrik, D. (1998): "Why Do More Open Economies Have Bigger Governments", *Journal of Political Economy*, Vol 106, No. 5.

Romer, C. (1989): "The Prewar Business Cycle Reconsidered: New Estimates of GNP, 1869 – 1908," *Journal of Political Economy*, Vol. 97, No. 1, January – February, pp. 1 – 37.

Romer, C. (2009): "Back from the Brink," speech at Federal Reserve Bank of Chicago, 2 September, http://www. whitehouse. gov/assets/documents/Back_ from_ the_ Brink2. pdf.

Romer, C. and Bernstein, J. (2009): *The Job Impact of the American Recovery and Reinvestment Plan*, January 8, 2009.

Rose, A. K. and Spiegel, M. M. (2009): "Cross-country causes and consquences of the 2008 crisis: international linkeages and American exposure," NBER Working Paper Series No. 15358.

Saha, D. and von Weizsäcker, J. (2009): "Estimating the size of the European stimulus packages for 2009: An Update," *Bruegel Policy Contribution*

2009/2.

Tobin, J. ( 1980 ): *Asset Accumulation and Economic Activity*, Basil Blackwell, Oxford.

Van den Noord, P. ( 2000 ): "The Sixe and Role of Automatic Fiscal Stabilizers in the 1990s and Beyond", OECD Economics Department Working Papers 18/2000.

Vihriälä, V. ( 1997 ): "Banks and the Finnish credit cycle 1986 – 1995", Bank of Finland, E7.

Wade, R. ( 2009 ): "Iceland as Icarus," *Challenge*, Vol. 52, No. 3, May – June, pp. 5 – 33.

Wessel, D. ( 2009 ): *In Fed we trust: Ben Bernanke's war on the great panic*, Crown Business. New York.

Zweig, S. ( 1942 ): *Die Welt von Gestern*, *Bermann*, Fischer Verlag AB, Stockholm.

**图书在版编目（CIP）数据**

全球危机中的北欧国家：脆弱性与恢复力/（冰岛）吉尔法松
（Gylfason，T.）等著；刘影翔等译.—北京：社会科学文献出版社，
2015.9

ISBN 978 - 7 - 5097 - 7511 - 0

Ⅰ.①全…　Ⅱ.①吉…　②刘…　Ⅲ.①经济危机 - 研究 - 北欧
Ⅳ.①F153.44

中国版本图书馆 CIP 数据核字（2015）第 099517 号

# 全球危机中的北欧国家
## ——脆弱性与恢复力

著　者/ 索瓦多·吉尔法松　本特·霍尔姆斯特朗　塞克斯顿·科尔克曼
　　　 汉斯·佐·瑟特斯特伦　威萨·维哈拉
译　者/ 刘影翔　李　斌　王　鹏　等

出 版 人/ 谢寿光
项目统筹/ 李延玲
责任编辑/ 李延玲　孙丽萍

出　　版/ 社会科学文献出版社·国际出版分社（010）59367197
　　　　　 地址：北京市北三环中路甲 29 号院华龙大厦　邮编：100029
　　　　　 网址：www.ssap.com.cn
发　　行/ 市场营销中心（010）59367081　59367090
　　　　　 读者服务中心（010）59367028
印　　装/ 三河市东方印刷有限公司

规　　格/ 开　本：787mm × 1092mm　1/16
　　　　　 印　张：14　字　数：221 千字
版　　次/ 2015 年 9 月第 1 版　2015 年 9 月第 1 次印刷
书　　号/ ISBN 978 - 7 - 5097 - 7511 - 0
著作权合同
　　　　　 / 图字 01 - 2012 - 8480 号
登 记 号
定　　价/ 59.00 元